Rosemary Sutcliff
Owins Weg in die Freiheit

Aus dem Englischen von Alfred Nordmann

Deutscher
Taschenbuch
Verlag

Titel der englischen Originalausgabe: ›Dawn Wind‹, 1961
erschienen bei Oxford University Press, London.

Von Rosemary Sutcliff sind außerdem bei dtv junior lieferbar:
Der Adler der Neunten Legion, Band 7012
Der silberne Zweig, Band 7069
Drachenschiffe drohen am Horizont, Band 7260
Das Hexenkind, Band 7494
Robin Hood, Band 70108
Randal, der Ritter, Band 70122
Scharlachrot, Band 70213
Bonnie Dundee, Band 70271

Ungekürzte Ausgabe
Januar 1995
Deutscher Taschenbuch Verlag GmbH & Co. KG, München
© der deutschsprachigen Ausgabe: 1983 Verlag Urachhaus
Johannes Mayer GmbH & Co. KG, Stuttgart
ISBN 3-87838-383-5
Umschlaggestaltung: Klaus Meyer
Umschlagbild: Alexander Schütz
Gesetzt aus der Aldus 10/11˙
Gesamtherstellung: Ebner Ulm
Papier: ›Recycling Book-Paper‹,
Steinbeis Temming Papier GmbH, Glückstadt
Printed in Germany · ISBN 3-423-70350-4

Inhalt

Die Zerschlagung Britanniens 7
Der Berghof 19
Eine Sohnesstelle am Herd 29
Der Schatten an der Wand 39
Regina 50
Die Viehräuber 64
Das Olivenholzfeuer 77
Der Dornenwald 87
Onkel Widreth 106
Das Silberfohlen 118
Der alte König 134
Das Heiligtum 149
Das Wrack 160
Freiheit und ein Schwert 169
Der Bund des Schwertes 181
Wotansborg 193
Das Brautrennen 209
Vadir 226
Die Königsjagd 235
Der ruhige Ort 246

Morgenwind 260
Freyrs Pferd 272
Drei Frauen 289

Die Zerschlagung Britanniens

Der Mond schob sich aus einer langen Wolkenbank hervor, und einen Augenblick lang hing das kühl schimmernde Licht über dem hohen Erdwall, dann glitt es über den weichen, buschbewachsenen Abhang zum Fluß hinunter. Das Wasser, unterhalb der Böschung, das im Dunkel der Nacht bleiern grau gewesen war, erwachte und bewegte sich in Kräuselmustern, und eine faltige Haut aus Silberlicht bezeichnete die Stelle, an der durch die gepflasterte Furt die Straße von Corinium nach Aquae Sulis führte. Irgendwo zwischen den verflochtenen Inseln aus Binsen und Wasserhahnenfuß gluckste ein Sumpfhuhn und war wieder still. Auf dem hohen Erdwall in der Biegung des Flusses bewegte sich überhaupt nichts, mit Ausnahme vielleicht des schwachen Windes, der mit einem Zittern durch die Hagedornbüsche glitt.

Das war alles für lange Zeit, doch dann raschelte etwas im dunklen Herzen des Hagedorngestrüpps, was nicht der Wind war. Es rührte sich und wurde wieder ruhig, rührte sich dann wieder mit einer Art winselndem Gestöhn und zog sich wie ein verletztes Tier Stück für Stück aus dem schwarzen Schatten zwischen den Dornenwurzeln hervor. Aber das war kein Tier, was da schließlich voller Schmerzen ins Mondlicht hinausgekrochen kam, es war ein Junge. Der Junge war etwa vierzehn Jahre alt, ein dunkler Blutfleck zeigte sich auf seiner Stirn, und Blut klumpte sich um die Ränder des zerfetzten Risses in seinem ledernen Ärmel.

Er stützte sich auf seinen linken Arm, sein Kopf hing tief zwischen seinen Schultern; unter unerträglicher Anstrengung quälte er ihn hoch und sah sich um. Zum Westen hin, am Erdwall entlang, stand nunmehr stumm und verlassen der Ringbau, ein Erdwerk aus früheren Zeiten, wo die Briten ihr letztes Nachtlager aufgeschlagen hatten; bedeutungsleer wie eine unbesaitete Harfe erhob er sich gegen den zerklüfteten Himmel. Weit hinein in das flache Tal flackkerten die Lagerfeuer der Sachsen rot in der Dunkelheit; und zwischen dem erstorbenen Lager und dem lebendigen, das ganze Flußufer entlang und über den Erdwall hinüber und bis zur Straße nach Aquae Sulis, streckte sich eine unheimliche Öde, in der verstreut groteske und verkrümmte Körper von Männern und Pferden lagen.

Vor ein paar Stunden erst war diese weit ausgestreckte Öde ein donnerndes Schlachtfeld gewesen, und auf diesem Schlachtfeld war die Welt dieses Jungen gestorben.

Einer der verdrehten Körper lag ziemlich dicht bei ihm, die Arme weit auseinandergeworfen, und das bärtige Gesicht zum Monde gewandt. Der Junge kannte den Mann, dem dieser Körper einmal gehört hatte – er war eigentlich ein komischer Alter gewesen, als er noch lebte, immer ganz aufgebracht über irgend etwas, und sein grauer Bart hatte auf- und abgewedelt, wenn er sprach. Aber jetzt wedelte sein Bart nicht mehr, er rührte sich höchstens ein wenig im nächtlichen Wind. Neben ihm lag noch ein Mann, dieser auf dem Gesicht, den Kopf auf den Armen, als ob er schliefe; und neben ihm lag ein ganzer Haufen von drei oder vieren. Gestern nacht bei den Lagerfeuern hatten sie Geschichten erzählt von Artus und seinen Helden. Aber Artus war tot, seit fast einhundert Jahren schon, und tot waren nun auch sie. Beim Sonnenuntergang, unter flammendem Himmel waren sie gestorben und hatten alles hinter sich gelassen, was vom freien Britannien übriggeblieben war. Ihre Gesichter waren den sächsischen Horden zugewandt. Es war alles vorbei und nichts übrig außer der Dunkelheit.

Der Kopf des Jungen sank tiefer. Da sah er eine Hand mit gespreizten Fingern vor sich auf dem Boden. Während er hinsah, krümmten sich die Finger, und er beobachtete, wie sie sich tief in das Moos gruben und in das Laub vom letzten Jahr, als ob sie nichts mit ihm zu tun hätten. Aber der Frost kroch aus dem Moos unter seine Nägel, und er wurde sich bewußt, daß dies seine Hand war, und er begriff zugleich, daß er nicht zu den Toten zählte.

Das verwunderte ihn zunächst. Und dann begann er sich zu erinnern. Und als die Erinnerungen erst einmal eingesetzt hatten, konnte er sie nicht mehr aufhalten. Er erinnerte sich an den fabelhaften Glanz von Kyndylans großer Standarte im Licht des Sonnenunterganges, und unter ihr dicht versammelt die kämpfenden Männer in ihrer letzten Aufstellung. Sein Vater und Ossian und die übrigen. Es war ein verzweifelter, zusammengeschrumpfter Haufen, der immer noch standhielt, noch lange nachdem alle, die sich in Conmail von Glevum und Farinmail von Aquae Sulis gesammelt hatten, bis zum letzten Mann gefallen waren. Er erinnerte sich an den landeinwärts gerichteten Vorstoß der Sachsen und ihr durchdringendes Gebrüll und an das weithin tönende Knurren der Kriegshunde von Kyndylan, wenn sie an sächsische Kehlen sprangen. Er erinnerte sich an seine Anstrengungen, sich in dem Kampfgetümmel nahe beim Vater zu halten, und an das hohl klingende Schmettern der Kriegshörner ringsumher. Er erinnerte sich an das helle Gesicht und den mit einem Keilerkopf bekrönten Helm eines Kriegers der Barbaren vor dem verlöschenden Himmel und an das Lanzenblatt, das über seinen Schildrand hinweggepfiffen kam in dem Augenblick, als er zur Seite sprang und gerade sein eigener Dolch aufblitzte, und an den Schlag des Stoßes, der ihn unterhalb der Schulter seines Schwertarms traf. Alles war unwirklich geworden und fremd, als ob die ganze Welt vor ihm davonsickerte. Und plötzlich war er unten gewesen, inmitten der trampelnden Füße der Kriegsscharen. Ein Hacken, britisch oder sächsisch, was machte es aus, trat über seinen Kopf, und um ihn herum wurde alles dunkel. Schwach erinnerte er sich an eine freie Lücke, die sich ihm bot, während die Schlacht über ihn hinweg brüllte und tobte, und wie er mit blindem

Instinkt hinwegkrauchte, um sich vor den trampelnden Füßen in Sicherheit zu bringen, und dann an nichts mehr. Wie er da hingekommen war, wo er war, wußte er nicht mehr. Vielleicht war er den Abhang des Hügels hinabgerutscht. Im Durcheinander und dem schwindenden Licht mitten in den Hagedornbüschen mußte die Schlacht an ihm vorübergegangen sein. Aber was war mit seinem Vater und Ossian?

Mit einem Ruck kämpfte er sich erst auf seine Knie, dann auf die Füße, wobei er sich an einem Ast festkrallte, während der mondverwaschene Abhang um ihn herum schwankte und schwamm. Er spürte nicht die Dornen, die an seiner geballten Faust rissen, auch nicht das Stechen der Wunde in seinem Schwertarm, die zu bluten aufgehört hatte und fest mit dem Leder seines Hemds verklebt war; er wußte nur, daß er seinen Vater und Ossian finden mußte. Er wankte den Berg hinauf, hin zu der Stelle, wo Kyndylan seine letzte Stellung eingenommen hatte, strauchelte, fiel und zwang sich wieder hoch, sein Atem kam stoßweise, rauh und keuchend. Einmal stöhnte ein Körper, als er über ihn stolperte. Er hielt ein und beugte sich nieder, um nachzusehen. Der Mann war aber nicht sein Vater, und so ließ er ihn zurück und taumelte weiter, auf dem schwankenden Pfad zwischen den aufgeworfenen und verstreuten Körpern hindurch.

Direkt unterhalb des Gratgipfels, seiner letzten Stellung, lag Kyndylan der Gerechte, tot, umgeben von den Kriegern seiner Familie und einer reichen Anzahl gefallener Sachsen ihnen zur Gesellschaft. Sein langes, fahles Haar lag wallend im zertrampelten Farnkraut, es war verschmutzt und verschmiert mit Blut. Kleine, leuchtende Flecken schlugen im Mondschein aus den bronzenen Ringen des zerbeulten römischen Brustschilds, das er trug. Aber der Junge beachtete ihn nicht, er suchte seinen Vater und seinen Bruder und nicht irgendeinen Fürsten. Und bald darauf fand er sie. Dicht beieinander lagen sie in der dichtesten Anhäufung von Toten. Sein Vater war von Wunden übersät, wie ein

Eber, der gegen die Verfolger gewendet von einer Rotte von Hunden angefallen wird, ehe sie ihn zu Boden bringen. Ossian dagegen war fast unversehrt, er hatte nur ein kleines Loch in seinem Nacken. Sein Blick schien überrascht, als ob er sich wunderte, wie er überhaupt hierhergekommen war. Ossian war kein Krieger von Natur, das einzige, was er jemals wirklich wollte, war, einen Kräutergarten anlegen und lernen, wie man ihn zum Heilen von kranken und verletzten Menschen nutzen konnte. Aber es war nicht die Zeit zum Kräuterpflanzen, als Ceawlin, der Herr der Westsachsen, sich in Marsch setzte und einen graueisernen Keil in das Gebiet von Sabrina trieb, damit die letzte Stellung der Briten gespalten und dem alten Kampf ein Ende bereitet würde.

Zwei Monde war es fast schon her, Anfang Frühjahr, als Kyndylan den Aufruf durch sein gesamtes Gebiet aussandte. Der Wind hatte gerade die Blüte des Birnbaums an der Südmauer entblättert, als der Bote auf die einen Tagesweg von Viroconium gelegene Farm geritten kam, die das Heim von Ossian und Owin war. Und Ossian und der Vater waren im dunkelverräucherten Atrium zur Truhe gegangen und hatten ihre Schwerter herausgenommen. Für Owin gab es kein Schwert – gute Schneiden waren schwer zu kriegen in diesen Tagen und den erwachsenen Männern vorbehalten, die am besten mit ihnen umgehen konnten –, aber er besaß einen langen Dolch, als sie sich aufmachten, um sich der Heerschar anzuschließen, die sich in Viroconium vor den weißen Mauern sammelte.

Nun hatten die Sachsen ihre Schwerter genommen. Auch die große Kriegsstandarte von Kyndylan dem Gerechten hatten sie genommen. Vielleicht schlief Ceawlin, ihr König, jetzt warm inmitten der goldverzierten Falten der Standarte, während Kyndylan und seine Krieger kalt zwischen den Hagedornbüschen schliefen. Aber sie schienen hastig bei der Plünderei vorgegangen zu sein – vielleicht machten sie sich nicht viel aus einem Schlachtfeld nach Einbruch der Dunkelheit und kamen wieder, um ihre Arbeit bei Tageslicht fortzusetzen. Als sich nämlich der Junge Owin umsah, da blitzte ein grünliches Licht aus der Hand des Vaters im Mondschein. Mit einem raschen Atemzug beugte er sich vor. Der große Ring, in dessen eingefaßten, flammenden Smaragd das Wappen mit dem Delphin geschnitzt war, gehörte zu einer seiner ersten Erinnerungen. Er gehörte seinem Vater und dessen Vater vor ihm, und so zurück bis zu den Tagen, als die ersten Legionen durch Britannien marschiert waren. Nach ihm hätte er Ossian gehören sollen, weil er der ältere Sohn war – doch nun war auch Ossian tot.

»Ich nehme den Ring, mein Vater«, flüsterte Owin. »Es ist an mir, ihn zu nehmen. Ich bin dein zweiter Sohn, und er gehört jetzt mir.«

Nicht die Kälte der Hand seines Vaters war es, was er bemerkte, als er sie anhob, sondern vielmehr ihre Leere, sie war ihm wie eine verloschene Lampe. Er schob den schweren Ring mit einer Hand herunter, und es gelang ihm sogar, ihn auf den eigenen Ringfinger zu stecken. Da hing er, lose und schwer, und er bog den Finger, damit er nicht wieder abrutschen konnte. Es gab nichts mehr, was ihn hier halten konnte, nichts, was er noch tun konnte. Noch einmal berührte er den Kopf seines Vaters und dann Ossians Schulter zum Lebewohl, ohne noch irgend etwas Besonderes zu fühlen außer einer großen Kälte. Dann erhob er sich und wandte sich fort, ohne die geringste Vorstellung, wohin er gehen sollte, nur mit dem Wissen, daß es nichts nutzte, dort zu bleiben, wo er war.

Im selben Augenblick, als er sich fortwandte, bewegte sich etwas im Hagedorngebüsch.

Er hielt ein, sein Atem stockte in der Kehle. Was war das? Einer seines eigenen Volkes, übriggeblieben von dem Kampf wie er selbst? Ein sächsischer Plünderer? Ein zorniger Geist? Er wollte gerade losgehen, als sich eine schleichende Gestalt aus dem Schatten löste. Er sah gespitzte Ohren, einen offen hechelnden Rachen und Augen wie Zwillingsopale im Mondlicht, und alles Blut in seinem Körper schien in sein Herz zurückzujagen. Ein Wolf! Seine linke Hand suchte verzweifelt die Stelle, wo der Griff seines Dolchs hätte sein müssen. Aber er fand ihn nicht; er hatte den Dolch verloren, als er niedergeschlagen worden war. Und dann winselte die Kreatur, und im selben Augenblick bemerkte er das breite, bronzebeschlagene Halsband um den Hals. Es war kein Wolf, sondern ein Hund. Einer von Kyndylans großen Kriegshunden. Vielleicht war er dem Tod entkommen mit ähnlichem Glück wie Owin selbst, vielleicht war er nur verängstigt davongerannt. Das kümmerte Owin nicht. Hier gab es etwas Lebendiges und vielleicht sogar etwas Freundliches in der ihm kalt widerscheinenden Leere einer toten Welt. Der Hund stand mit einer erhobenen Pfote vor ihm, die Ohren gespitzt, und sah ihn an; und Owin sagte, heiser, mit spröden Lippen und schmerzender Kehle: »Hund! He! Hund!« Das große Tier senkte seinen Kopf und winselte, ging dann voran, langsam und unsicher, geduckt wie ein Tier, das gepeitscht worden ist. »Hund!« rief Owin wieder. Plötzlich blieb der Hund stehen; dann ging er den Weg zu Ende und stand im nächsten Augenblick zitternd an Owins Beinen.

Es war ein junger Hund. Das wunderbar sanfte Brusthaar schien zottelig und dreckig zu sein und seine Schnauze blutig im Mondlicht; Owin fühlte sein Zittern. »Hund, naaa, Hund, wir sind allein. Es gibt niemanden sonst. Wir werden zusammen gehen, du und ich.«

Hund – das große Tier bekam niemals einen anderen Namen – blickte nach oben, heulte verstört auf und leckte dann Owins Daumen. »Na dann, komm«, sagte Owin mit belegter Stimme. »Hier gibt es nichts, wofür man bleiben könnte – überhaupt nichts.«

Später konnte er sich nie mehr daran erinnern, wohin sie gingen oder wie weit – er und der Hund. Nur, daß es abseits war von der großen Straße und dem Fluß und den rot flakkernden Feuern der sächsischen Lager. Und daß sie schließlich zu einem kleinen, lebendigen Bach kamen, der von den

Hügeln heruntersprudelte, und daß sie nebeneinander an seinem Ufer niedersanken und das kalte, schnellfließende Wasser schlürften, das vom Mondlicht mit einem Spinnennetz aus lebendigem Silber überzogen war. Als sie sich vollgesogen hatten, krochen sie zusammen in die Mitte des vom Bach gesäumten Gestrüpps aus Erle und Korbweide und Weidenkraut vom letzten Jahr. Und das letzte, an das Owin sich erinnern konnte, bevor die Dunkelheit über ihn einbrach, war die feine Aderung von Erlenlaub, dazu die dunkle, wachsame Form der aufgestellten Hundeohren, die sich zu den Sternen richteten, und das unbestimmte Gefühl der Verwunderung darüber, daß die Sterne noch genau so strahlten wie letzte Nacht.

Höchstwahrscheinlich wäre der Junge noch vor Anbruch des Morgens gestorben, einmal wegen des Schocks und des hohen Blutverlusts, aber hauptsächlich aus dem ganz einfachen Grund, weil seine Welt gestorben und zu wenig Leben in ihm verblieben war, um allein weiterzuleben. Aber der Hund lag halb über ihm und hielt ihn warm mit seiner eigenen Wärme, und er leckte und leckte die Wunde am Arm so gut, wie er durch den Riß in Owins Lederärmel an sie herankommen konnte. Und weil der Hund lebendig war, verlöschte das kleine flackernde Lebenslicht des Jungen nicht.

Es war hellichter Tag, als er aus der Schwärze der Nacht auftauchte, die halb Schlaf und halb etwas Tieferes als Schlaf gewesen war. Und das erste, was er sah, wie auch noch das letzte vor dem Einschlafen, war Hunds Kopf direkt über ihm. Jetzt hoben sich die aufgestellten Ohren vor einem Himmel aus treibendem Grau, und die Erlen schwankten im Wind, und ein leicht nieselnder Regen trieb in sein Gesicht. Vielleicht war es der Tag nach der Schlacht, er wußte es nicht, vielleicht der übernächste. Der Kampf schien lang zurückzuliegen, länger sogar als das Sammeln der Kriegsschar in Viroconium; nur undeutlich wußte er, daß das nicht sein konnte, weil sein Vater und Ossian und die anderen lebendig gewesen waren, als sie sich versammelten, und daß sie am Ende des Kampfes tot waren – alle tot – alle tot. Doch in innerem Widerstand gegen diese Gedanken überlegte er – und sein Atem stockte dabei –, daß er doch gar nicht sicher wußte, ob alle tot waren. Vielleicht waren einige übrig, so wie er und der Hund übrig waren – die verstreuten Überbleibsel einer zerstörten Armee. Und wenn das so war, dann würden sie sich gewiß auf den Weg machen zu der Stelle, an der sie sich im Frühjahr gesammelt hatten. Wenn er nur den Weg bis dahin schaffte – wenn er nur zurückkäme nach Viroconium, dann würde er sie wiederfinden.

Unter Schmerzen stützte er sich auf den gesunden Arm, seine Wunde pochte wild bei jeder Bewegung. So verharrte er eine Weile mit hängendem Kopf. Der Hund saß aufrecht auf seinem scheckigen Hinterteil und beobachtete ihn, dabei hing seine rosa gekräuselte Zunge sabbernd aus dem offenen Maul.

Bald, als seine Gedanken sich ein wenig gefestigt hatten, erhob er sich erst auf die Knie und dann auf die Füße und wankte zum Bachrand. Dort trank er wieder, wie ein Hund schlürfend und ausgestreckt auf dem Boden liegend zwischen den Erlenwurzeln. Er konnte nämlich mit seinen beiden Händen keine Trinkschale bilden, weil sein rechter Arm von der Schulter an taub war. Er spritzte das Wasser in sein Gesicht, und die Frische hellte seinen Kopf ein wenig auf. Hinterher, als er sich auf seine Fersen gesetzt hatte, zog er ein paar wollene Fäden aus dem Unterhemd, und mit der Hand und den Zähnen gelang es ihm, den Ring seines Vaters aufzuziehen und sie um seinen Hals zu knoten. Er war im Brustausschnitt seines Hemds baumelnd sicherer aufgehoben als am Finger, wo er viel zu locker saß.

Dann richtete er sich mühsam wieder auf, sah sich um und überlegte, wo er sich befand. Viroconium lag nördlich ein paar Tagesmärsche hinter Glevum; und die alte Straße von Aquae Sulis nach Glevum mußte irgendwo hinter diesen niedrig bewaldeten Hügeln entlangführen. Doch diesseits von Sabrina hielt man sich wohl am besten von allen Straßen fern.

Er versuchte, nach dem Hund, der zwischen den Erlenwurzeln herumschnupperte, zu pfeifen, aber es gelang ihm nicht, einen Ton zwischen den Lippen herauszupressen; doch der Hund sah von selbst zu ihm auf, als er sich bewegte, und kam herangesprungen, um sich ihm zuzugesellen. So kletterten sie beide die Böschung hinauf und schlugen den Weg nach Norden ein.

Später erinnerte Owin sich nie mehr genau an die Einzelheiten ihres langen Zugs nach Norden. Manchmal waren seine Gedanken ganz klar, und er wußte, was passiert war, wohin er ging und warum. Aber zu anderen Zeiten, und immer öfter, je mehr Tage verstrichen, schien ein glühender Nebel, der irgendwie aus dem Pochen des verwundeten Arms aufstieg, seinen Kopf auszufüllen. Da kam ihm nichts wirklich vor, und wie in einem Traum taumelte er weiter, ohne jeden klaren Gedanken, außer daß es nach Norden ging. Den Norden konnte er riechen, wie ein Hund das Wild wittert. Sie fanden ihren Weg durch eine Welt, die verlassen schien von allem menschlichen Leben, das kam aber vielleicht nur daher, weil er sich instinktiv von allen Orten fernhielt, wo Menschen sein könnten. Einmal fing Hund ein Dachsjunges, und es gelang Owin, etwas davon abzubekommen, ehe es ganz aufgefressen war. Einmal, irgendwo auf einem Stück offenen Moores, stießen sie auf ein totes Lamm, das teilweise von Raben gefressen war. Der Hund riß sich seinen Teil, aber das roh stinkende Fleisch widerstrebte Owin, und er konne nur wenig davon essen. Sie überquerten die Straße von Glevum in der Dunkelheit der vierten Nacht und schlugen sich zum Rand des westlichen Sumpflandes vor. Danach war es etwas einfacher, Essen zu bekommen, da die späten Wildvögel noch nisteten, und da konnte man ohne viel Mühe Eier finden. Hund jagte für sich selbst.

Nach der Stille des Waldes und der Sümpfe war es seltsam, schließlich nach Glevum zu kommen und es voller Leben zu finden, summend wie ein auf den Kopf gestellter Bienenkorb. Owins Kopf war voll des glühenden Nebels, und darin war alles verschwommen und unwirklich; aber in ihm erinnerte sich etwas daran, wie er die Stelle finden konnte, wo man die Sabrina überquert. Und so wandte er sich am Süd-Tor zur Seite und ging hinunter zum Strand zwischen der Stadtmauer und dem Fluß. Das Wasser-Tor war offen, und die Leute zogen in gleichmäßigem Trott den Damm entlang übers Watt und fort über die Brücke aus Booten, die den Fluß überspannte. Owin ging in ihrer Mitte, weil auch er zur Brücke wollte. Dabei hielt er mit der gesunden Hand das Halsband von Hund fest, weil er wußte, daß für sie beide keine Hoffnung mehr bleiben würde in dieser oder der nächsten Welt, wenn er und der große Hund voneinander getrennt würden.

So fand er sich als einer von vielen in dem erbärmlichen Treck von Flüchtlingen, mit dem, wie ihm bewußt wurde, die Lebenskraft von Glevum versickerte. Handwerker mit ihren Werkzeugen auf dem Rücken, ganze Familien, die ihre wichtigsten Besitzstücke auf Handkarren davonschoben oder sich vordrängten mit nichts weiter, als was sie am Leibe hatten; ein Mädchen, das zwei Tauben in einem grünen Weidenkorb trug; eine alte Frau auf einem Maulesel – vielleicht die Frau irgendeines reichen Kaufmanns – mit einem Gesicht, in dem starrendes Grau unter dem verblaßten Rot und der von Tränen verschmierten Augenschminke durchschien; ein Bettler mit blinden, weißen Augen und bloßen Füßen. Er sah sie wie Menschen in einem Traum, alle mit derselben erstarrten Maske anstelle des Gesichts; und um ihn herum hörte er wieder und wieder die Worte: »Es sind die Sachsen – die Sachsen – die Sachsen kommen...«

Irgendwie hatte er daran überhaupt noch nicht gedacht, daß ihm die Sachsen auf den Fersen sein könnten. Leute sahen ihn nun an, starrten und fragten mit blöd aufgerissenen

Mündern. Er hörte seine eigene Stimme Antwort geben, aber er war sich nicht sicher, was sie antwortete. Irgend etwas über den Kampf an der Aquae Sulis Straße, irgend etwas über den Tod von Kyndylan und Conmail. Sie wichen ein wenig vor ihm zurück, als ob er ein Geist wäre; als ob er vor ihren Augen die Zerschlagung Britanniens sichtbar machen würde.

Das Brückenholz klang hohl unter seinen Füßen, und es bildete sich ein kleiner Abstand zwischen ihm und den Leuten vor ihm und den Leuten hinter ihm. Dann erreichte er das andere Ufer, und die gepflasterte Straße breitete sich vor ihm aus, nach Westen in die Berge hinein.

Der Berghof

Kaum mehr als eine Meile jenseits des Flusses teilte sich die Straße, die linke Abzweigung führte südwestlich nach Isca Silurium, der Stadt der Legionen, und die rechte schlängelte sich durchs Bergland hindurch zur großen Militärstraße hin, die wie eine Grenzstraße südlich und nördlich der wilden Sümpfe an Cymru entlanglief. Sobald er diese Strecke gewählt hatte, wußte Owin sicher, daß er nur lange genug gehen müßte, um schließlich nach Viroconium zu gelangen. So ließ er den mächtigen Flüchtlingsstrom auf der südlichen Route davonziehen, wandte sich nach rechts und torkelte ganz allein, abgesehen vom hinterherlaufenden Hund, in nordwestliche Richtung.

Danach verlor er allen Sinn für Zeit, so daß er nicht wußte, ob er einen, zwei oder gar schon drei Tage unterwegs war, als ihm in aller Klarheit bewußt wurde, daß er sich verirrt hatte. So, wie die Straße vor ihm einfach immer weiterführte, schien das eigentlich gar nicht möglich, und doch war es irgendwie passiert.

Strauchelnd blieb er stehen und sah sich um wie jemand, der gerade eben aus einer rollenden Rauchwolke in die klare Luft getreten ist und sich an einem höchst unerwarteten Ort vorfindet. Aber er wußte, daß die klare Luft nicht lange vorhalten würde, und das war das Problem. Er spürte, wie sich eine kalte Schnauze in die Handfläche des gesunden Arms drückte; Hund preßte sich an ihn, sah auf zu ihm und winselte; und gedankenlos streichelte er den borstigen Kopf des Hundes, während er ziemlich verzweifelt in die Gegend starrte. Wenn er nur stur weiterhin das Land überquerte, dann mußte er einfach, irgendwo, irgendwann auf die Grenzstraße stoßen, die sein Ziel war. Aber ganz plötzlich wußte er, daß er nahe dem Ende seiner Kräfte war.

Es wurde auch schon spät, die Sonne stand tief und gleißend zwischen den wogenden, feurig zornigen Fransen der Wolken; und der Wind, der ihm von den hohen Bergen von Cymru entgegenjagte, roch nach Sturm und Gebirge.

Gerade wollte er sich talabwärts wenden, um irgendeinen geschützten Winkel im Wald zu finden, bevor der Sturm ihn einholte, als ihm etwas Kleines auffiel: Eine graue Bachstelze flog über seinen Pfad. Die rasche Bewegung fesselte seinen Blick, seine Augen folgten dem Vogel – und so geschah es, daß er den Blick auf ein kleines unregelmäßiges Maisfeld am Abhang über ihm heftete. Es war grob ummauert mit Steinen, die aus der roten Erde des Bergs gegraben waren, als das Land gerodet worden war; die Bachstelze hatte sich auf der Mauer niedergelassen und wippte mit dem Schwanz.

Wo es bestelltes Land gab, konnte die Wohnstatt des Bauern nicht weit sein. Wenn er sie finden könnte, würden sie ihm sagen, wie weit er vom Wege abgekommen war; wenn die Frau freundlich war, würde sie ihm Buttermilch zu trinken geben – an Essen dachte er schon gar nicht mehr, krank wie er war vom Schmerz der Wunde, aber die Vorstellung kalter Buttermilch peinigte ihn –, und sie würde ihn in der Scheune schlafen lassen, bis der heraufziehende Sturm vorüber war. Vielleicht würde er von dem Maisfeld aus den Hof sehen können. Wieder sammelte er seine Kräfte, kämpfte gegen den Schmerz im Arm, verließ den Pfad und fing an, sich den Abhang hinaufzuquälen. Hund, ein wenig verdutzt, aber willig, blieb an seiner Seite. Es schien ihm ein unendlich langer Weg zu sein, aber schließlich hatte er das Feld erreicht. Er stand da und klammerte sich an die aufgehäuften grauen Steine, während die Welt vor seinen Augen tanzte und schwamm. Doch nach kurzer Zeit schien der Wind aus den Bergen den Nebel in seinem Kopf ein wenig zu lichten, und mit einem erleichterten Seufzer sah er die Wohnstatt, die vom Pfad aus hinter dem ansteigenden Abhang versteckt lag.

Sie lag tief hinten in einer flachen Talmulde, eine Gruppe von zwei oder drei torfbedeckten Hütten und einem Pferch fürs Vieh, das alles umgeben von einer grauen Mauer, wie man sie um jeden der kleinen Berghöfe finden kann. Die Wände der Wohnhütte waren jedoch kalkgetüncht, wie es bei den Römern üblich ist, sie schienen grell weiß im Sonnenlicht. Owin blieb eine kleine Weile, wo er war, krallte sich an die Mauer und zitterte, aber er spürte: wenn es überhaupt noch Obdach für ihn geben sollte, müßte dies schnell geschehen. Er stieß sich von der Mauer ab wie ein Schwimmer, der sich vom Ufer abstößt, und begann durch den Farn auf den verschwommenen Schimmer der kalkverputzten Wände in der Ferne zuzustolpern.

Lange schien die Wohnstatt nicht näherzukommen, und dann, plötzlich, war sie da. Die Lücke in der niedrigen Steinmauer war frei, und Owin taumelte hindurch. Er sah die dunkle Öffnung in der Wand der Wohnhütte und den schwachen roten Schein vom Feuer drinnen und stolperte darauf zu.

Irgend etwas bewegte sich in der Dunkelheit, eine Frau erschien in der Türöffnung. Eine hochgewachsene, eisgraue Frau in einem dürftigen staubfarbenen Umhang, mit einem kupfernen Kochlöffel in der Hand und das Haar so auf ihrem Kopf verknotet, als ob sie sich nichts von ihm gefallen lassen würde und auch von sonst niemandem. »Nun«, fing sie an, bevor sie noch sehen konnte, wer oder was da an ihrer Türschwelle war, »was ist los? Was willst du? Los, ich kann hier nicht den ganzen Tag lang stehen.«

Owin lehnte seine gesunde Schulter gegen den Türpfosten aus Eschenholz. »Viroconium«, murmelte er schwerzüngig. »Ich – habe den Weg verloren – kannst du mir sagen – mir sagen –« Er sah ihr Gesicht ganz deutlich, ein schmales knöchriges Gesicht, einzelne eisgraue Haare sprossen hier und da auf ihrem Kinn. Aber etwas sehr Seltsames passierte mit dem Gesicht, es schwamm dichter an ihn heran, es wuchs und wuchs, als ob es ihn aufschlucken wollte. Seine

Schultern schienen den Türpfosten zu verlieren, und ohne weiteres Aufsehen und Getue, nur noch mit einem kleinen müden Seufzer sank er über die Schwelle.

Er konnte kaum mehr als einen Herzschlag lang bewußtlos gewesen sein, denn schwach hörte er durch die brüllende Schwärze hindurch, wie die Frau schneidend nach jemandem, der Priscus hieß, rief; er hörte warnend das singende Knurren von Hund, und es gelang ihm sogar, irgend etwas zu murmeln, was den Hund beruhigte und zum Schweigen brachte, ehe er irgend jemandem an die Kehle ging. Er hörte auch den raschen Schritt herbeikommender Füße und die Stimme eines Mannes, der eine verdutzte Frage stellte.

Und dann aus großer Ferne wieder die Stimme der Frau. »Wie in Gottes Namen soll ich wissen, wer er ist, Ceawlin von den Sachsen oder der Bischof von Gwynedd vielleicht? Ich kann ihn jedenfalls nicht meinen Eingang verstopfen lassen. Nimm seine Fersen, Mann, oder muß ich ihn alleine tragen?«

»Laß mir ein bißchen Zeit, meine Taube«, sagte die Stimme des Mannes. »Schließlich findet man nicht alle Tage einen Fremden auf der Türschwelle liegen. Wohin möchtest du ihn haben?«

»Zum Feuer. Wo sonst wohl?«

Owin spürte, wie er angehoben und mit wenigen schlurfenden Schritten weitergetragen wurde, dann heruntergelassen auf weich ausgestreutes Farnkraut. Er versuchte seine Augen zu öffnen, schloß sie jedoch gleich wieder, weil sich alles drehte. Er versuchte der Frau zu sagen, es würde ihm schon wieder gut gehen, wenn sie ihn nur eine Weile still liegenlassen würde, aber kein Laut trat aus seinen Lippen. Als dann die Frau wieder sprach, schien ihre Stimme viel näher zu sein. Aber das war vielleicht nur deshalb, weil sie sich über ihn beugte. »Sieh nur, er ist nur ein Kind.«

»Alt genug, um die Männerarbeit des Tötens und Getötetwerdens zu tun, scheint es.«

Die Frau schnaubte. »Er ist doch kaum erst ausgeschlüpft

und gerade erst getrocknet... Geh jetzt und hole Wasser aus dem Brunnen und stelle es aufs Feuer, während ich ihm das stinkende Hemd hier abnehme. Und Milch, frische Milch; und laß mir dein Messer hier. Ich werde es brauchen.«

Der quälende Schmerz aus seiner Wunde beim Abreißen des kurzen Lederärmels war für Owin wie eine Dusche kalten Wassers, die über das Gesicht eines Schläfers gegossen wird, er zwang ihn, tief Luft zu holen, ließ ihn zittern und brachte ihn wieder ins Leben zurück. Er öffnete seine Augen. Die Welt schwamm immer noch vor ihm, aber nicht so wild, und er konnte das über ihn gebeugte Gesicht der Frau sehen, die ihre Lippen bei ihrer Arbeit eng zusammenpreßte. Sie seufzte tief beim Anblick der Wunde. Seit der Schlacht hatte er sein Hemd nicht ausgezogen, und er konnte sich vorstellen, daß die Verletzung einen scheußlichen Anblick bot. Dann sah sie, daß seine Augen geöffnet waren, und schalt ihn: »Halt still! Wenn du Manns genug bist, dir so eine Wunde einzufangen, dann mußt du auch Manns genug sein, auszuhalten, daß ich mich um sie kümmere.« Und ein wenig später, zögernd murmelnd, als ob sie keine Fragen stellen wollte, aber etwas unwiderstehlich an ihr zerrte: »Waren es die Sachsen?«

Owin versuchte wieder zu antworten, und dieses Mal kamen die Worte, wenngleich schwerfällig und zerhackt. »Ja – die Sachsen.«

»Wo?« fragte sie. »Was ist passiert?« und dann rasch, »na, na, ich bin eine ungeduldige alte Frau, behalte es noch eine Weile für dich.«

Aber er brachte es fertig, eine Antwort zu stammeln. »Gleich bei Aquae Sulis. Wir – sind dort auf die Sachsen gestoßen. Kyndylan ist tot, und Conmail und Farinmail – alle unsere Kämpfer.« Es kam ihm so vor, als sei die alte Welt untergegangen, und sie hatte noch nichts davon gehört; und vorwurfsvoll fügte er hinzu: »In Glevum wußten sie das.«

»Wir sind hier nicht in Glevum«, entgegnete die Frau. »Seit Tagen ist niemand den Viehtriebpfad heraufgekommen, bis du kamst. Woher also sollten wir es wissen?«

Der Mann, den sie Priscus genannt hatte, war zurückgekehrt, begleitet vom Klappern des Eimers, den er absetzte. Sie wandte sich an ihn: »Die Prinzen sind tot, sagt er, und die Sachsen haben unsere Leute bei Aquae Sulis überwältigt. Gieße etwas Wasser in den Topf, und setz ihn aufs Feuer, dann bring mir ein paar saubere Lappen aus der Kiste dort hinten; muß ich dir wirklich alles erst sagen?«

»Nein, Priscilla, meine Taube. Aber wir sind uns wohl einig, daß du es immer tust«, entgegnete der Mann, und sogar Owins verstörtes Ohr glaubte einen belustigten Unterton zu hören.

Der Rest dieses Abends und die Nächte und Tage, die darauf folgten, vergingen für Owin wie ein verrückter heißer Traum. Der Sturm, den er bei Sonnenuntergang gerochen hatte, brach noch vor Einbruch der Nacht aus den Bergen hervor. Das Rauschen des Regens auf dem Dach und das Dröhnen des dreitägigen Sommersturms schien Teil seiner eigenen wilden Unruhe zu werden, während das Klopfen seiner Wunde sich aus seinem Körper loszulösen schien und die ganze Nacht mit zackigen, fetzenzungigen Flammen erfüllte. Manchmal war die Verwirrung etwas geringer, und er wurde sich wie durch einen Dunst bewußt, daß er auf einem Haufen gelben Farns an der Wand lag, daß der Schmerz in seiner Wunde immer dann heftig zunahm, wenn man sich um sie kümmerte, und daß sich da manchmal das schmale graue Gesicht der Frau und manchmal das runde rosige Gesicht des Mannes über ihn beugte; und immer saß da wachsam an seiner Seite die scheckige, ohrengespitzte Gestalt von Hund. Der Geschmack von Milch und Medizinkräutern vermischte sich mit dem sauren Fiebergeschmack in seinem Mund; und jemand zog die Decke über ihn und schimpfte ihn, wenn er sie fortdrängte, weil ihm so heiß war.

Einmal erwachte er aus der Schwärze der Dunkelheit und sah das Gesicht der Frau dicht über sich gebeugt, und er hörte ihre strenge Stimme: »So ist's besser. Jetzt trink das, und wag bloß nicht nach all der Mühe, die ich auf dich verwandt habe, mir noch aus dem Leben zu entwischen! Du hast überhaupt keinen Grund, jetzt zu sterben, und wenn du's tust, dann nur aus Undankbarkeit deinem Herrn und Schöpfer gegenüber, der dir dein Leben gegeben hat – und Undankbarkeit ist etwas, das ich nicht dulden kann und will!«

Rückblickend dachte er, daß das wohl gegen Ende der fieberheißen Zeit war. Als er nicht viel später eines frühen Morgens erwachte, schien seine Wunde kühl, sein Kopf klar. Er sah die Ohren von Hund gespannt in Richtung zur Türöffnung gerichtet, die in fahlem Lichte lag, und hörte draußen im Frühnebel einen Hahn krähen, wie ihm schien mit leuchtendem, trompetenhellen Klang.

Danach war es nur noch eine Frage der Besserung; aber sie brauchte eine ganze Weile. Die Wunde selbst hätte ihm nicht lange zu schaffen gemacht, wenn sie gleich versorgt worden wäre; aber durch die lange Vernachlässigung war sie stark entzündet, und er war von einem wütenden Fieber befallen, als er über die Schwelle von Priscus' Tür fiel. Jetzt lag er still und flach unter der gestreiften heimischen Decke an der Wand, aß, was man ihm zu essen gab, schlief, starrte in den Rauchabzug über ihm. Da war es manchmal grau und manchmal blau, und manchmal sah er einen Stern, verlor ihn wieder, sah ihn wieder, gerade so, wie der Herdfeuerrauch auf seinem Weg hinaus es zuließ. Dann kratzte er an der heilenden Narbe an seinem Arm, wenn Priscilla es nicht bemerken konnte. Das Leben des kleinen Berghofs um ihn herum ging weiter, und es kehrte allmählich, Tag für Tag, die Kraft in seinen Körper zurück.

Hund blieb fast die ganze Zeit bei ihm, bisweilen schlief er mit dem warmen Kinn auf der Brust seines Herrn, dann wieder saß er wachsam und aufrecht neben ihm. Mit seinem

Schwanz machte er jedesmal ein trommelndes Geräusch, wenn Owin sich bewegte, und jedesmal, wenn Priscilla kam, um die Wunde zu versorgen, gab er eine kleine sanfte Warnung aus seiner Kehle, nicht tief genug, um als Knurren zu gelten, nicht drohend genug für ein Bellen, nur so, ganz sanft, als ob er sagen wollte: »Merk dir, wenn du ihm weh tust: Ich bin hier.«

»So ist das nun schon seit dem ersten Tag«, keifte Priscilla. »Ich hätte ihn schon lange fortgejagt oder ihn draußen angebunden, aber ich weiß nur zu gut, daß das Vieh mich beißen würde, wenn ich das wirklich versucht hätte.« Und so gab sie dem Hund die Knochen vom abendlichen Eintopf, sogar noch mit einer Menge Fleisch daran.

Die Sommersonnenwende war lange vorbei, als Owin wieder aufstehen konnte. Eingewickelt in einen alten Umhang von Priscus schlurfte er herum, seine Knochen fühlten sich an, als seien sie aus nassem Leder. Er ging hinaus, um in der Türöffnung der Wohnhütte zu sitzen und die mageren Schweine beim Suhlen in der Mistgrube zu beobachten, und um sich mit dem Basteln und Ausbessern von Kleinigkeiten zu beschäftigen, wie sie immer auf einem Hof gebraucht werden.

An einem ruhigen Sommerabend, die Schwalben flogen hoch zwischen flimmernden Mückenwolken, saß er an seinem üblichen Platz, den Rücken gegen den Türpfosten gelehnt, der Hund schlief neben ihm auf dem Rücken ausgestreckt, das samtene Bauchfell der letzten Sonnenwärme zugewandt. Er machte ein neues Ochsenhalsband aus geflochtenem Stroh, dabei war er zwar noch ein wenig ungeschickt, weil sein Arm immer noch steif war, machte aber trotzdem eine gute Arbeit, denn er hatte immer schon geschickte Hände. Priscilla, die das Abendessen zubereitete, war herausgekommen, um zu sehen, wie er vorankam, und beide beobachteten Priscus, der eben eine kleine schwarze Kuh zum Melken eintrieb und Schwierigkeiten hatte, sie durchs Gatter zu bekommen.

Priscilla machte das schnaubende Geräusch, das ihre Art Lachen war. »Ein guter, lieber Mann ist er und beklagt sich nie, daß dies nicht das Leben ist, das ihm gebührt. Aber man sieht es sofort, daß er kein Bauer ist.«

Owin legte den Kopf in den Nacken und sah auf zu ihr, das halbfertige Ochsenhalsband in der Hand. »Kein Bauer?«

»Sieht er so aus? Er war ein Meistertöpfer – der beste Töpfer in Glevum – glaub's auch wenn nur ich, seine Frau, das sage. Aber die Leute kaufen keine kostbaren Schalen und Krüge für ihre Tische mehr.« Sie seufzte. »Auch ich sehne mich jetzt noch manchmal nach den Gerüchen und dem Trubel in Glevum.«

Inzwischen war es Priscus gelungen, die Kuh einzupferchen, und bald würde Priscilla hinuntergehen und sie melken. Owin nahm noch etwas von dem gelben Stroh neben sich und flocht es in das Band. »Sie strömten aus Glevum heraus, als ich durchkam«, sagte er langsam. »Sie hatten gehört, wie die Schlacht ausgegangen war. Da war eine Familie mit ihrem ganzen Hab und Gut und der Großmutter auf dem Handkarren – und ein Mädchen mit zwei Tauben in einem Weidenkäfig. Sie starrten mich alle an, als ob ich ein Geist sei.«

»Das wird schon so gewesen sein«, entgegnete Priscilla. »Denn ganz genauso sahst du aus, als du mir über die Schwelle gefallen bist.«

Eine Weile war Owin still, seine Finger emsig mit dem geflochtenen Stroh beschäftigt, seine Gedanken waren immer noch bei dem erbärmlichen Flüchtlingszug. »Sie wandten sich alle südwestlich«, meinte er, »alle nach Südwesten. Aber wohin wollten sie gehen?«

»Irgendwohin ins südliche Cymrugebiet oder über die Dumnonia hinüber; und die, die sich das leisten können, überqueren das Meer nach Gallien, um sich der Siedlung anzuschließen, die Maxismus mit seinen alten Soldaten in Armorica gegründet hat, wie so viele, die schon vor ihnen dorthin gegangen sind.« Sie rümpfte die Nase. »Und wahrscheinlich werden sie das später einmal Bretagne nennen.«

»Du würdest nicht dort hingehen?« Er sah sie von der Seite an.

»Habe ich dir nicht gesagt, daß dieser Weg denen offensteht, die ihn sich leisten können? Das kostet eine Faust voll Gold heutzutage, wenn man einen Platz kaufen will in einem Fischerboot, das einen übersetzt. Außerdem haben wir beide, mein alter Priscus und ich, schon einmal unsere Heimat verlassen, und jetzt sind wir zu alt, um noch einmal entwurzelt zu werden und wieder ein Leben in einem fremden Land zu beginnen . . . Nein, nein, wir werden hier einfach auf unseren Feldern ausharren und uns darauf verlassen, daß die Barbaren nicht so weit westwärts in die Berge vordringen werden.«

Eine Sohnesstelle am Herd

Jeden Samstagabend rasierte sich Priscus, das war ein mühsames und schmerzhaftes Unterfangen, wobei riesige Mengen Gänsefett gebraucht wurden, um die Stoppeln weich zu machen, und sehr viel Wasser über dem Feuer aufgeheizt wurde. Und am nächsten Tag, nachdem das Melken und die notwendigen Morgenarbeiten auf dem Hof vollbracht waren, zogen er und Priscilla sich in den kleinen, im Inneren der Hütte gelegenen Raum zurück, in dem sie auch schliefen, und kamen wieder heraus in ihrem vollen Glanz: Priscus in guten, groben Stoff gekleidet und Priscilla mit einer karmesinroten Borte an ihrem Schafsfellgewand, eine Kette aus länglichen blauen Glasperlen um den dünnen Hals. »Wir sind schließlich römische Bürger, warum sollten wir also auch nicht so aussehen, zumindest am Tage des Herrn«, sagte Priscilla sichtbar stolz.

Und so machten sie sich zusammen auf den Weg zum Gottesdienst, den Viehtriebpfad entlang ins nächste Tal. Sie überließen den Hof dem Schutz von Branween, dem kurzbeinigen Viehtrieb-Hund, bis sie gegen Abend wieder nach Hause kamen. An den ersten Sonntagen war Owin natürlich zurückgeblieben, aber am zweiten Samstag, nachdem Priscus seine Mühe mit der Kuh hatte, kam Priscilla aus dem inneren Zimmer heraus, während der Herr des Hauses mit dem Rasieren beschäftigt war. Sie trug irgend etwas Blaues über dem Arm. »Da«, sagte sie zu Owin, der den großen Kupfertopf hochhielt, damit Priscus sein rundes, gequältes Gesicht darin sehen konnte. »Das ist sein zweitbester Umhang; der wird morgen gut genug für dich sein.«

»Ich kann doch nicht alle Umhänge von Priscus auftragen«, entgegnete Owin, ohne aufzublicken. »Ich trage doch schon seinen alten Arbeitsumhang.«

»Und du kannst nicht mit uns zum Gottesdienst in nach Kuhstall stinkender Kleidung kommen. Wenn du glaubst«, fügte Priscilla sanft hinzu, »daß ich mir nachsagen ließe, ich gönnte einem Mitglied aus meinem Haushalt keinen sauberen Umhang zum Gottesdienst, dann hast du dich geirrt!«

»Dem ist nichts hinzuzufügen«, beteuerte Priscus als augenblicklicher Besitzer des Umhangs.

Owin blickte langsam auf. »Soll ich mit euch morgen zum Gottesdienst gehen?«

Er war als Christ geboren und aufgewachsen, und sein Glaube war ihm lieb. Er war Teil seiner Herkunft, er gehörte zum Leben als Römer und Brite und bedeutete Kultur und Licht, im Gegensatz zu den Barbaren, die im einströmenden Dunkel standen. Aber jetzt war das letzte Licht ausgegangen, und es war so, als ob auch etwas von seinem Glauben verronnen sei. Einerseits wollte er mit Priscus und Priscilla gehen und am vertrauten Gottesdienst teilnehmen, andererseits aber schreckte etwas in ihm davor zurück, schreckte zurück wie vor einer Rückkehr an einen Ort, wo man einst glücklich gewesen war und wo nun der Herd kalt und die Menschen, mit denen man glücklich war, tot waren. »Ich glaube, ich werde nicht gehen; wie bisher werde ich hier ausharren, und niemand wird euch etwas nachsagen.«

»Niemand in meinem Haus bleibt hier am Tage des Herrn, wenn seine Beine stark genug sind, um ihn zum Gottesdienst zu tragen«, entgegnete Priscilla einfach. »Und wenn du auch aus keinem anderen Grund mitkommst, als um Gott dafür zu danken, daß er dich in deiner größten Not an meine Schwelle führte.«

Owin lachte scharf auf und sagte: »In Wirklichkeit war es eine graue Bachstelze!«

»Der Herr, der weiß, wann ein Spatz zur Erde fällt, wird

wohl eine graue Bachstelze nicht zu klein für seine Wege finden, wage ich zu behaupten«, sagte Priscilla kurz und legte den blauwolligen Umhang auf seinem Schoß ab.

Und Owin wußte, daß er morgen zum Gottesdienst gehen würde.

Er wusch sich und erlaubte Priscilla, das dicke, dunkle Haar, das ihm lang in den Nacken gewachsen war, abzuschneiden. Und am nächsten Morgen trug er Priscus' zweitbesten Umhang, der ungefähr die richtige Länge hatte, aber etwa dreimal zu weit für ihn war, und machte sich auf den Weg, den grünen Viehtriebpfad entlang, Priscillas linke Hand haltend, während Priscus zu ihrer Rechten ging und Hund, wie gewöhnlich, hinterhergezottelt kam.

Das war eine ganz schöne Strecke. Sie folgten dem kurvigen Viehtriebpfad, der zwischen den Bergen einen abgelegenen Hof mit dem anderen verband. Owin, dessen Beine noch immer dazu neigten, schnell müde zu werden, war froh, als sie durch das Gestrüpp niedrigen Gehölzes in ein flaches Hochlandtal hinunterkamen und das Dorf am anderen Ende auf der Hälfe des Hangs sehen konnten. Etwas oberhalb des Dorfes, wo die Äcker in rauhes Weideland ausliefen, stand ein kleines scheunenähnliches Gebäude, vor dem sich der schlanke, graue Finger des Predigerkreuzes erhob.

Sie kamen zu spät, weil der Schuhriemen von Priscus unterwegs gerissen war und sie anhalten mußten, um ihn zu flicken. Als sie an den Apfelbäumen und den Kohlfeldern des Dorfes vorbei zum Predigerkreuz hinaufkamen, waren die übrigen Mitglieder der kleinen Gemeinde schon versammelt; etwa dreißig bis vierzig Männer, Frauen und Kinder aus dem Dorf und den abgelegenen Höfen hatten sich dicht um den steinernen Schaft des Kreuzes und die an seinem Fuß stehende kleine Figur mit dem langen Umhang aus ungefärbter Schafswolle versammelt.

Sie sahen sich um, als die drei Zuspätkommenden in ihre Reihen schlüpften, und viele Augen ruhten auf dem schlanken, dunklen Jungen, der mit Priscus und Priscilla gekommen war und der – obwohl er sich dessen nicht bewußt war – eine merkwürdige Starre im Gesicht trug wie eine Maske oder einen Schild; aber sie besaßen die Höflichkeit von Leuten, die sehr abgeschieden leben, und nach diesem ersten Blick starrten sie ihn nicht mehr an, sondern machten Platz für ihn dicht am Predigerkreuz, genau so, als ob er einer der ihren wäre.

Der Priester hatte bereits mit dem Gottesdienst begonnen, Owin blickte ihn fest an und versuchte, seine Worte in sich aufzunehmen. Der Mann war einen Anblick wert, klein, grimmig und feurig mit dem Kopf eines Kriegerprinzen auf dem Körper eines unterernährten Sekretärs. Es lohnte sich, ihm zuzuhören, denn das Feuer, das ihm aus den dunklen Augen sprühte, lag auch in der Stimme und entzündete die Worte aus seinem Mund mit einer neuen Lebendigkeit. Und doch konnte Owin, als er den vertrauten Gebeten zuhörte und mit Priscus und Priscilla die vertrauten Erwiderungen murmelte, ihnen keine rechte Bedeutung geben. Der Boden um das Kreuz und um die Hütte des Priesters war hügelig, denn dort waren die Toten begraben. Es gab aber nur wenige Grabsteine, und kleine graue Bergschafe stutzten das grobe Gras zwischen ihnen bis zu den Wänden der Hütte des Priesters; Owin hörte ihr Nagen und das tief zufriedene Summen der Bienen inmitten der blühenden Glockenheide viel deutlicher als Gebet oder Psalm oder Litanei; und erinnerte sich daran auch länger.

Aber als der Mann dann mit der Predigt anfing, war das eine ganz andere Sache. Die Priester aus dem Cymru-Gebiet hatten größtenteils das Talent, mit silberner Zunge zu sprechen, aber dieser Mann hatte eine flammende Zunge. Und wirklich, Owin fand, daß er gar nicht einer Predigt zuhörte, sondern einer Ermahnung, einem Schrei, der ihm persönlich genauso zu gelten schien wie jeder Seele, die hier versammelt war. »Brüder, das Licht verlöscht, und die Dunkelheit strömt herein. Es ist an uns, die Lampe am Brennen zu halten, bis zu dem Tag, da wir sie zurückgeben können an das Licht dieser Welt. Die Lampe nicht nur unseres Glaubens, sondern auch all der Schönheiten des Geistes, die von unserem Glauben belebt wurden. Die Lampe der Liebe für die Weisheit im Herzen des Menschen und der Freiheit des menschlichen Geistes, all dessen, was wir meinen, wenn wir sagen, daß wir zivilisierte Männer und Frauen und nicht Barbaren sind.«

Das war die Botschaft, wie Owin sie verstand; sie mag dem Bergschäfer anders geklungen haben und wieder anders für Priscilla.

Und während er ihm zuhörte, der hellen Dringlichkeit, die nur aus der Not des Augenblicks entzündet und niemals im voraus geplant sein konnte, dachte der Junge: ›Dieser Mann hat etwas gehört – irgendeine Neuigkeit, die gerade erst durchgekommen ist.‹ Und er dachte auch, daß die anderen Menschen um ihn herum wußten, was es war. Kurze Zeit später war der Gottesdienst vorbei; die Menschen wandten sich einander zu, sie waren nicht länger eine Gemeindeversammlung, sondern eine Zusammenkunft von Freunden, Feinden und Nachbarn. Plötzlich stand der Priester dicht neben ihnen, legte seine Hand auf den Arm von Priscus und sagte: »Ihr seid heute spät gekommen, meine Lieben; habt ihr schon das Neueste gehört?«

Priscus schüttelte den Kopf, sein gesundes Gesicht zeigte sofort Besorgnis. »Was für eine Nachricht ist es denn, Vater?«

»Keine, die wir nicht erwartet hätten«, entgegnete der Priester, »und inzwischen schon ganz schal, nehme ich an, aber deshalb nicht weniger düster, wenn sie stimmt. Es heißt, Glevum sei in Ceawlins Hände gefallen, und Corinium und Aquae Sulis seien in Flammen aufgegangen. Die Barbaren sind im Gebiet um die Spitze von Sabrina.« Sein Blick fiel auf Owin, der ein wenig hinter Priscilla und Priscus stand. »Das ist eine Nachricht, die dir näher geht als uns anderen, mein Sohn; denn es läuft ein Gerücht durch die

Berge, daß ein Fremder zu uns gekommen ist. Und dieses Gerücht sagt, daß du bei der letzten großen Schlacht bei Aquae Sulis dabei warst.«

»Ich und der Hund hier«, entgegnete Owin. »Für uns beide war es der erste Kampf.«

Und Hund, der seinen Namen hörte, warf seinen Kopf zurück und beschnupperte glücklich den Arm des Jungen.

»So.« Der Blick des Priesters fiel auf den Hund und kehrte wieder zu Owins Gesicht zurück. »Knie nieder, mein Sohn.«

Owin kniete und spürte die leichte Berührung seines gebeugten Kopfs durch die Hand des Mannes, die andere Hand ruhte auf Hunds Kopf; und Hund, der sonst niemandem seine Zuneigung zeigte außer seinem Herrn, reckte die Schnauze nach oben und leckte das Handgelenk des Mannes. »O Gott«, sprach die rauhe, wohltuende Stimme über ihm, »hier sind ein Junge und ein Hund, die deinen Kampf gefochten haben, so gut sie konnten. Gib ihnen deinen Segen, und richte sie auf mit deinem Mut, und breite über ihnen die Flügel deiner Gnade aus.«

Die drei gingen schweigend nach Hause; nicht ein Wort wurde zwischen ihnen gewechselt, bis sie zwischen Misthaufen und Kuhstall hindurch zur Tür der Wohnstatt kamen. Aber an der Schwelle hielt Priscus inne, stand einen Moment still und blickte ins Tal hinunter. »Es wäre umsonst, natürlich – völlig umsonst; ich kann ruhig zugeben, daß ich wohl kaum besser mit einer Waffe umgehen könnte als mit dem Pflug. Ich tauge fast zu nichts anderem als zum Töpfern, aber gerade jetzt, da spüre ich es in meinem Herzen, daß ich gerne jung wäre und ein Schwert hätte.«

»Du warst der beste Töpfer im ganzen Glevum Gebiet«, sagte seine Frau ermunternd. »Das sage ich dir ins Gesicht, so wie ich es hinter deinem Rücken sage, und ein Handwerk sollte genug sein für einen Mann. Und jetzt hör auf, die Tür zu versperren, laß mich an den Suppentopf, wenn du heute abend was zum Essen haben willst.«

Die Suppe war gut, als sie fertig war, aber keiner von ihnen schien sonderlich hungrig zu sein, und Stille sank wieder über sie herab. Owin, der sich langsam durch den Napf mampfte, ohne etwas zu schmecken, starrte ins Feuer. Die Wochen, die er im Schutz von Priscillas Zuwendung verbracht hatte, waren wie die kurze Windstille vor einem Sturm, und die Welt draußen, sogar der Tod seines Vaters, schienen weit weg zu sein. Aber jetzt stürmte alles wieder auf ihn ein, die Windstille war vorüber. Er wußte, selbst wenn er bleiben würde, die Windstille war vorüber ... Er wischte die letzten Reste vom Boden seines Napfes mit einem Stück Gerstenkruste, kaute und schluckte sie langsam und besonnen hinunter und stellte den Napf zur Seite.

»Morgen«, sagte er, »muß ich gehen. Ich bin schon zu lange geblieben.«

Priscilla räumte die Näpfe zusammen, die sie gleich zum Scheuern zur Quelle tragen würde. Mit lautem Geklapper schob sie sie zusammen. »Das ist Torheit; du kannst dich doch kaum zum Dorf schleppen.«

»Ich kann es und weiß das, ich – ich muß gehen.«

Es gab eine kurze Stille, Priscilla sah ihn mit scharf zusammengepreßtem Mund an. Dann räusperte sich Priscus vorsichtig: »Ich glaube, meine Taube, so schlecht der Augenblick dafür auch gewählt scheint, es ist am besten, wenn du jetzt mit dem Jungen über die Sache sprichst – die Sache, die wir vor ein paar Tagen besprochen haben.«

Priscillas Lippen preßten sich noch enger aufeinander. »Sprich du mit ihm; das ist Sache des Mannes im Haus.«

»Zweifellos, meine Taube; aber es ist auch Aufgabe der Frau. Ich werde hinausgehen und den Schweinen den Rücken bürsten«, meinte Priscus, stand ruhig auf und schlenderte hinaus. Branween trottete auf seinen kurzen Beinen hinter ihm her.

Eine kleine Weile lang starrte Priscilla hinter ihm her mit dem Blick einer Frau, die gern jemanden am Kragen packen und schütteln würde, bis ihm die Zähne aus dem Mund fallen, dann seufzte sie etwas erschöpft und wandte sich wieder dem Herd zu. Owin konnte ihr Gesicht jetzt kaum sehen, weil die Wohnstatt in diesen Sommertagen unerträglich warm wurde, wenn man nach dem Kochen weiter feuerte, und Kerzen gab es nur für besondere Anlässe. Er wartete darauf, was sie ihm wohl zu sagen hatte – ohne sich den Kopf darüber weiter zu zerbrechen, weil seine Gedanken schon auf den Aufbruch am nächsten Tag gerichtet waren.

Sie sagte: »Wir haben dich in dieser ganzen Zeit nie ausgefragt. Mein alter Priscus und ich glaubten, daß du, wenn wir warten würden, uns vielleicht eines Tages von selbst über dich erzählen würdest. Aber jetzt scheint dafür keine Zeit mehr zu bleiben.«

Owin sah rasch auf: »Das tut mir leid. Ich werde alles beantworten, was du willst. Was wolltest du wissen, Priscilla?«

»Der Ring, den du um den Hals trägst – ich habe ihn dir auf einen neuen Riemen gezogen, während du krank warst, hast du es bemerkt? War es vielleicht der Ring deines Vaters?«

Owin nickte.

»Warst du mit deinem Vater in dieser letzten Schlacht?«

»Mit meinem Vater und meinem Bruder«, entgegnete Owin, kratzte an der Narbe an seinem Arm, wie es seine Gewohnheit geworden war, und starrte in die Asche des erstickenden Feuers.

»Laß das, sie wird sich entzünden«, warnte Priscilla. »Sie wurden getötet?«

»Ja.«

»Hast du« – ihre Stimme, die weicher war, als er sie je gehört hatte, zögerte einen Augenblick in einer für sie ganz ungewöhnlichen Art. »Hast du eine Mutter, zu der du zurückkehren kannst? Sie hält dich und die beiden anderen wahrscheinlich die ganze Zeit schon für tot, die arme Frau.«

»Meine Mutter starb, als ich noch klein war«, sagte Owin

beruhigend. »Ich wüßte nicht einmal, wie sie aussah, doch mein Vater hatte ihre Gesichtszüge mit Kohle an die Säulenwand gemalt und mit einem Bronzegitter geschützt. Sie hatte einen sehr kurzen Hals und eine Menge hochgestecktes Haar.«

Priscilla hatte ihr Spinnrad mit der flechtengefärbten Wolle genommen, und als sie wieder sprach, hoben sich ihre Worte vom sanften Rattern der Spindel im Hintergrund ab. »Es gibt gutes Land in der Talsohle, und Priscus hätte schon längst gern etwas davon eingehegt, wenn er einen Sohn hätte, mit dem er arbeiten könnte. Wir hätten gern einen Sohn gehabt, er und ich, aber der Herr hat uns nie einen gesandt, und es ist kein Gewinn darin, seine Wege zu hinterfragen. Aber das gute Land im Tal ist immer noch da, und die Sohnesstelle ist leer am Herd. Wenn du niemanden hast, zu dem du zurückkehren kannst, dann könnte es dir schlechter ergehen, als wenn du hier bliebest.«

Owins Kopf fuhr hoch und starrte sie an. Wenn der Vorschlag in einem Jahr gekommen wäre, hätte er ihn vielleicht überdacht – wenigstens um auf ihn zurückzukommen, langsam aber sicher –, doch jetzt war der Tod seines Vaters noch so nah, daß ihm der bloße Gedanke daran wie Treulosigkeit vorkam. Er schüttelte den Kopf. »Es könnte mir viel schlechter ergehen, ich weiß das, Priscilla. Du warst freundlich zu mir – so sehr freundlich all diese Zeit –, aber ich muß weiter nach Viroconium. Sollten einige unserer Männer aus der Schlacht gekommen sein und sich wieder sammeln, so werden sie sich dort sammeln. Außerdem ist da noch unser Hof. Ich muß sehen, ob noch etwas davon übrig ist. Aber erst muß ich nach Viroconium.«

»Wenn sich welche in Viroconium gesammelt haben, dann haben sie sich schon vor langem gesammelt und sind wieder fort, du hast sehr lange krank gelegen.«

»Vielleicht werden mir die Leute in der Stadt sagen können, wohin sie gegangen sind, damit ich ihnen folgen kann.«

Priscilla zupfte noch einige Wollsträhnen mehr heraus. »Niemand wird – niemand hat sich in Viroconium gesammelt, und auch sonst nirgends, du weißt das. Hier in den westlichen Bergen bleiben wir vielleicht frei, aber für das restliche Britannien ist alles vorbei, die Lichter sind verloschen. Was kannst du gegen die sächsischen Horden ausrichten?«

»Sogar Priscus wünschte sich, daß er wieder jung wäre und ein Schwert hätte.«

»Priscus ist ein Narr.«

»Ich auch. Ich habe kein Schwert, aber wenigstens bin ich jung. Ich muß gehen, Priscilla.«

Stille lastete über ihnen, nur vom Rattern der Spindel war sie erfüllt. Priscilla durchbrach sie mit Heftigkeit: »Ein Kind bist du und ein Narr dazu, und also mußt du gehen«, dann war sie wieder still und schwieg so lange, daß er dachte, sie sei ihm böse. Schließlich, ganz plötzlich, legte sie die Spindel zur Seite und das Spinnrad dazu und ließ ihre großen Hände in den Schoß fallen. »Da bleibt nichts mehr zu sagen. Geh denn morgen früh. Aber vergiß nie, daß, solange mein alter Priscus und ich hier sind, es Platz für dich hier gibt, wenn du ihn brauchst.«

»Ich werde es nicht vergessen«, sagte Owin. »Und vielleicht komme ich eines Tages wieder, vielleicht auch nicht. Wie auch immer, ich werde es nie vergessen.«

Der Schatten an der Wand

Am nächsten Morgen, es war so früh, daß die Berge noch im Schatten lagen, machte Owin sich auf den Weg nach Viroconium. Priscilla hatte ihm Essen mitgegeben, einen übrigen Feuerstein aus ihrem Haushalt und einen guten, dicken, festen Umhang; Priscus hatte drei Pferdehaarschlingen und ein bewährtes langes Jagdmesser mit einem recht abgenutzten Erlenholzgriff hinzugefügt. Er hatte versucht, ihnen zu danken, aber es war ihm völlig mißlungen. Dann hatte er Hund bei Fuß gepfiffen und war davongegangen. Und nun, als der steinige Hügelpfad ihn zu der Straße führte, die er vor so langer Zeit verpaßt hatte, da wünschte er, er hätte Priscilla beim Abschied geküßt, es kam ihm so in den Sinn, als ob sie das gern gemocht hätte.

Aber schon begannen die vergangenen Wochen zu verwischen und ihm fern zu erscheinen. Es gab eine Menge anderer Dinge in seinem Kopf. Nach zwei Tagen traf er auf die große zweispurige Grenzstraße, der er nordwärts folgte. Er hielt sich immer nur in Sichtweite der Straße, da er ja nicht wissen konnte, wie weit die Sachsen westwärts vorgestoßen waren. Hund trottete entweder hinter ihm her oder lief wolfsgleich weit vorweg, wobei er sich immer wieder umsah, um sicher zu sein, daß Owin auch folgte. Es war jetzt später Sommer, schon der Übergang zum Herbst. Es gab keine Vogeleier mehr, aber er hatte noch Haferbrote und den starken Schafskäse von Priscilla, und als das aufgegessen war, da hatte er sein Messer, seine Schlingen und Hund und seinen Feuerstein zum Feuermachen; und sie lebten auf dem Land, jagten und suchten ihre Nahrung am Wege.

Aus dem gleichen Grund, aus dem er sich von der Straße fernhielt, mied Owin auch Orte, an denen Menschen sein konnten; auf dem Land gab es ebenso wenige Spuren von menschlichem Leben wie in den Wäldern und Sümpfen südlich von Glevum, und daher hörte er nichts von den Sachsen auf seinem ganzen Weg nach Norden, und er hörte auch nichts darüber, wie die Dinge im übrigen Britannien standen.

Er reiste langsam, wie es ein Mann tun muß, der auf dem Weg beim Weitergehen auch noch jagt. Erst viele Tage später erreichte die Straße, der er an der Ostseite längs eines großen Moorlands gefolgt war, das hügelige, bewaldete Tiefland, und er erkannte den vertrauten Berg Virocon, der aber noch so weit in der Ferne lag, daß er aus verdickter blauer Luft geformt zu sein schien. Owin erinnerte sich, daß er ihn vom Ausgang des Hofes seiner Eltern aus hatte sehen können.

In dieser Nacht kam er dichter an die Straße heran und fand die Stelle, an der Kyndylans Kriegshorde in der ersten Nacht gelagert hatte. Die geschwärzten Grasnarben ihrer Feuerstellen konnten immer noch unter den darüberkriechenden Brombeerbüschen gesehen werden. Dort schlief er in Gesellschaft ihrer Geister, und beim ersten Tageslicht war er wieder unterwegs.

Am Morgen des letzten Tags seiner Reise war strahlendes Wetter, weiße Wolkenkissen segelten über den glockenblumenblauen Himmel. Aber die Wolken verdichteten sich im Laufe des Tages, und als er schließlich in Sichtweite von Viroconium war, regnete es, und der Virocon, der sich hinter den weißen Mauern der Stadt erhob, schien nach innen gekehrt und düster über uraltem Ärger zu brüten in seinem Pelz aus nassem Wald. Die Sabrina schlängelte sich durch ihre Schlucht nach Süden und war grau wie eine Schwertklinge, düster und stumpf.

Owin überquerte den Fluß an der gepflasterten Furt und stampfte im Sumpf das letzte Stück der Straße hinauf mit hochgezogenen Schultern und das Kinn tief in die nassen Falten seines dicken Umhangs gepreßt.

Die Grabsteine, die immer das erste waren, auf das man vor einer Stadt stieß, standen zu beiden Seiten der Straße. Sie waren regenschwarz, und an ihren Sockeln lagen naß die ersten gefallenen, gelben Erlenblätter. Er kam an den Rasenbänken des Amphitheaters vorbei, und da stand der Doppelbogen des Südtors vor ihm, durch das die Straße hindurchführte. Es gab keine Wachen am Tor. Die Mauern sahen ganz wie immer aus, mit Ausnahme eines rötlich gebeizten Flecks an einer der Bastionen, vielleicht ein Brandfleck durch ein Feuer? Aber als Owin, immer noch sein Kinn fest in den Umhang eingegraben und immer noch Hund an seinen Fersen, durch den Torbogen trottete und sein Fußtritt hohl im umbauten Platz widerhallte, da klang es wie Schritte in einem Haus, das leer und dessen Herd erkaltet ist.

An diesem Tag war er an zwei ausgebrannten und verlassenen Höfen vorbeigekommen. Das hätte ihn warnen sollen. Aber er hatte sich einzugestehen geweigert, was diese geschwärzten Ruinen bedeuteten; er hatte sich eingeredet: »Das war ein Zufallsraubzug, weiter nichts.« Und er war weitergezogen mit der sich selbst auferlegten Drohung, nicht weiter darüber nachzudenken.

Keine Körper lagen aufgetürmt jenseits des Tores. Er konnte keine Spuren eines Kampfes entdecken. Die Stadtbevölkerung mußte gewußt haben, daß die Sachsen kamen, und, da es ihr an kampfbereiten Männern fehlte, rechtzeitig geflohen sein. Die Barbaren, die in die leere Stadt hereingeströmt waren, hatten wild geplündert und gebrannt. Ziellos wanderte Owin weiter die gerade Straße zum Forum hin. Er war an dem Ort angekommen, zu dem hin er sich aufgemacht hatte. Er fand ihn tot vor, und es gab nun nichts mehr, wohin er sich wenden konnte. Während er dahinstolperte, sah er sich um.

Viroconium war halb leer gewesen, als er das letzte Mal durchgekommen war. Seit hundert Jahren verfiel es langsam, wurde allmählich immer schläfriger und ungepflegter,

Gras und Disteln wucherten über die Straßenränder hinaus. Aber als Kyndylans Kriegsschar sich im Frühjahr hier versammelt hatte, war immer noch Leben in Viroconium gewesen; Stimmen und Fußschritte hatten in den Straßen gehallt, Kinder auf den Haustreppen gespielt und Küchengerüche sich gegen Abend verbreitet. Jetzt war die Stadt tot. Die Straßen waren still, und die Häuser standen kahl und leergebrannt da, mit blinden Augen und herabgestürzten feuerschwarzen Dachbalken.

Owin hielt am Forumtor mit seiner stolzen Inschrift für Kaiser Hadrian an und starrte benommen umher, während Hund ihn mit wedelndem Schwanz erwartungsvoll beobachtete. Die Dämmerung brach herein, und plötzlich kam ihm ein Gedanke – und dieser Gedanke ließ ein irres Gelächter in seiner Kehle wach werden –, daß er heute nacht in der Basilika schlafen konnte, daß er, wenn er wollte, im Palast von Kyndylan dem Gerechten schlafen konnte, er konnte frei über ganz Viroconium verfügen. – Aber die kleinen, niedrig gebauten Läden im Säulengang des Forums schienen ihm eine sichere und dunklere Zuflucht zu bieten. Ein oder zwei dieser Läden in der Nähe des Tors hatten noch Dächer, und so wandte er sich dem nächstgelegenen zu. Der sah aus, als sei er der Laden eines Korbmachers gewesen. Was den Plünderern nur irgendwie nutzen konnte, war fortgerissen worden, aber ein zerbrochener Taubenkorb und ein Weidenrutenbündel lagen noch in einer Ecke. Das letzte Licht des Tages schwand rasch, und die Tiefe des Ladens lag schon verloren im Schatten des regnerischen Zwielichts.

Hund, der genug von der Nässe hatte, trottete hinein und schüttelte sich, wobei er eine Tropfendusche aus seinem dichten, scheckigen Fell verbreitete. Owin folgte ihm, er zog sich wie ein schwerverwundetes Tier in die dunkelste Ecke zurück und legte sich nieder, in den festen, vom Regen durchweichten Umhang gehüllt. So lag er in sich selbst gekauert, dicht an die Wand gedrückt, die Knie hochgezogen und den Kopf in den Armen, als ob er von den Schatten aufgesogen würde und zu existieren aufhörte. In der Nacht nach der Schlacht hatte er zu wissen geglaubt, daß dies das Ende aller Dinge war, aber jetzt wußte er, daß er davon nicht restlos überzeugt gewesen war. Die ganze Zeit über, auf der langen Straße nach Norden und während er krank an seiner Wunde darniederlag, hatte er sich an eine verzweifelte Hoffnung geklammert, die er nie näher untersucht hatte; an die Hoffnung, daß, wenn er nur zurück nach Viroconium kommen könnte, wo sie sich im Frühjahr zusammengeschart hatten, dort etwas wäre . . . irgendwie dort das Leben weiterging. Aber nichts war da. Viroconium war tot. Alles, was er kannte in dieser Welt, war tot und kalt. Und zum ersten Mal verstand er – auch das hatte er nie wirklich glauben können, obwohl er die Körper selbst gefunden hatte –, daß er seinen Vater und Ossian nicht wiedersehen würde.

Hund saß neben ihm und beobachtete ihn mit gespitzten Ohren, den Kopf leicht seitlich geneigt, als ob er sich wunderte, warum sein Herr so elendiglich, verhaltene Geräusche machte und warum dessen Schultern dabei so zuckten.

Später, als Owin sich in den Schlaf geweint hatte, lag Hund neben ihm und leckte ihm das Gesicht. Der Junge legte seinen Arm um den Hals von Hund, wobei er leichten Trost verspürte in der Wärme und dem Leben unter dem rauhen Fell. Und so schliefen sie schließlich beide in Ruhe.

Einmal in der Nacht erhob sich Hund, und Owin, der von dieser Bewegung geweckt worden war, spürte, wie sich das Haar im Nacken des Hundes aufrichtete, er den Kopf mit leichtem Knurren reckte und in Richtung des Ladeneingangs blickte. Owins eigenes Haar prickelte im Genick, und sein Herz klopfte wie rasend. Aber nichts geschah, und er hörte kein Geräusch außer dem Regen auf dem Dach.

Als er das nächste Mal aufwachte, war heller Tag; der Regen hatte aufgehört. Sonnenglanz lag auf den nassen, fischgrätig gemusterten Pflastersteinen. Hund lief schon herum, beschnupperte den Eingang des Ladens und das Forumtor, als suche er Spuren von dem, was in der Nacht dagewesen war. Owin setzte sich hoch, zog die Füße unter sich und stand langsam auf. Er war steif und kraftlos, er fühlte sich wie geschlagen und konnte zunächst kaum stehen. Er taumelte hinüber zum Ladeneingang, stützte sich müde am feuerversengten Türpfosten und blickte zum Forum hin. Er wußte nicht, was er jetzt tun sollte, denn weiter als über die Rückkehr nach Viroconium hinaus hatte er noch nicht nachgedacht. Inzwischen aber wußte sein Körper, daß er Essen brauchte und vor dem Essen noch Wasser. Hund schlabberte aus den Pfützen, die der gestrige Regen auf der Straße hinterlassen hatte, aber das war nicht so einfach für einen Menschen; Owin wußte das, denn er hatte es probiert. In der Mitte des Forums stand ein Brunnen; aber er war genauso tot wie alles andere auch. Doch als Owin nachsah, bemerkte er, daß die Kette vom Laub verstopft und ein bißchen Regenwasser in der grüngefleckten Schale war. Es gelang ihm, etwas davon mit seinen gewölbten Handflächen zu schöpfen und zu trinken, bevor alles wieder durch seine Finger hindurchgelaufen war. »Und jetzt Essen?« fragte sein Körper. Im Brusttuch seines Umhangs suchte er nach den Schlingen aus elastisch geflochtenem Pferdehaar, die Priscus ihm gegeben hatte. Der Abend war der beste Zeitpunkt, um Schlingen aufzustellen, aber wenn er so lange wartete, würde er bis morgen nichts zu essen bekommen. Wenn er aber jetzt die Schlingen aufstellte, dann hatte er zumindest die Chance, wenn auch nur eine geringe, daß bis zum Abend etwas in einer von ihnen gefangen sein würde, und wenn nicht – dann hatte er auch nichts verloren. Und sowieso hatte er sonst nichts weiter zu tun.

Der Weg zurück zum Südtor kam ihm sehr lang vor, und es war ihm bisher gar nicht aufgefallen, wie fußlahm er war. Einmal glaubte er, Fußtritte hinter sich zu hören, ganz leichte, trappelnde, aber als er sich umsah, war niemand da. Die Grabstätten außerhalb der Mauern waren, wie der Rest von Viroconium, schon lange verfallen; junge Bäume waren zwischen den Gräbern hervorgesprossen, und hier und da schlangen sich Brombeerranken und graugesichtige wilde Waldreben um die Grabsteine. Owin dachte, daß dies sicher ein guter Platz für seine Schlingen sei. Es dauerte nicht lange, bis er gefunden hatte, was er suchte; die deutliche Spur eines laufenden Hasens zwischen dem Gras und den Büschen. Während Hund beobachtend bereitstand, stellte er die erste Schlinge am Fuß des Grabsteins von Marcus Petronius aus Vicenza auf, Standartenträger der vierzehnten Legion, mit 39 Jahren gestorben, und als er die karminroten Blätter der Brombeerzweige herunterzog, um seine kleine Falle zu verstecken, fragte er sich, ob Marcus Petronius wohl verärgert oder erfreut gewesen wäre oder sich überhaupt darum gekümmert haben würde, wenn er gewußt hätte, daß eines Tages irgendeiner eine Schlinge für Meister Langohr auf seinem Grab aufstellte.

Die beiden verbliebenen Schlingen setzte er über andere Hasenspuren, aß dann eine Handvoll Schwarzbeeren, aber trotz seines Hungers nicht mehr, denn er wußte, wie dumm es war, zu viele Schwarzbeeren auf einen leeren Magen zu essen. Dann schleppte er sich unlustig zur Stadt zurück.

Den ganzen Tag lang wanderte er in Viroconium umher, während Hund um seine Fersen herumtrottete oder sich der Erforschung seltsamer Ecken zuwandte; so ging er die stillen Straßen auf und ab und betrat und verließ Läden und Häuser, ganz wie ein rastloser Geist.

Er hatte nichts mehr gesehen oder gehört seit dem Augenblick, als er auf der Straße zum Südtor hin die seltsame Vorstellung hatte, daß Schritte hinter ihm hertrappelten, und doch hatte er die ganze Zeit das Gefühl, beobachtet zu werden. Das war nur die Einsamkeit, natürlich – obwohl sich Hund ein- oder zweimal rasch umgeblickt und seine Schnauze schnüffelnd in den Wind gehalten hatte.

Nach einiger Zeit fanden sie einen Durchbruch in einer hohen Mauer und kletterten hinüber in Gärten, die er als die Gärten von Kyndylans Palast erkannte. Es gab dort Äpfelbäume dicht an der Mauer, und die Äpfel lagen im Gras zu ihren Füßen. Owin hob einen auf und biß hinein, aber die Säure zog seinen Mund zusammen, als wär's eine Quitte, und er warf ihn fort; dann sagte er zu Hund, der einen anderen Apfel beschnupperte: »Nein, du Narr, laß uns gehen. Ein leerer Bauch ist besser als Bauchschmerzen.«

Es war nicht seine Art, mit Hund zu reden; meist lebten die beiden zusammen in geselliger Stille; so jagte ihm der Klang seiner Stimme, die er seit Tagen nicht gehört hatte, einen ordentlichen Schrecken ein. Es war wie ein Kiesel, der in einen Teich geworfen wird, Kräuselwellen breiteten sich aus in der großen Stille, und ohne Grund sah er sich um.

Da hörte er ein Geraschel mitten in einem der wuchernden Büsche, genau neben der Lücke in der Mauer. Sein Herz pochte unangenehm, beruhigte sich aber, als ein Grünfink herausgeschossen kam und das Geraschel damit erklärt war. Er ließ die Schultern hängen und wandte sich ab. »Hör auf, jeden Schatten anzuspringen«, sagte er zu sich. »Das machst du nur, weil du etwas zu essen willst.« Aber bevor er außer Sichtweite der Büsche war, sah er sich noch einmal um. Nichts mehr bewegte sich jetzt in ihnen; der Grünfink flitzte umher und fing Fliegen unter den Apfelbäumen.

Owin streifte weiter umher, seine Füße trugen ihn nun auf die vom Feuer gebrandmarkten Mauern und Säulenreihen von Kyndylans Palast zu. Auf dem Weg dorthin kam er an einer kleinen Grotte vorbei, zu der drei Stufen nach unten führten und die mit einem grauen Steindach unter einem großbogigen Gewirr von Haselnußbüschen überdacht war. Unter dem Dach plätschterte Wasser aus dem Mund einer bronzenen Löwenmaske. Er hatte schon an anderen Stellen in Viroconium Wasser gefunden, aber meist war es stehendes, fauliges Wasser; dieses hier war frisch und süß. Er und Hund genossen reichlich davon aus dem moosigen Becken und merkten sich die Stelle für ein nächstes Mal, wenn sie durstig sein würden.

Kyndylans Palast war eine Ruine; die Mauern standen

leer und feuerversengt, überdacht vom treibenden Blau und Grau des Herbsthimmels, die großen Räume waren versperrt mit verkohlten Balken und dem Schutt des zerfallenen Daches. Am Ende des Sklavenflügels stieß er jedoch auf einen kleinen Vorratsraum, zwei Stufen unter der Erde, der immer noch den größten Teil seines Daches hatte, obwohl die Ziegel zerbrochen waren und der Himmel durch eine Lücke in der Ecke oben hereinsah. Und Owins Gedanken, die sich um solche Dinge kümmerten, erkannten in diesem Raum eine gute Lagerstätte. Hier könnte er sogar ein Feuer machen, um den Hasen zu braten, falls er einen fing. Und das war gut so, denn der Laden, in dem er in der letzten Nacht geschlafen hatte, drückte in seinen Gedanken wie ein Alptraum, der ihn dort überwältigt, ihn mit einer schwarzen Wolke ausgefüllt hatte. Er wußte, daß er dorthin nicht zurückkehren würde, ganz gleich, ob er andere Unterkunft fand oder nicht.

Eine Menge Holz lag zwischen den Ruinen herum, und nicht alles war feucht. Er sammelte einen ziemlich großen Vorrat und bereitete ein Feuer mitten auf dem gestampften Erdboden vor; er holte auch einen Arm voll von hohem Gras und Kräutern aus dem Garten und warf das in die Ecke des Raums, die am weitesten vom Loch im Dach entfernt war. Er wollte sich ein Bett daraus machen. Dann setzte er sich darauf, kratzte an der Narbe an seinem Arm und wartete auf die Dämmerung. Dieser Tag schien ihm der längste seines Lebens zu sein.

Endlich brach der Abend herein, und Owin machte sich auf den langen Weg zu seinen Schlingen. Zwei fand er leer, aber in der dritten, die auf dem Grab des Standartenträgers ausgelegt war, lag ein fetter Rammler. Mit einem Gruß zum Schatten von Marcus Petronius löste er den Hasen aus der Schlinge, nahm ihn aus und ließ Hund die Innereien fressen; dann legte er die Schlinge wieder aus und ging, seine Beute hin- und herschwingend, zu Kyndylans Palast zurück.

Er fühlte Unlust, jetzt, da er draußen war, im Dunkeln in

die leere Stadt hineinzugehen – obwohl der aufgehende Mond ihm Sicherheit gab –, und als er zum wiederholten Mal erschöpft und müde durch den dunklen Torbogen in die im glänzenden Mondlicht liegende Straße trottete, war das Gefühl, beobachtet zu werden, stärker in ihm denn je zuvor. Er hielt an, um zu lauschen, wie er es schon so oft an diesem Tag getan hatte, und gleichzeitig mit ihm stockte auch das sanfte Geräusch, das er gehört hatte; platsch-platsch-platsch – aber es war nur das bißchen Blut, das aus dem aufgebrochenen Hasen tropfte.

Die halb zerfallenen Dachbalken warfen seltsame Schatten auf das Pflaster von Kyndylans Säulengängen, und Owin bemerkte, wie er ihnen sorgsam auswich oder aber auch mit Absicht durch sie hindurchwatete, um sich selbst zu beweisen, daß nichts da war; doch ein im Wind schwingender Efeuzweig ließ ihn zusammenzucken, und er machte eine Kehrtwendung auf seinen Hacken. Das »kiee wick-wick-wick« einer jagenden Eule versetzte seinem Herzen einen Stoß, die Innenflächen seiner Hände waren schweißnaß. Aber schließlich erreichte er die Ecke des Sklavenflügels, hockte sich nieder und machte sich daran, einen Funken aus seinem Feuerstein zu schlagen. Es dauerte sehr lange, und er scheuerte sich einen Finger wund dabei, aber schließlich sprang ein Funke, und Owin brachte das Holz zum Brennen. Danach fühlte er sich besser, und während das Feuer auflöderte, machte er sich an die Arbeit, den Hasen zu enthäuten. Die Haut gab er, mit Kopf und Pfoten darin, Hund, der auf sie sprang, an ihr riß und zerrte, als ob sie ein lebendiger Hase wäre. Hund erstickte fast an dem Fell. Owin schubste den nackten Hasen mit seinem Messer an den Rand des Feuers, und so begann er mit dem schwierigen Geschäft, ihn zu braten, ohne ihn zu verbrennen.

Bald roch es streng nach versengtem Fleisch, und als es Owin gelang, das Ding aus dem Feuer zu ziehen, war ein schwarzer Fleck an seiner Schulter. Er mußte vorsichtig sein! Er schabte die verkohlte Oberfläche ab, legte mehr Holz aufs Feuer und versuchte, es ein wenig um den Hasen herum zu bauen, ohne ihm zu nah zu kommen.

Mit kleinen hellen Flammen brannte das Feuer über einem Kern aus Glut, denn das Holz war abgelagertes Bauholz. Der Rauch kräuselte sich hinauf, um seinen Weg durch das Loch im Dach hinauszufinden, und Wärme stahl sich in den kleinen Lagerraum hinein und verbreitete einen lohfarbenen Schimmer, der über die gespannten Gesichter des Jungen und des Hundes flackerte.

Schließlich, nach einer Probe mit dem Messer, beschloß Owin, daß das Fleisch, so gut es eben ging, durchgebraten war und daß er nun nicht länger warten konnte. Er war jenseits jeglichen Hungergefühls gewesen, als er seine Beute hierher gebracht hatte, ihm war nur ein wenig übel gewesen, aber jetzt, mit dem Geruch des gebratenen Fleisches, der in seine Nase stieg, lief ihm das Wasser im Munde zusammen, so daß er immer wieder schlucken mußte. Er stocherte mit dem Messer und einem Stück Holz den Hasen aus der heißen Asche heraus und rollte ihn auf den Fußboden hinüber, damit er zum Anfassen genügend abkühlen konnte. Und während er dies tat, hob Hund, der seinen Teil schon lange vertilgt und mit der Schnauze auf den Pfoten beim Braten zugesehen hatte, seinen Kopf und blickte zur Türöffnung hin. Seine Augen glühten wie grüne Lampen im Feuerschein, leise knurrte er durch die Kehle, so wie er es in der Nacht zuvor getan hatte.

Auch Owin blickte zur Türöffnung hin. Der Mondschein warf einen Silberstreifen auf die Kante jeder Stufe und fiel voll auf die Mauer neben der Tür. Als Owin vorher dort hingesehen hatte, war im Mondschein alles leer gewesen außer ein paar Sprüngen im Putz; jetzt aber sah er im milchigen Lichtschein einen Schatten, so zart wie der einer Heuschrecke, doch anscheinend menschlicher Natur.

Regina

Owin packte Hund fest am Halsband, bevor der große Hund aufsprang; er stand auf, rief etwas, und wußte nicht, was. Der Schatten wich zurück, als ob er davonrennen wollte, klebte einen Augenblick an der Kante zur Dunkelheit und schlüpfte dann über die mondgeweißte Wand. Eine Gestalt mit der gleichen scharfkantigen Zartheit wie der Schatten erschien in der Türöffnung, und eine heisere Stimme, von Angst getrieben, bettelte: »Halt den Hund fest – er soll mich nicht beißen.«

»Ich werde den Hund sofort auf dich hetzen, wenn du nicht in den Feuerschein trittst und mir zeigst, wer du bist«, stieß Owin atemlos heraus, während er Hunds Halsband mit beiden Händen festzurrte. »Ruhe, Hund! Sei still! Still, sage ich!«

Die Gestalt kam langsam die Stufen hinunter und bewegte sich in den Schein des Feuers.

Und Owin starrte ein Mädchen von etwa zwölf Jahren an, ein dunkles Geschöpf, dessen Arme und Beine wie bloße Knochen in den zerfetzten Überbleibseln des schmutzigen Hemds staken. Sie war dicht ans Feuer herangekommen. So musterten sie einander, während Hund, der nicht mehr knurrte, wachsam an der Seite seines Herrn stand. Zögernd, vorsichtig lauernd stand das Mädchen da, bereit, jederzeit davonzulaufen; zugleich blickte sie trotzig und durchbohrte Owin mit höchst außergewöhnlichen Augen, so grau wie Regen und ringsum schwarz bewimpert. Er bemerkte nicht, wie sehr sie stank, da er an vielerlei Gerüche gewöhnt war, seit Kyndylans Kriegerschar aus Viroconium ausmarschiert war, aber er bemerkte, daß um ihren Mund herum dunkle Entzündungen waren und daß irgend etwas aus ihrem verfilzten Haar kroch und wieder in ihm verschwand.

»Wer bist du, und was willst du?« fragte er ärgerlich. »Bist du es, die mir den ganzen Tag nachspioniert hat?«

Sie beantwortete die zweite seiner drei Fragen, die der Sache am nächsten kam, jedenfalls sofern sie unmittelbar davon betroffen war: »Ich habe das bratende Fleisch gerochen.«

In ihrer Stimme lag ein leichtes Wimmern, das ihn rührte. Er bückte sich, nahm den Hasen auf, der jetzt kühl genug zum Anfassen war, riß einen seiner hinteren Läufe ab und warf ihn ihr hinüber wie zu einem Hund. »Da, nimm!«

Sie schnappte den Lauf, stopfte ihn mit beiden Händen in den Mund, riß und zerrte daran; dabei blieben ihre Augen auf sein Gesicht geheftet. Nach unglaublich kurzer Zeit waren die Knochen nacktgenagt. Sie zog sie auseinander, schleckte die letzten Fleischfäden zwischen ihnen heraus, ließ sie dann fallen und streckte mit der Bewegung eines gelernten Bettlers ihm die offenen Hände entgegen. »Ich bin sehr hungrig. Lasse mir der Herr den anderen Lauf zukommen.«

Das also war sie: eine Bettlerin. Wild riß Owin den anderen Lauf ab und ließ ihn in ihre flehenden Hände fallen; dann begann er, rasch selbst zu essen, sonst würde sie um mehr und mehr betteln und ihm von seiner Beute überhaupt nichts überlassen.

So aßen sie also im Stehen und starrten sich übers Feuer hinüber an. Das Mädchen war als erste fertig und sog an den Knochen, während ihre Augen fest auf den Rest des Hasen, den er noch hielt, gerichtet waren; aber Owin widersetzte sich ihrem schweigenden Drängen – es war seine Beute, und er hatte ihr ohnehin schon fast die Hälfte abgegeben. Er aß alles auf, dabei zog er das wohlschmeckende Fleisch vom Rückgrat ab und warf den Kadaver mit noch ein paar Fleischfetzen daran Hund zu. Er ärgerte sich viel mehr über seine Angst von vorher als darüber, daß er so viel von seiner Beute abgegeben hatte, und gegen seinen Willen war er sogar ein wenig froh darüber, nicht das einzige lebendige, menschliche Wesen in dieser toten Stadt zu sein. Nachdem er seine Finger abgeleckt hatte, fragte er: »Wie heißt du?«

»Regina«, antwortete sie, wobei sie ihre Finger abschleckte, aber auch das Fett rings um ihren Mund herum.

Owin kannte genug Latein – obwohl die Leute es dieser Tage nicht mehr viel in der täglichen Umgangssprache benutzten –, und so wußte er, was das heißt. Er lachte: »Königin! Das ist ja wirklich ein passender Name für dich, oder? Haben dein Vater oder deine Mutter königliches Blut in sich?«

»Ich hatte nie einen Vater und auch keine Mutter«, entgegnete Regina so, als ob sie eine ganz einfache Tatsache berichtete. »Ich lebte bei einer alten Frau, die aber im letzten Winter starb. Sie hat mich für sie betteln lassen, aber ich brachte ihr nicht genug nach Hause, und sie hat mich geprügelt. Einmal versuchte ich, sie umzubringen, aber sie schmeckte die Todeskräuter in der Brühe und schlug mich so lange, bis ich nicht mehr stehen konnte.«

Owin hörte ihre heisere Stimme, sah den Ausdruck in ihren Augen und zweifelte nicht, daß diese Geschichte wahr war. Aber im Augenblick gab es andere Dinge, die ihm wichtiger waren. »Was machst du allein hier in Viroconium«, fragte er mißtrauisch, »falls du wirklich allein bist? Ich dachte, die Stadt wäre leer.«

»Nein.« Sie rieb ihre nackten Füße aneinander, den einen am anderen, so daß sie die Wärme des Feuers spürte. »Sie war nicht leer. Ich war die ganze Zeit hier.«

»Seit die Sachsen kamen?«

»Ja – seitdem.«

Mit rauher Stimme bat Owin: »Erzähl mir, was passiert ist.«

»Es gab eine große Unruhe überall in der ganzen Stadt, und sie schrien, daß die Sachsen kommen und daß all die

Höfe dort hinten« – und mit ihrem knochigen Finger zeigte sie in südöstliche Richtung – »brennen. Alle Leute rafften Essen zusammen und die Dinge, die sie am liebsten behalten wollten und die leicht genug zum Tragen waren, und sie rannten fort in die Berge. Ich bin mitgerannt, aber nur ein kurzes Stück, und als die Sachsen fort waren und das Feuer sich gelegt hatte, bin ich zurückgekommen.«

»Warum?«

Sie blickte ihn mit diesen seltsamen regengrauen Augen groß und ernst an. »Es ist der einzige Platz, den ich kenne.«

Owin war einen Moment lang still; dann meinte er: »Hattest du keine Angst, ganz allein hier in der toten und leeren Stadt?«

»Nein. Ich hätte mehr Angst gehabt in den Bergen. Dort, wo die anderen hingegangen sind, gibt es keine Dächer, die dich vor dem Himmel verstecken.«

»Auch hier gibt es nicht mehr viele.«

»Es gibt enge dunkle Ecken. Und außerdem«, und mit boshafter Zufriedenheit in der Stimme sagte sie hart, »mag ich Viroconium viel mehr ohne Menschen darin.«

In der völligen Stille, die zwischen ihnen eingetreten war, hörte Owin, wie der Wind sich aufmachte und Blätter hin- und hergetrieben wurden. Sich selbst zum Trotz fühlte er plötzlich den Schmerz des Mitleids. Er wollte das nicht, weil er wußte, daß damit in ihm wieder Leben erweckt würde und daß die Rückkehr zum Leben so schmerzt wie Blut, das in ein erfrorenes Glied zurückkehrt.

Auch Regina hörte den Wind, sie zitterte und rückte ein wenig näher ans Feuer, ihr fast wie ein Strich schmales Gesicht verschärfte sich in ihrer Hilflosigkeit; und er sah, daß sie fürchtete, ihn verärgert zu haben – wo er doch ein Feuer hatte. Das bettelnde Winseln kehrte in ihre Stimme zurück: »Du wirst mich nicht fortweisen? Der Wind weht so kalt, jetzt, im Herbst. Laß mich am Feuer sitzen. Guck – gar nicht so sehr nah, nur da, wo mich ein bißchen von der Wärme erreicht.«

Scharf, aber beherrscht und nachdenklich blickte Owin, weil sie in ihm Leben erweckte, und das tat weh; und wie weh das tat! Er konnte sie genausowenig vom Feuer fortweisen, wie er Hund hätte fortjagen können. »Da ist genug Feuer für uns beide. Bleib, wenn es sein muß«, meinte er grollend. Sie seufzte, setzte sich rasch hin und zog die Fersen unter sich, als ob sie schon immer hier gewesen wäre.

Owin lehnte auf seiner Hüfte, Hund räkelte sich an ihm, und er starrte sie weiterhin an, während sie sich vorbeugte und ihre Hände an die Flammen hielt. Sie waren so schmal, daß das Feuer rot durch sie hindurchschien und er die zarten Schatten ihrer Knochen sehen konnte. »Warum bist du mir gefolgt und hast mich den ganzen Tag lang heimlich beobachtet?« fragte er schließlich.

»Ich wollte sehen, was du machst, und ich hatte Angst, du würdest mit Steinen nach mir werfen, wenn du mich siehst.«

»Haben Leute oft mit Steinen nach dir geworfen?«

»O ja, ziemlich oft.« Sie drehte ihre Handrücken zum Feuer hin. »Was hast du gemacht? Warum bist denn du nach Viroconium gekommen?«

Owin starrte ins Feuer und kratzte an seiner Narbe. »Ich gehörte zu Kyndylans Kriegsschar – ich und mein Vater und mein Bruder –, als wir uns hier im Frühjahr versammelten. Und nach – nachdem alles vorbei war« – seine Stimme begann zu zittern, und er suchte sie zu beruhigen –, »dachte ich, daß, wenn noch andere von uns leben sollten, dann versammeln wir uns vielleicht wieder hier; und ich dachte, wenn ich zurückkäme, dann – könnte ich sie finden.« Es war seltsam: seit sie zusammen am Feuer saßen, da hatte sich etwas geändert zwischen ihm und dem Mädchen. Vor kurzem hätte er ihr dies nicht erzählt; er hätte ihr einfach befohlen, sich um ihre eigenen Angelegenheiten zu kümmern.

Sie blickte ihn rasch an; all ihre Bewegungen waren so, als liefe Quecksilber statt Blut in ihren Adern. »Es gab eine Schlacht? Und die Sachsen haben gewonnen?«

»Ja.«

»Niemand kam hierher«, sagte Regina.

Owin schüttelte seinen Kopf und starrte immer noch ins rote Herz des Feuers.

Sie beugte sich nach einer kurzen Weile vor und zeigte auf die purpurne Narbe, die unter seinem Ärmel hervorlugte. »Hast du dir das in der Schlacht geholt?«

»Ja«, sagte er wieder.

Regina blickte ihn still und aufmerksam an. Dann streckte sie ihren kleinen nackten Fuß vor und drehte die Sohle nach oben, damit er sehen konnte. »Guck, ich habe hier eine Narbe. Habe ich von einer Glasscherbe bekommen.«

Owin sah sie sich an. Ihr Fuß war staubig und schuppig, die Poren grau und braun von uraltem Schmutz; aber durch den Schmutz konnte er eine dünne weiße Narbe sehen, zakkig von der Wurzel des großen Zehs bis in die Mitte der Wölbung hinein. Weil er in den vergangenen Wochen erwachsen geworden war und manche der Dinge vergessen hatte, die er vorher schon gewußt hatte, war er zunächst nicht sicher, warum sie ihm das zeigte. War sie stolz darauf? Benutzte sie dies vielleicht bei ihrer Bettelei, um Mitleid und so auch mehr Wohltätigkeit hervorzulocken? Doch dann verstand er es; er erinnerte sich, wie Ossian und er nach einer Tracht Prügel ihre Rücken verglichen hatten. Narben vergleichen, das war eine verbindende Angelegenheit. Es war ein Zeichen von Freundschaft; vielleicht das erste Zeichen dieser Art, das sie jemals gegeben hatte.

Er reckte sich vor und berührte ihren Fuß, spürte, wie eisig er war unter dem festgebackenen trockenen Schmutz. »Das muß weh getan haben«, meinte er ungelenk. »Deine Füße sind immer noch eiskalt. Bring sie näher ans Feuer.«

Sie tat, was er ihr sagte. Sie seufzte wohlig in die Wärme hinein und fragte: »Wie heißt du? Ich habe dir meinen Namen schon gesagt.«

»Owin«, sagte er. Und dann: »Ich habe die Schlingen wieder ausgelegt, bevor ich hierhergekommen bin. Vielleicht gibt es morgen wieder einen Hasen.«

Als das kleine Feuer ausgebrannt war, breiteten sie das Bettgras weiter aus und teilten Owins festen Umhang. Am Saum war er schon zerfetzt, aber er war dick und groß genug für sie beide, wenn sie dicht beieinander lagen. Hund schlief mit seiner Schnauze über Owins Knie und knurrte sanft warnend jedesmal, wenn sich das Mädchen bewegte.

Am Morgen waren sie wieder hungrig. Zunächst gingen sie alle drei zu dem Brunnen mit dem Löwenhaupt, dann holten sie ein paar Äpfel. »Der, den du gestern probiert hast, kam von einem Baum, den sie für Apfelwein benutzten«, erklärte Regina, »deshalb war er so sauer. Aber ich kann dir Bäume mit süßen Äpfeln zeigen.« Und wenn auch Wasser und Äpfel sie nicht richtig satt machten, so war wenigstens ein Teil ihres Hungers fürs erste gestillt. Und als Owin zu den Gräbern zurückkehrte, fand er einen weiteren Hasen in einer der Schlingen. So konnten sie wenigstens heute abend sicher sein, ihren Magen füllen zu können.

Das war unglaubliches Glück, aber Owin sah ein, daß er die Schlingen nicht immer wieder über dieselben Fährten legen konnte; er mußte seine Jagdgründe ausweiten. So stellte er seine Fallen am Waldrand oberhalb der Schlucht des Flusses auf, das war etwa einen Bogenschuß weit vom letzten Grabstein entfernt. Das Mädchen Regina lief wie ein Schatten an seinen Fersen, obwohl er ihren Unwillen wohl spüren konnte und wußte, daß sie sich nicht gern so weit außerhalb der Stadtmauern aufhielt. »Hier in der Gegend könnte ich vielleicht einen Igel fangen«, meinte er. »Wir werden den Hasen nicht vor heute abend braten. Es ist besser, am Ende des Tages zu essen und mit etwas im Bauch schlafen zu gehen.«

Zusammen gingen sie zurück in die Stadt, Owin trug den Hasen.

In der Wildnis, da fühlte sich Regina verloren und unsicher, aber sobald sie wieder innerhalb der Stadtmauern waren, war alles ganz anders. Sie schob sich nach vorn, griff nach seiner freien Hand und zog ihn hinter sich her durch

Hintergassen und Abkürzungen, hinein in den aufklaffenden Türspalt eines Hauses und wieder hinaus durch ein Loch in der Rückwand; und fast an jeder Ecke, jeder Ruine schien sie etwas zu erzählen zu haben, meist Schändliches, über die Leute, die einmal dort gelebt hatten.

In einer Gasse, die von der Straße zum Westtor abbog, kamen sie an das blindäugige Gerippe eines Hauses, an dem sich feuergeschwärzter Hagedorn oberhalb des Eingangs wie eine Kunstarbeit aus Schmiedeeisen emporrankte. »Das ist das Haus von Ulpius Pudentius«, sagte Regina. »Er war sehr alt, und man sagte, er habe Säcke und Kisten voller Gold unter seinem Bett. Man sagte – alle sagten –, daß seine Vorväter es verdient hatten durch Herumdoktern an altersschwachen Maultieren, die sie dann Soldaten als angeblich gesund verkauften.« Sie lehnte an den Überresten des Türpfostens, während sie sprach, dabei hielt sie ihr scharfes Kinn in ihren Händen. »Er gab mir einmal eine Kupfermünze. Ich war die einzige Bettlerin, die er jemals so behandelt hat.«

»Wie ist es dazu gekommen?« fragte Owin, während er in den kleinen Hof neben ihr starrte.

»Auf allen vieren kroch ich auf der Straße hinter ihm her und schrie«, entgegnete Regina. »Er warf damit nach mir, damit ich abhaute.«

Sie versteckten den ausgenommenen Hasen in einem geeigneten Loch in Kyndylans Säulengang und verbrachten einen Teil des restlichen Tages damit, mehr Feuerholz und mehr Gras für die Schlafstatt zu holen, um ihr Lager bequemer zu machen. In den Ruinen eines Hauses fanden sie ein altes, vom Rost zerfressenes Schwert und brachten es herbei, um den Hasen für das Braten darauf aufzuspießen. Es schien selbstverständlich, daß das Lager jetzt ihnen beiden gehörte. Owin hatte sie gar nicht gefragt, wo sie vorher geschlafen hatte; vielleicht besaß sie gar kein bestimmtes Versteck, sondern kauerte jede Nacht in einer anderen Ecke.

Er ging früher als gestern los, um nach seinen Schlingen

zu sehen. Er tat das wegen Regina, und doch kam sie dieses Mal nicht mit, sondern drückte sich im letzten Augenblick davor. Die Schlingen waren alle leer, nur eine von ihnen war von einem Fuchs durcheinandergebracht worden. Er richtete sie wieder zurecht und ging dann durch die wilden Grabstätten und die toten Straßen von Viroconium zum Lagerraum in Kyndylans Palast zurück.

Regina war nicht da; plötzlich schien das kleine dunkle Lager leer ohne sie. Aber er hatte kaum Zeit genug, dies zu bemerken, als er schon das Getrappel ihrer nackten Füße hörte und sie durch den zerstörten Säulengang auf sich zukommen sah. Ihr zerfetztes Kleid hielt sie hochgerafft, als ob sie etwas Kostbares in seinen Falten versteckt hielte. Hund, der sie inzwischen in ihre Gemeinschaft aufgenommen hatte, wedelte zur Begrüßung mit dem Schwanz und bohrte gierig die Schnauze an das, was sie trug. Owin knuffte ihn zur Seite, blickte aber selbst auch neugierig in dieselbe Richtung. »Was hast du da?«

Anstelle einer Antwort öffnete sie einfach die hochgerafften Falten des Rocks, und er sah, daß der Schatz aus einer Handvoll gelber Körner bestand.

»Wo hast du das gefunden?«

»In den Körben unter dem großen Bäckerladen im Forum. Die Ratten essen davon. Es gibt zwar auch noch ein paar Katzen – beim Mondlicht kannst du sie manchmal schreien hören –, aber es sind nicht genug, um die Ratten fortzuhalten, und deshalb fressen sie die Körner. Trotzdem ist noch eine ganze Menge über.«

Das war es also, was sie die ganze Zeit über am Leben erhalten hatte. Er hatte sich bisher keine Gedanken darüber gemacht, denn als sie auftauchte, war er ganz verblüfft gewesen, und nachher schien alles selbstverständlich zu sein.

Während sie sprach, nahm sie die Falten ihres Rocks in eine Hand und las mit der anderen ein paar der goldenen Körner heraus. Ungewöhnlich behutsam und vertraut mit ihrem Tun legte sie ein Korn nach dem anderen aus; einige auf das gebrochene Pflaster, andere auf die hüfthohe Mauer des Säulengangs.

Als sie anfing, schienen überhaupt keine Vögel in der Gegend zu sein, aber augenblicklich waren sie da mit sausendem Flügelgeflatter; staubfarbene Spatzen kuschelten sich auf den Boden, ein Rotkehlchen hüpfte gestelzt auf seinen langen Beinen herbei, ein an der Brust rosa gefiederter Buchfink und eine scheue Drossel hielten sich am Rande des Schwarms. Die grauen Steinfliesen wurden zusammen mit ihnen lebendig inmitten der verstreuten Gerste.

Und dann schoß durch die Luft wie ein juwelenblauer Blitz eine Meise und pickte zu Reginas Füßen, wo sie gerade das letzte ihrer Körner fallengelassen hatte.

Hund erstarrte, dann warf er seinen breiten Kopf herum zu dem unverschämt blitzenden Federball auf dem Pflaster. Als die Meise seiner gewahr wurde, spreizte sie ihre Flügel und fauchte Geräusche wie eine unendlich kleine Katze; dabei verlor sie ihren Verstand und stob in die falsche Richtung davon, nämlich durch den dunklen Eingang in den Lagerraum, so daß Hund hinter ihr hersprang.

Regina ließ ihren Rock fallen, stieß einen schrillen Schrei aus und verstreute die kostbare Gerste weit und breit auf dem Boden. »O, er wird sie fanden! Er wird sie fangen!«

»Nein, das wird er nicht.« Owin stürzte hinter dem großen Hund her. Dabei vergaß er die beiden Stufen, er stolperte, rutschte ab, plumpste mit einem Schrei vorwärts und landete so, daß er nach Luft japsen mußte; aber er hielt die Arme fest um den Hals des Hundes geschlungen. Hund warf sich mit wild peitschendem Schwanz herum; das sorgfältig aufgeschichtete Feuerholz flog nach rechts und links, und über ihnen jagte die von Entsetzen gepackte Meise an den Mauern hin und her.

Er hörte Regina aufschreien: »Nicht! Nicht doch! Du wirst die Flügel verletzen!« Behutsam glitt sie hinüber zur hinteren Mauer und streckte ihre Hände ganz sachte nach der Meise aus, die in ihrem verängstigten Hin und Her kurz einhielt und sich mit ausgebreitetem Gefieder an den bröckligen Mörtel klammerte. Owin saß immer noch zwischen dem Feuerholz, die Arme um den aufgeregten Hund geschlungen, und blickte sie an, als ob er sie zum ersten Mal sähe.

»Komm schon, Dummes«, sagte sie und schloß ihre gewölbten Hände um die Meise, hob das winzige Geschöpf hoch und wandte sich der Tür zu. Sie zögerte, kam dann in der plötzlichen Stille nach dem Schreck zu Owin hinüber und beugte sich über ihn. »Guck!« meinte sie mit einer Stimme voll Entzücken und öffnete ihre Finger ein kleines bißchen. Das letzte Gold des durch die niedrige Tür hineinströmenden Sonnenuntergangs fiel auf die gefangene Meise, die aber ganz ruhig im Ball ihrer kleinen braunen Hände saß. Owin sah die blanken Augen des Vogels im winzigen, bemalten Clownsgesicht und den juwelblauen Federhut. »Sieh nur, wie blau sie ist!« sagte Regina. Dann ging sie zum Türeingang und hinauf, blieb auf der obersten Stufe stehen, auf der noch verstreute Gerste lag, und öffnete ihre Hände. Die Meise flog hinaus, verhielt noch einen Moment mit vibrierenden Flügeln, die wie kleine Fächer grünblauen Dunsts vor dem niedrigen Schein der Sonne wirkten, und schoß dann davon. Regina stand eine Weile da und staunte ihr hinterher. Dann wandte sie sich zurück zu dem verdämmernden Raum.

Sie sah Owin immer noch zwischen den Trümmern sitzen, Hund fest an seiner Brust umklammert; sie warf sich nieder auf die oberste Stufe, die Knie dicht ans Kinn gezogen, und brach in schrilles, krächzendes, heulendes Gelächter aus.

Auch er fing zu lachen an, doch zerrte sein Lachen schmerzlich an seinem Elend. Eine Weile schüttelten sie sich vor Lachen. Owin faßte sich als erster, erhob sich und hatte wieder die Kontrolle über sich. »So kommen wir zu keinem Abendessen. Scharre so viel du kannst von der Gerste zusammen, und ich gehe und hole den Hasen.«

Es war schon fast dunkel, ehe das Abendessen fertig war, denn sie mußten erst wieder einen Holzstoß bauen, und als Owin endlich einen Funken aus seinem Feuerstein geschlagen hatte und es ihm gelungen war, das Holz zu entzünden, da mußten sie noch den Hasen enthäuten. Endlich war es geschafft, der Hase war auf der alten Schwertklinge über der Flamme aufgespießt, während Hund am Fell riß wie in der Nacht zuvor. Owin und Regina hockten an der Wärme, griffen immer abwechselnd in die gelbe Masse aus sehr staubigem Korn in ihrem Schoß und aßen es, während sie warteten. Bei dem Holz, das sie fürs Feuer gesammelt hatten, waren einige Stückchen einer kleinen Olivenholztruhe, die wohl schon vor langer Zeit aus einem fernen Land gebracht worden war. Die Sachsen hatten sie auf der Suche nach Beute aufgebrochen, und die kleinen zersplitterten Bretter hatten die richtige Größe zum Brennen. (Gelegentlich mußte er etwas finden, womit er größere Holzstücke zerkleinern konnte.) Das Olivenholz fing sehr rasch Feuer und brannte mit kleiner, öliger Flamme, die so blau war wie der Kopf der Meise. Nein, das ist das falsche Blau, dachte Owin, es ist eher wie die Farbe von wilden Hyazinthen.

Regina, die von den Gerstenkörnern in ihrer Hand aufblickte, schien etwas vorne an seinem Umhang zu bemerken, etwas, das sie bisher noch nicht gesehen hatte. Sie zeigte darauf: »Was ist das?«

Owin schielte herab und sah den Ring seines Vaters baumeln. Er mußte durch den Ausschnitt seines Umhangs gerutscht sein, als er hinter dem Hund hersprang und auf die Stufen stürzte. Zuerst wollte er den Ring wieder fortstecken und dazu murmeln, daß es nichts Besonderes wäre. Aber Regina hatte ihm die Narbe an ihrem Fuß im Austausch für seine Narbe gezeigt; es machte ihr nichts aus, daß er ihr beim Vogelfüttern zusah – und wenn er sich an die wölfische Art erinnerte, mit der sie gestern nacht gegessen hatte, war es ihm klar, wieviel ihr das Vogelfüttern bedeuten mußte –, und sie hatte ihm die Bläue der Meise gezeigt, bevor sie sie davonfliegen ließ. Er streifte die Lederschnur über seinen Kopf und hielt sie ihr hin. »Es war der Ring meines Vaters. Jetzt ist es meiner.«

Das Licht der Flammen fing sich in dem gesprungenen Smaragd, der zwischen seinen Fingern zu grünem Feuer aufglühte. Sie beugte sich mit einem schnellen Seufzer vor, ihre schmutzigen Finger rasch vorgestreckt, um ihn an sich zu nehmen. »Du mußt sehr reich gewesen sein!« meinte sie, und ihre Finger sahen plötzlich wie kleine braune Krallen aus. Er hatte den Ring seines Vaters nie als besonders wertvoll betrachtet, nur als kostbar.

»Nein«, sagte er. »Das ist der einzige Juwel, den wir je hatten; und sieh mal, er ist gesprungen . . . Wir hatten nur den Hof, und alles, was wir taten, war dazu da, uns ein Dach über dem Kopf zu erhalten.«

»Hof? Ihr hattet einen Hof ganz für euch alleine? Wo war das?«

»Drüben in dieser Richtung, vielleicht eine Tageswanderung weit weg.« Mit seinem Kopf deutete er hinüber in die südöstliche Ecke des Raums.

Regina blickte in die gleiche Richtung, als ob sie erwartete, den Hof in dem Schatten hinter dem Feuerschein sehen zu können. »Die Sachsen kamen aus dieser Richtung«, meinte sie nach einer Weile.

»Ich weiß«, sagte Owin und starrte auf den Hasen. Er dachte an die ausgebrannten Höfe, an denen er auf dem Weg hierher vor zwei Tagen vorbeigekommen war. Seitdem hatte er vorsichtig vermieden, an seinen eigenen Hof zu denken. Er wußte nur, daß er niemals zurückkehren würde, um zu sehen, was die Sachsen zurückgelassen hatten.

Regina beugte sich über den Ring und drehte ihn zwischen ihren Fingern. »Da ist ein seltsames Fischding hineingeschnitzt. Ist das sehr alt?«

»Das ist ein Delphin«, entgegnete Owin. »Ja, er ist alt. Er kommt irgendwoher von der anderen Seite des Meeres –

aus Rom, nehme ich an – woher auch wir kamen. Das war damals, als die Adler zum ersten Male nach Britannien kamen.«

Aber er sah, daß sie nicht wußte, wovon er sprach. Er hingegen wußte es, weil sein Vater ihm erzählt hatte, was sein Großvater seinem Vater erzählt hatte; aber es gab niemanden, der es je Regina erzählt hatte. Es machte sowieso nichts mehr aus. Jetzt war alles tot.

»Du solltest besser darauf aufpassen«, sagte Regina mit einer Spur von Tadel in ihrer Stimme. »Ich hätte das Band durchschneiden und dir den Ring in der Nacht ganz einfach stehlen können, wenn ich gewußt hätte, daß er da ist.«

»Vielen Dank für den Hinweis. Heute nacht werde ich mit meiner Hand darüber schlafen.«

Sie blickte ihn an mit diesen seltsamen, regengrauen Augen und sagte schlicht: »Nein, das brauchst du nicht. Stehlen lohnt sich jetzt nicht. Es gibt nichts in Viroconium, was mit Gold zu kaufen wäre.«

»Du könntest ihn aus Viroconium hinausbringen und vielleicht einen Platz auf einem Boot kaufen, das nach Gallien übersetzt. Das ist das, was Leute, die noch Gold zum Ausgeben haben, heutzutage dafür kaufen.«

Halb war das im Scherz gesagt und halb in unerwartetem Ernst; doch so oder so, Regina wich davor zurück, als ob dies eine Bedrohung wäre. Sie drückte den Ring in seine Hand und wandte sich ab, dem Feuer zu. »O guck! – Der Hase versengt.«

Die Viehräuber

Owin kam an den Rand der Baumgruppe, die sich dunkel an dem Ufer des Flusses ballte, er schlenkerte zwei Waldtauben in seiner Hand, Hund trottete an seinen Fersen; müde von der Tagesjagd wandte er sich um, zurück zu den hellen Mauern von Viroconium. Er fröstelte im leichten Ostwind, der Hunds Haar im Zickzack über dessen Rücken wirbelte, und er dachte an das Feuer, das Regina schon entfacht haben würde.

Er war hungrig und erschöpft, das Vorratsloch in der Mauer war leer gewesen, so daß es nichts zu essen geben würde, bis die Tauben gebraten waren. Einmal hatten er und Hund einen einjährigen Rehbock erlegt – die Schlinge, die er jetzt in seinen Gürtel gesteckt bei sich trug, war aus seinem Fell gemacht –, und sie alle drei hatten sich tagelang vollgefressen. Aber es hatte auch andere Zeiten gegeben, besonders als der Schnee kam und er und Hund tagelang verzweifelt Schlingen gelegt und gejagt hatten ohne Beute, und es nichts zum Leben gegeben hatte, überhaupt nichts außer ein bißchen Korn aus dem Lager unter der Bäckerei. Das Korn, so faul und von den Ratten verdorben es auch war, hatte sie am Leben erhalten; aber es wurde jetzt knapp, und Owin wußte, daß die Zeit zum Fortgehen gekommen war.

Von Anfang an hatte er gewußt, daß sie nicht ewig in der toten Stadt bleiben konnten. Jeden Tag konnten die Sachsen zurückkommen, die Wälder waren voller Wegelagerer, und die Jagd war nicht gut. Aber jedesmal, wenn er versuchte, mit Regina zu besprechen, was sie tun sollten, wand sie sich aus dem Gespräch mit dem silbrigen Huschen einer Elritze. Sie kannte nichts außer Viroconium und hatte Angst vor allem, was ringsum lag. Dann war der Winter gekommen, und im Winter konnte man nicht reisen.

Aber jetzt blühte der Hagedorn ...

Es war ein seltsamer Winter gewesen; hart, finster und gierig, aber doch von einer Art Licht durchstrahlt. Sie hatten von Tag zu Tag gelebt, ohne viel Gelegenheit für Gedanken außer an Wärme und Essen. Sie dachten einfach nur an die Kunst des Überlebens, so wie sich die Füchsin, die am Westtor hauste, auf die Kunst des Überlebens verstand. Aber jetzt war das vorbei, er erinnerte sich jetzt an den Rosmarinsproß, den Regina in den Palastgärten ausgegraben und in einen zerbrochenen Topf dicht bei ihrer Tür eingepflanzt hatte, und an die blaue Flamme des brennenden Olivenholzes. Sie hatten nicht alles davon verbrannt. »Wir werden etwas für später aufheben. Es ist zu schön, um alles auf einmal zu verbrennen«, hatte Regina gesagt. Owin kratzte sich am Kopf – die Erinnerungen marschierten jetzt in seinem Kopf herum –, und plötzlich war ihm klar, daß er an ihre Zeit in Viroconium dachte wie an etwas, das schon der Vergangenheit angehörte, und natürlich war das noch lange nicht so, erst mußte er Regina noch überreden, wegzuziehen. Nun denn, wenn sie nicht mitkommen wollte, dann würde er eben ohne sie gehen! Aber er wußte, daß er das nicht konnte. Er war nicht immer sicher, ob er sie wirklich sehr mochte, besonders wenn das bettelnde Winseln in ihre Stimme kam, obwohl das nicht mehr so oft passierte; aber er war sich sicher, daß sie zusammengehörten, so wie er und Ossian zusammengehört hatten, selbst wenn sie miteinander stritten.

Die Sonne war untergegangen, und das Licht verdickte sich unter einem stürmischen Himmel, als er zum Nordtor hinaufkam. Der Wind lief zitternd durch das lange Gras. Im Torbogen zögerte er, schnupperte. Aber es war nicht die Wahrnehmung eines Geruchs, die ihn aufgehalten hatte; es war bloß der merkwürdige Instinkt, das Gefühl, das man hat, wenn man ein angeblich leeres Haus betritt, das überhaupt nicht leer ist.

Dann knurrte Hund leise und drohend, tief aus seiner Kehle, und als Owin zu ihm hinabblickte, sah er das stoppelige Haar im Nacken und am Rücken aufgestellt. Und plötzlich jagte sein eigenes Herz, und er wußte überhaupt nicht, warum.

Er beugte sich vor, schob das Stück alter Schnur, das er als Jagdleine benutzte, durch Hunds Halsband und ging weiter. Er war gerade ungefähr einen Speerwurf vom Tor entfernt, als er es hörte; irgendwo vor ihm in den Ruinen, wo es so lange still gewesen war, hörte er ein fernes Stimmengewirr. Er zögerte zum zweiten Mal und lauschte. Jetzt war alles still, nur eine Drossel sang in den Gärten. Und als er dann dastand und seine Ohren spitzte, um über das rasende Pochen seines Herzens hinaus etwas zu hören, da kam es wieder, vermischt mit dem Muhen von geplagtem Vieh.

Das Geräusch schien aus der Richtung des Forums zu kommen. »Still jetzt«, flüsterte Owin Hund zu und war dankbar, daß er als geschulter Kriegshund gelernt hatte, auf Befehl still zu sein; und zusammen wandten sie sich von der geraden Hauptstraße zu den Gärten hinter dem großen Wirtshaus der Stadt. Es wäre sinnlos, auf offener Straße in was auch immer passierte hineinzuplatzen. Still wie ein Schattenpaar trotz ihres hohen Tempos durchquerten der Junge und der Hund den Garten und hielten auf das Labyrinth der kleinen dahintergelegenen Gassen zu; wie Kaninchen auf der Flucht Haken schlagen, so steuerten sie über Hinterstraßen und durch Haus- und Ladenruinen hindurch aufs Forum zu.

Um den größten Teil des Forums herum waren die Straßen breit und offen, sie machten aus dem Forum eine Insel, doch an der Nordseite waren die Ruinen eines hohen Hauses über den Weg gefallen und gaben so eine Art Schutz fast bis zum Seiteneingang in der Mauer der Basilika. Nach kurzer Zeit stahl sich Owin mit Hund an der Leine durch die gefallenen Trümmer in das Tor hinein. Zu seiner Linken erhob sich die Mauer der Basilika wie ein Fels, zu seiner Rechten waren die geschwärzten Ruinen des Kranzmacherladens, und dazwischen, am anderen Ende einer schmalen Spalte, waren das Geräusch von Männern und Tieren und ein rotes Flackern von Feuerschein.

Owin schlüpfte zur Seite und kauerte sich in die Ruinen des Ladens; im nächsten Augenblick, als er durch das verrußte Geröll des Säulengangs lugte, lag das ganze Geschehen im Forum klar vor seinen Augen. Das Tageslicht verblaßte rasch, obwohl über ihren Köpfen die Sturmwolken Feuer von den letzten Strahlen der Sonne gefangen hatten, die schon tief hinter den westlichen Bergen stand; das große Lodern, das in der Mitte des offenen Platzes zuckte und knackte, schien ein Echo des Goldes und Kupfers und des Eisgrüns im Himmel zu sein. Eine Schar von Männern lagerte ums Feuer, eine ausgehungerte, verlumpte, wölfische Horde mit Speeren in der Hand oder neben sich liegend. Owin sah im Zwielicht und im Flackern des Flammenscheins die Gestalten von zottigen, an den Knien gehalfterten Bergponies; noch weiter draußen, am Rande des Forums eingezäunt mit einer Barrikade aus halbverkohltem Balkenholz, erkannte er Knäuel aus Vieh, braune Flanken, wilde Augen und zurückgeworfene Häupter mit breitem Gehörn. Auch Kälber waren dazwischen, so klang es jedenfalls, und Milchkühe.

»Ich meine immer noch, wir sollten lieber gleich weiterziehen und sie heut nacht noch über den Fluß bringen«, sagte einer der Männer unzufrieden, und mit Erschrecken stellte Owin fest, daß diese Worte nicht in kehligem Sächsisch, sondern in seiner eigenen Sprache gesprochen wurden. Nicht eine sächsische Plünderbande, sondern eine britische war dies; vielleicht geschlagene Männer aus den Wäldern.

»So kurz vor Dunkelheit und bei all dem Regen in den Bergen, damit es uns im Hochwasser weggetrieben wird?« murrte ein anderer kleiner, hagerer Mann mit einem gestreiften Rotschopf, der der Anführer von ihnen zu sein schien. »Dazu noch mit Milchkühen und Kälbern darunter? Sei doch kein größerer Narr, als du von Geburt schon bist, Cunor Großmaul.«

»Was soll's, wer sollte uns schon folgen?« fragte ein Dritter mit der sanft lauernden Stimme eines, der in den Bergen aufgewachsen ist. »Ich sah nicht mehr allzu viele Sachsen, als wir den Hof verließen.« Ein allgemeines Gelächter setzte ein, häßlich knurrend und mit dem Tonfall des Wolfsrudels darinnen.

Sie hatten einen halb ausgewachsenen Stier aus der Herde getötet, und einige von ihnen zogen ihm neben dem Feuer das Fell ab; die Flammen zuckten über ihre grimmig gespannten Gesichter und die Klingen ihrer langen Messer. Owin spürte, wie beim Geruch des warmen Ochsenbluts trotz aller Schulung ein Winseln in Hunds Kehle erwachte, und würgte es mit verzweifelten Händen zur Ruhe. Er hatte alles gesehen, was er wissen mußte; als nächstes mußte er gehen und Regina finden. Aber als er sich gerade erhob, um davonzuschleichen, erstarrte er, denn, fast geräuschlos auf den Sohlen ihrer weichen rohledernen Schuhe, erschienen drei weitere Männer unter dem Torbogen des Forums. Sie kamen von einem Streifzug nach Beute zurück.

Was dann passierte, ging so schnell, daß es schon wieder vorbei war, ehe ihm noch klar geworden war, was überhaupt vor sich ging. Als die Nachzügler herbeikamen, gab es rechts von ihrem Weg ein aufgescheuchtes Gerangel im Säulengang. Einer der Männer warf sich hinein wie ein Hund auf eine Ratte; gleich darauf ertönte aus dem Gerangel grimmiges Gelächter und dann ein Schrei. Danach ging der Mann auf seine Kameraden am Feuer zu. Er trug eine kleine Gestalt über seine Schulter gelegt, die wie eine Bergkatze strampelte.

Owin war übel wie von einem Schlag in die Magenkuhle; es war zu spät, er brauchte Regina nicht mehr zu suchen.

Der Mann warf sie in den Kreis der Männer, dabei hielt er

sie an ihren dünnen Armen auf dem Rücken verschränkt fest. »Seht, Burschen, hier ist noch etwas, außer dem Vieh, das wir mit uns zurück in die Berge tragen können.«

Sie versammelten sich dicht um sie, während Regina in ihrer Mitte an ihren gefesselten Armen zurrte und drehte. Owin konnte einen Blick auf sie werfen, ihr mattes Haar war über ihr Gesicht gefallen, sie krümmte sich hin und her und schlug ihre Zähne in das Handgelenk des Mannes. »He, willst du wohl, du wilde Katze!« fauchte er; und Owin hörte den Prall eines Schlags, auf den ein schriller Schrei folgte und eine Flut von Gossenworten in der rauhen hohen Stimme des Mädchens; einen Moment lang konnte er überhaupt nichts mehr von Regina sehen.

Seine erste Regung war, Hund auf die draußen loszulassen und selbst mit seinem Messer hinterherzustürmen, aber sein Kopf arbeitete kalt und schnell, und er wußte, daß dies tödlich wäre. Was konnte er schon gegen eine Schar bewaffneter Männer ausrichten, selbst mit Hilfe von Hunds schrecklichem Gebiß? Und wenn er und Hund tot waren, würde es niemanden mehr geben, Regina zu helfen. Wenn er Ablenkung schaffen könnte, das wäre besser. –

Der Plan kam ihm wie fix und fertig in den Sinn. Im nächsten Augenblick sank er zurück in die Schatten, immer noch die Hundeleine fest im Griff. Die Tauben ließ er zurück, wo er sie niedergelegt hatte. Er tauchte von einem dichtschattigen Fleck in den nächsten, den zertrümmerten Säulengang entlang auf die gegenüberliegende Ecke zu, wo das Vieh eingepfercht war; auf dem Weg dorthin wühlte er mit der Hand in dem kleinen rohledernen Beutel an seinem Gürtel, wo er verzweifelt nach den wenigen Schleudersteinen suchte, die von seiner Jagd am Tage übrig waren. Dem Gefühl nach waren fünf oder sechs noch da; das sollte genügen. In seinen Ohren klangen die Stimmen und das häßliche Lachen, das vom Feuer zu ihm herüberdrang, aber er vergeudete keine Zeit damit, noch einmal dort hinzusehen. Sein Geschäft war das Vieh ... Und einige Augenblicke später kauerte er dicht hinter der Stelle, wo es eingepfercht war. Hund drückte sich an ihn, er war befehlsgehorsam, doch Owin spürte die große Kampflust in ihm, den Zorn und die Verstörung, die durch den großen Hund bebten, als er den ersten Schleuderstein herausnahm und ihn über den breiten Rücken der nächststehenden Kuh feuerte.

Sie warf ihr Haupt zurück, schob sich unbehaglich zur Seite und nichts weiter. Er wählte sich ein Kalb als nächstes Ziel, warf mit aller Kraft und all seinem Geschick und hörte das Junge voller Schmerz und Angst brüllen, als er sich hinter die abschirmenden Trümmer duckte. Dann warf er wieder auf die Kuh, noch ehe ihr Unbehagen versickern konnte, und sie schnaubte, warf ihr Haupt zurück und versuchte, sich im gedrängten Pferch zu drehen. Der vierte Kiesel traf einen Stier auf der zarten feuchten Schnauze und brachte ihn zum Brüllen. Der Pferch war jetzt ein Meer rammender Köpfe, und als er den fünften Stein in ihre Mitte warf, um die Panik weiter auszubreiten, hörte er einen warnenden Ruf vom Feuer her. Es bedurfte keines sechsten Kiesels mehr; eine Kuh war von einem der Stiere aufgespießt worden, die Kälber brüllten mit entsetzlichem Schrecken, der ganze Pferch war in rasender Aufruhr. Plötzlich brachen die grob zusammengebauten Absperrungen und krachten zur Seite, die ganze Herde brach brüllend, tretend und einander mit den Hörnern angreifend ins Freie hinaus, als Owin, immer noch Hund fest am Halsband haltend, sich hinter ihnen mit einem Schrei erhob.

»Das Vieh geht durch! Jemand treibt das Vieh! Angriff – es ist ein Angriff!« hörte er die Männer schreien.

»Es sind die Sachsen trotz allem –!« Sie griffen nach ihren Speeren, als die muhenden Milchkühe auf sie zurasten. Der Schrecken hatte sich jetzt auch auf die Ponies ausgebreitet, so daß die armen kleinen Viecher wiehernd um sich schlugen, in Panik durch die Fesseln, die sie in die Knie zwangen. Innerhalb von Sekunden war das ganze Forum in ein wirbelndes, stürzendes Chaos verwandelt; Schreie und Rufe, muhendes Vieh und schrilles Wiehern der Ponies zerrissen die Luft, und ein Bulle raste geradewegs durchs Feuer hindurch und brüllte, als die Flammen sein Fell versengten, während brennende Holzstücke weit durch die Luft flogen. In diesem Augenblick entwand sich Regina dem nun schlaff werdenden Griff des Mannes, der sie gepackt hielt, duckte sich unter seinem ausgestreckten Arm hindurch und raste auf den Torbogen des Forums zu.

Owin rannte in dieselbe Richtung, erreichte ihn zuerst und drehte sich einen Moment, um auf sie zu warten. Sie rannte wie eine Wilde, ihr schwarzes Haar flog hinter ihr her, und sogar im Dämmerlicht konnte er den weißen Schrecken in ihrem blassen Gesicht sehen. »Es ist alles gut – ich bin's!« stieß er hervor und griff nach ihr, als sie ihn stolpernd erreichte. Er riß sie mit sich, gerade als eine Horde Plünderer, denen das wirkliche Geschehen aufgegangen war, aus dem Gewühl schreiend hinter ihnen herkam.

Mit einem raschen Blick zurück lief er hinter ihr her, Hund an seiner Seite. Sie stürzten zusammen in die Schatten auf der anderen Seite der Straße. Eine schmale Gasse öffnete sich vor ihnen, sie fetzten sie entlang und bogen dann nach rechts in eine andere ein. Jetzt waren sie in der Straße der Metallhandwerker, an ihrem Weg erhoben sich niedrige Schmiedeofenkamine, dunkel und feuertot standen sie vor dem Himmel; sie bogen wieder nach links ab in ein Gewirr armseliger Straßen, gerade als der erste ihrer Verfolger laut brüllend in das andere Ende der Straße hinter ihnen hineinraste.

Danach verloren sie alles Gefühl für Zeit oder Entfernung. Es war wie eine Jagd durch die verworrenen Gassen eines Alptraums; Straßen, die sich unendlich weit ausdehnten, ohne irgendeinen Schutz zu bieten, und die Gerippe der Häuserruinen, die sich dicht herandrängten; und immer die heulende Jagd hinter ihnen. Aber Owin, der den Weg bestimmte, kannte inzwischen so gut wie das Mädchen jede Lücke, jeden Winkel und jede finstere Ecke in Viroconium, und bald würde sich die Dunkelheit so dicht über sie ausbreiten, daß sie sich dann verstecken konnten; noch aber flitzten sie eckenschlagend wie die Hasen, ihren Pfad wechselnd, bis endlich die Zeit kam, da der Ruf der Verfolger schwächer und schwächer klang und seine Zielsicherheit zu verlieren schien. Und sie wußten, daß sie – vorerst jedenfalls – ihre Verfolger abgeschüttelt hatten.

Sie waren im Garten eines großen Hauses, als sie anhielten und lauschten und Atem holten. Jetzt war die Dämmerung voll hereingebrochen; fledermausflügelig rasten die Wolken über ihren Köpfen, der aufkommende Wind rauschte durch die dunklen Gebilde aus Stechpalmen und Wacholder und trieb erste, kalte Regentropfen vor sich her. Aus der Stadt, anscheinend aus zwei oder drei Vierteln zugleich, erklangen noch entfernte Geräusche der Jagd. Man suchte hin und her mit der Verdrossenheit von Hunden, die die Fährte verloren haben; während aus der Richtung des Forums andere Rufe zu unterscheiden waren, nämlich das Muhen des Viehs; offensichtlich waren die Männer immer noch dabei, die verstreute Herde zusammenzutreiben. Owin holte mit tiefen Luftstößen Atem, und nachdem das Pochen seines Herzens sich etwas beruhigt hatte, hörte er Reginas rasch keuchende Atemzüge wie die eines kleinen gehetzten Tiers. Aber als er eben noch lauschte, schienen die Verfolgungsgeräusche schon wieder näher zu kommen, und im gleichen Augenblick keuchte Regina erschreckt: »Sie kommen hierher!«

Er streckte seine freie Hand aus und ergriff ihre. Er wußte, daß Regina nicht mehr viel weiter rennen konnte und sie jetzt sehr weit von allen Toren entfernt waren. »Komm!« flüsterte er. »Hinauf zum Haus. Am besten suchen wir in den Ruinen Deckung.«

Sie stöhnte vor Erschöpfung, wandte sich aber sofort ihm zu und folgte seiner festen Hand.

Es war schwer, mit zwei belasteten Armen zu laufen, aber er wußte, daß Regina, wenn er sie losließ, es bis zum Haus nicht schaffen würde, und er konnte es nicht riskieren, daß Hund umkehrte, um auf eigene Faust eine Schlacht zu beginnen. So kämpfte er sich also verzweifelt durch, und sein Herz schlug gegen seine Rippen bis zum Bersten. Es schien ihm eine Meile, dabei waren sie wirklich kaum mehr als einen Speerwurf weit gelaufen, als sie sich schließlich gegen eine halbhohe Mauer in einem Säulengang lehnten, von der die meisten der kleinen bemalten Kapitelle heruntergefallen waren. Und während sie dort einhielten, drangen die Geräusche der Verfolgungsjagd hinter ihnen immer dichter an ihr Ohr. »Über die Mauer und hinters Haus!« flüsterte Owin atemlos. Er half Regina über die gefallenen Trümmer und Steinbrocken und kletterte ihr hinterher. Die Türöffnung des Hauses klaffte vor ihnen auf, und sie stolperten über die zerborstenen Überbleibsel der Türbalken, tappten voran über den Schutt des heruntergebrochenen oberen Stockwerks, fanden eine zweite Tür und kamen so in die Ruinen der Sklavenbehausung mit dem dahintergelegenen Nebengebäude. Der erste Regen prasselte auf das Pflaster, als sie wieder einhielten, um zu lauschen und sich umzusehen.

Sie standen in einem engen Innenhof, am anderen Ende lehnte sich ein Hagedornbaum an eine verfallene Mauer, die das Anwesen zur Straße hin abgrenzte. Owin sah den zackigen Umriß des Baums vor dem stürmischen Lichtstreifen im Westen und wußte, daß sie im Haus von Ulpius Pudentius waren, der einmal eine Kupfermünze nach Regina geworfen hatte, um sich von ihrem Geschrei auf der Straße hinter ihm auszulösen.

Dicht neben ihnen führte eine Treppe in das zerfallene Heizhaus hinunter, wo in alten Tagen ein Sklave das Bodenheizfeuer überwacht hatte. Jetzt war alles mit Brombeerbüschen und dem trockenen Gewirr der Winde vom letzten Herbst verwachsen. »Warte!« befahl Owin und ließ Reginas Hand los, er tappte die Stufen hinunter und duckte sich unter einem gefallenen Balken hindurch, der schräg über dem

Boden lehnte. Andere Trümmer waren darüber gefallen, aber der Balken verhinderte ihr Herabfallen, und so hatte sich eine kleine dreieckige Lücke im Dunkel unter dem Hausflur gebildet. Schlechte Luft, kalt und feucht, drang zu ihm, und er hatte keine Ahnung, wie fest der Balken hielt. Vielleicht würden sie lebendig darunter begraben werden, aber jetzt war nicht die Zeit, um »vielleichts« zu überdenken. Im nächsten Augenblick war er wieder draußen und streckte die Hand nach Regina aus. »Wir können unter den Hausflur kriechen – wo die Bodenheizung war – komm!«

Er stieß sie an sich vorbei durch das dunkle Loch unter dem Balken und schob Hund hinter ihr her, dann zog er die Brombeerbüsche und das tote Windengestrüpp über den verräterischen Eingang und verharrte einen Augenblick. Er lauschte. Er meinte, die Verfolgungsgeräusche klängen wieder schwächer, aber das schien vielleicht nur so, weil das Plätschern des Regens und die Mauern des Hauses das Geräusch dämpften. Dann kroch er selbst rückwärts auf dem Bauch liegend hinein und schob dabei noch die letzten Brombeerzweige vor die Öffnung.

Ein wenig graues Licht schimmerte durch das Gestrüpp hindurch, aber als er sich weiter zurückschob und sich schließlich umdrehte, umgab ihn die Schwärze der Nacht wie eine feste Masse auf den Augen. Hund leckte sein Gesicht, als ob er ihn seit Monaten nicht mehr gesehen hätte, und er streckte seine Arme aus und tappte in der Dunkelheit voran, bis er Regina kauernd an der Stelle fand, wo der schmale Gang sich unter dem Fußboden verbreiterte. »Geh weiter«, flüsterte er, »nur vorwärts, so weit wir vom Eingang wegkönnen.« So tasteten sie ihren Weg zwischen den flachen Pflöcken der Bodenheizung hindurch, bis sie schließlich an die Rückwand der Grundmauer des Hauses kamen und es nicht mehr weiterging.

Jetzt gab es nichts weiter zu tun, als im Wolfdunkel zu kauern und die Ohren nach jedem Geräusch der Verfolger auf der Erde oben zu spitzen. Besser war es noch, sich hinzulegen, denn im Sitzen mußten sie den Nacken wegen des Fußbodens über ihnen beugen, und das kam ihnen noch mehr so vor, als würden sie in einer Falle sitzen. Neben ihm schüttelte Regina ihre Geschichte in schluchzendem Flüstern aus: »Sie müssen Vieh im sächsischen Land geplündert haben und sind dann – so nehme ich an – hierhergekommen, weil das Forum ein guter Platz ist, um das Vieh über Nacht einzupferchen. Ich bin dicht herangekrochen, um zu sehen, ob auch Milchkühe dabei wären. Ich dachte, wir könnten etwas Milch kriegen – dann aber kam jemand hinter mir her und fing mich, ehe ich noch fortrennen konnte, und er lachte und –«

»Ich weiß, ich war da«, flüsterte Owin zurück.

»Ich habe mir gleich gedacht, daß du es bist, der die Tiere ausbrechen läßt.«

»Regina –«, er hörte ihr gar nicht richtig zu, »Regina, das waren doch Briten, oder? Keine Sachsen?«

»Sie brüllten einander in unserer Sprache zu. Ich weiß es, weil ich sie verstand.«

»Ja, genau das habe ich auch gedacht. Wildgewordene Briten, wie streunende Hunde, die in den Wäldern jagen.« Owin war vor Beklemmung übel. Hier zu sein und sich im Dunkeln vor sächsischen Plünderern versteckt zu halten, war eben eine Bedrohung des Lebens; aber sich hier vor den eigenen Leuten verstecken zu müssen, vor heruntergekommenen Männern, die zur Wolfsmeute geworden waren, das war eine böse, eine gemeine Sache, etwas Unsauberes wie Lepra. »Rede nicht mehr«, flüsterte er. »Wir wissen nicht, wie weit Geräusche nach hier unten dringen, und ich muß lauschen.«

Aber das Lauschen brachte nicht viel hier unter der Erde. Als sie ein- oder zweimal ein Geräusch von draußen wahrnahmen, kam es immer aus der Richtung des Eingangslochs, weil dies die Stelle war, wo Geräusche natürlich am leichtesten hereinkamen. Einmal winselte Hund, Owin spürte mit der Hand auf Hunds Nacken ein leichtes Beben durch dessen Körper laufen, und er fragte sich, ob die Gefahr vielleicht doch näher war, als sie meinten. Aber es fühlte sich anders an als jene erregte Spannung eines Kriegshundes, der den Feind wittert; es war irgend etwas anderes – eine andere Art von Unbehagen, die er nicht verstand. Schließlich bat er Regina zu bleiben, wo sie war, und kroch zurück auf das Heizloch zu; Hund rutschte auf dem Bauch neben ihm her. Es war jetzt nicht mehr so einfach, die Öffnung zu finden, da die Dämmerung in schwarze Nacht übergegangen war und kein blasser Schein mehr durch das Geröll hindurch schimmerte. Erst als sie schon sehr dicht daran waren, fand er die Öffnung wieder. Er kauerte sich dahinter und lauschte, seine Hand an Hunds Halsband.

Weit entfernt hörte er durch den Regen hindurch, vom Forum her, das gelegentliche Muhen einer Kuh, und das war alles. Die Verfolger mußten ihre Jagd aufgegeben haben und zu ihrem Feuer, ihrem Vieh und zu welchem Schutz sie auch immer finden konnten in den zerstörten Forumsläden zurückgekehrt sein. Gut möglich, daß sie bei Tagesanbruch verschwunden sein würden, denn obwohl sie alle Leute auf einem Hof getötet hatten, konnte es sich nicht lohnen, unterwegs mit geplündertem Vieh irgendwo zu verweilen. Überdies gehörte die Jagd durch die Straßen der Stadt nach einem kleinen Mädchen zur Hitze des Augenblicks, und nun, da sie die Suche abgebrochen hatten, würden sie sie nicht wieder aufnehmen. Er seufzte tief auf vor Erleichterung. Dennoch ließ er sich nieder, um noch eine Weile Wache zu halten.

Geraume Zeit war verstrichen, als er Regina rufen hörte: »Owin! – Owin!« mit einem so gequälten und verspannten Wispern, als ob es in einem äußerst furchtbaren Schrei aus ihrer Kehle herausbrechen wollte.

Das Olivenholzfeuer

»Was ist los? Ich komme«, flüsterte er zurück. »Ich komme, Regina.« Er duckte sich und begann mit rasender Hast seinen Weg zurück zu ertasten, durch die Schwärze hindurch dorthin, wo er sie zurückgelassen hatte.

Und während all der Zeit stieß sie den kleinen erstarrten Ruf aus: »Owin! Owin!«, als ob sie sich damit wie an einer Lebensschnur an ihm festklammern konnte, um sich vor etwas Entsetzlichem zu retten.

»Ist schon gut! Halt aus, was immer es ist! Ich komme – ich bin fast da.« Er stieß gegen einen der Bodenheizungspflöcke, verletzte seine Schulter, krabbelte daran vorbei und tastete hinein in die Schwärze, die auf seinen Augen lastete, und fand Reginas dünnen Arm, über den die glatten Strähnen ihres Haares fielen. »Ich bin da. Niemand tut dir weh. Was ist los?«

»Mach Licht«, flüsterte sie. »Ein Licht – ein Licht –!« Es war fast ein Winseln.

Owin zögerte, doch der Funke des Feuersteins würde sie wohl kaum hier unten verraten können, selbst wenn jemand ganz in ihrer Nähe wäre. Das Entsetzen in Reginas Stimme konnte er jedenfalls nicht unbeachtet lassen. Er suchte seinen kleinen Lederbeutel am Gürtel und fummelte den Feuerstein, Eisenkies, einen trockenen Zweig und ein bißchen versengtes Gras heraus, das er als Zündholz benutzte. Er schaffte schnell die ersten Funken, und in dem ersten winzigen Glimmer des Augenblicks, bevor sie verloschen, sah er Regina an die Mauer gekauert mit ihren weiten, verschreckten Augen geradeaus vor sich hinstarren. Fast in Berührung mit ihrem Knie erkannte er Knochen. Dann erloschen die Funken.

Reginas Kehle entkam ein trockenes Geräusch. Und Owin hörte mit einem plötzlichen Erstickungsgefühl seine eigene zittrige Stimme: »Keine Angst, das kann dir nicht weh tun. Ich mache schnell noch einmal Licht.« Seine Finger arbeiteten fieberhaft an dem Feuerstein, sie waren ungeschickt geworden unter dem verzweifelten Druck der Angst; ein erfolgloser Funke folgte dem nächsten, doch schließlich gelang es ihm, das Gras zum Entzünden zu bringen und den trockenen Zweig hineinzuhalten. Eine kleine klare Flammenzunge sprang auf, und im Zwielicht sah er, daß es ein Haufen Knochen war, weiter nichts. In der Nähe aber glänzte etwas schwach auf dem Boden; und als Owin das Licht tiefer hielt, erkannte er, daß es verstreute Münzen waren, bedeckt mit einem dicken Pelz aus Staub, an den Rändern jedoch schimmerte es noch immer golden.

Der Zweig brannte bis auf seine Finger hinunter.

»Ich möchte weg«, flüsterte Regina. »Ich habe meine Hand im Dunkeln ausgestreckt, und da war das. Ich möchte hier raus.«

»Wir können jetzt noch nicht raus, nicht bevor diese Männer weg sind«, entgegnete ihr Owin. »Wir gehen bis zum Heizloch zurück, aber weiter weg können wir nicht.«

Er verbrannte seine Finger an der Flamme und ließ den Zweig fallen. Die winzige Flamme zuckte noch einmal auf, verfärbte sich bläulich und verlosch dann auf dem gestampften Erdboden. Die Dunkelheit fiel wieder über sie. Er streckte seine Hand aus, dahin, wo er Regina wußte, fand ihre Hand und zog sie zu sich.

Der Weg zurück zum Heizungsloch schien ihnen sehr lang, aber sie erreichten es schließlich und spürten den kalten Wind erfrischend auf ihren Gesichtern. Der Regen hatte aufgehört, die Wolken hatten sich verzogen. Ein kleiner weißer Stern blinkte durch die verkohlten Balken und die Brombeerzweige auf sie herunter. Das war tröstlich. Owin legte seinen Arm um Regina und drückte sie fest an sich, damit sie nicht mehr zu zittern brauchte. Er wünschte seinen schweren Umhang herbei, um sie und sich darin einwickeln zu können. Hund lag warm und schwer über ihren Füßen, dann und wann ruckte und zuckte er. Vom Forum her war nichts mehr zu hören.

Die Nacht verstrich sehr langsam. Manchmal dösten sie ein wenig ein, aber nie mehr als für wenige Augenblicke und nie tief genug, um zu vergessen, wo sie waren oder was in der Dunkelheit hinter ihnen lag. Der Regen setzte wieder ein und verzog sich wieder, und schließlich wurde das Stückchen Himmel über ihnen blaß und bald danach aschfarben. Ein Weidenzaunkönig zwitscherte im wilden Dikkicht des Gartens. Vom Forum her muhte ein Stier und dann noch einer. Hund spitzte seine Ohren.

»Sie ziehen los«, sagte Owin. Nach der ganzen langen, hinter ihnen liegenden Nacht war das das erste gesprochene Wort. Regina hob den Kopf, um zu lauschen. Jedenfalls zitterte sie nicht mehr.

Bald darauf hörten sie die verwirrenden Geräusche einer Viehherde, die näher und näher kam. Zum Muhen des Viehs kam das Trappeln ihrer Hufe und das Geschrei von Männern. Die breite Hauptstraße entlang waren sie auf dem Weg zum Westtor. Für Owin und Regina, die angespannt in ihrem Versteck kauerten, erschien der Lärm wie Donnergebraus; vor allem, als die Plünderer am schmalen Eingang der Gasse vorbeifegten und Hund tief in seiner Kehle knurrte. Dann wurde der Lärm schwächer und schwächer und erstarb im stürmischen Morgen. Und schließlich wurde es ganz still. Das Licht verbreitete sich rasch, und Drossel und Rotkehlchen antworteten dem Weidenzaunkönig im Garten, als ob alles nur ein böser Traum gewesen wäre.

Owin wartete noch ein Weilchen, um ganz sicher zu sein; dann reckte er seine Arme, die bis eben noch Regina umklammert hatten. Sie waren so steif und taub, daß sie ihm einen Augenblick lang gar nicht zu gehören schienen. Genauso war es mit seinen Beinen, als er sie unter sich heranzog. »Wir können jetzt gehen«, meinte er. »Oh, bin ich steif!« Es war seltsam, wie normal seine Stimme klang.

Sie krochen unter den Trümmern hervor, und ohne daß irgend etwas zwischen ihnen besprochen worden war – Regina und Hund sahen einfach nur zu –, machte Owin sich daran, an dem niedergebrochenen, verkohlten Holz zu rütteln und sich so lange dagegenzustemmen, bis der Schutt mit schleifendem Krach über den Balken herunterkam und den kleinen dunklen Eingang hinter ihnen schloß. Wenigstens das würde Wölfe und wildernde Hunde von den armseligen Knochen darinnen fernhalten. Dann gingen sie durch die morgendliche Leere Viroconiums zurück, durch das Forum, wo Pferdeäpfel und Kuhmist und die große schwarze Feuernarbe als Zeugen der vergangenen Nacht verblieben waren, zurück zum kleinen Lagerraum hinten in Kyndylans Palast.

Als sie den zertrümmerten Säulengang entlangkamen, spürte Owin, wie Regina ein bißchen hinter ihm zurückzubleiben begann; auch er verlangsamte seinen Schritt, fragte sich, was sie wohl vorfinden würden, wenn sie dort ankamen. Aber als sie den niedrigen Eingang erreichten und er geduckt die beiden Stufen hinter Regina herunterging und Hund ihnen vorantollte, fanden sie alles genauso vor wie am gestrigen Tage. Offensichtlich hatten die Plünderer dieses Versteck nicht gefunden. Owin stand da und sah sich um, sein ausgefranster schwerer Umhang war über das getrocknete Gras an der Mauer ausgebreitet, das Vorratsgestell, das er aus ein paar Brettern für das Korn gemacht hatte, stand in der Ecke. Das Feuer war zu grauer Asche verglimmt – sie hielten immer das Feuer in Gang, wenn sie konnten, ließen es wie jeder Haushalt bei Nacht mit Torf glimmen, weil es so schwierig war, ein neues mit dem Feuerstein zu entfachen – und das Holz daneben für das gestrige Abendessen aufgestapelt; der Rosmarinsproß mit drei blassen Blüten wuchs im gebrochenen Topf neben der Tür; und da stand auch das Paar rohlederne Sandalen, die er aus dem Fell des Rehbocks für Regina gemacht hatte und die sie niemals trug, weil ihre Fußsohlen so zäh wie Leder waren. Der Raum roch wie das Lager eines Tieres, aber auf eine seltsame Art war er ihr Zuhause geworden.

»Das Feuer ist ausgegangen«, sagte Regina.

»Wir hätten es sowieso ausmachen müssen. Falls die Sachsen hinter dem Vieh herjagen, könnte es uns verraten.«

»Es gibt keine Sachsen zum Hinterherjagen; sie haben alle Leute auf dem Hof getötet.«

»Es könnte Nachbarn geben, die sie rächen wollen.«

»Wenn es sie gäbe, wären sie schon längst hiergewesen«, entgegnete Regina. Sie sah ihn flehend an. »Laß uns Feuer machen, Owin. Mir ist so kalt; ich möchte ein Feuer hier – nur noch einmal.«

Owin warf einen raschen Blick auf sie, und gleich wieder sah er fort. Sie wußte also auch, daß dies das Ende war, daß es Zeit war fortzugehen.

»Bitte, nur noch ein Feuer«, bat Regina.

Er kauerte sich nieder und nahm ein paar trockene Stöcke vom Holzhaufen, um ihr letztes Feuer in Viroconium aufzuschichten.

Bald hatte er es in Gang gebracht. Die Wärme breitete sich in der Kälte der kleinen dunklen Kammer aus, und Regina, die geschäftig die wenigen Vorbereitungen traf, die für eine Reise zu machen waren, füllte den zerbeulten Kupfertopf, den sie zum Kochen benutzten, mit Wasser und einer Handvoll Korn und stellte ihn übers Feuer. Sie hatten herausgefunden, daß ein heißer Brei nahrhafter war als die trocken gegessenen Körner – und solange sie nicht auf die Suche nach den verlorenen Tauben gingen, die die Plünderer wahrscheinlich sowieso gefunden hatten, gab es nichts, um ihren Hunger zu stillen, ehe sie sich auf den Weg machten. Den Rest des Korns hatte sie in den Rehfellbeutel gescheffelt, den Owin zur gleichen Zeit wie die Sandalen gemacht hatte. Dann kauerte sie sich dicht ans Feuer, ihre dünnen Arme um ihre herangezogenen Knie geschlungen, und kroch in ihrem Verlangen nach mehr Wärme immer dichter heran, als ob sie sich mitten in die Flammen setzen wollte.

Sie schwiegen lange. Dann lehnte Regina sich vor und rührte den faden Brei mit einem Holzstück, damit er nicht festklebte.

»Wohin sollen wir gehen?« fragte sie.

Owin antwortete nicht gleich. Er dachte nach. Aber seltsam war, daß er keinen Augenblick daran dachte, zu Priscus und Priscilla zurückzugehen. Hätte er die Überbleibsel einer britischen Kriegsschar gefunden und wäre mit ihnen wieder gegen die sächsischen Horden gezogen, so wäre er vielleicht eines Tages zurückgegangen, wenn er das überlebt hätte; vielleicht sogar, wenn die Männer gestern nacht sächsische Plünderer gewesen wären. Aber Britannien war ein verlorenes Land und eine verlorene Sache, die Schwerter waren rostig und die Lichter verlöscht, und nichts schien mehr zu tun zu bleiben, als fortzugehen und sein Schicksal dem Dunkel zu überlassen.

»Ich weiß nicht. Vielleicht sollten wir hinüber nach Gallien – nach Armorica.«

»Du hast mir einmal gesagt, daß dieser Weg Gold kostet«, entgegnete Regina.

Owin nickte, und seine Hand wanderte ganz unbewußt zu dem kleinen harten Ding unter seinem zerfetzten Umhang, zu dem Ring seines Vaters. Aber er wußte, daß er damit nicht einmal für eine Person eine Überfahrt kaufen konnte, ganz zu schweigen von zweien und einem Hund. Dann blickte er langsam auf. »Regina – das Gold – ich glaube, ich könnte die Balken über dem Heizloch hochschieben und noch einmal hineinkriechen.«

»Nein!« schrie Regina.

Owin mochte die Idee selbst nicht sehr gern, aber trotzdem... »Warum nicht? Da unten braucht es niemand mehr.«

»Das ist es gerade! Wenn der Besitzer noch lebte, dann

wäre es etwas anderes. Ich würde ihm den letzten Denar abnehmen, aber« – ihre Stimme brach in verzweifeltes Wimmern aus. »Solche Goldmünzen sind böse. Ich habe Angst davor. Wenn wir sie nehmen, werden uns fürchterliche Dinge zustoßen!«

Er blickte in ihr fahles, verzerrtes Gesicht. »Also gut«, sagte er nach einer Weile. »Wir werden eine andere Möglichkeit finden.«

Es war wieder still, bis schließlich das Wasser im Topf zu sprudeln anfing und Regina noch einmal den Brei umrührte. Immer noch rührend fragte sie: »Was wirst du mit Hund anstellen?«

Er war verdutzt. »Mit Hund?«

»Selbst wenn du das Gold hättest, wird dir doch niemand einen Platz für einen Hund in einem Fischerboot verkaufen.«

Daran hatte er nicht gedacht, und so schwieg er verblüfft.

»Würdest du ihn zurücklassen?« drängte sie ihn. Es war, als wollte sie sichergehen, daß er ihr später einmal nicht vorhalten würde, wie wichtig das Gold gewesen wäre.

Er sah zu Hund hinab, der näher an ihn herangekrochen war und mit seinem Kopf auf seinen Knien lag. Er legte seine Hand um den Hals des großen Tieres und spürte die warme empfindliche Stelle unter dem Kinn, wo man das Leben schlagen fühlen konnte. »Nein«, sagte er langsam, »ich würde ihn nicht zurücklassen.« Hund sollte nicht verlassen sein, hin- und herlaufen müssen auf der Suche nach seinem Herrn, der in der Fremde war, bis sein Herz brechen und er wissen würde, daß sein Herr ihn verraten hatte. »Wenn – wenn es dazu kommen muß, dann töte ich ihn lieber.« Hund blickte zu ihm mit seinen Bernsteinaugen auf, klopfte mit seinem Schwanz und war glücklich, daß sein Herr sich ihm zugewandt hatte; und Owin spürte ein Schwellen in seiner Kehle, so daß seine Worte schroff klangen: »Aber ich möchte das nicht tun – ich möchte das nicht tun, Regina.«

Sie starrten einander an, beide in das Problem vertieft.

Dann meinte Regina: »Vielleicht können wir ja ein Boot stehlen? Ein ganz kleines Boot nur?«

»Wenn wir das tun, wie könnten wir damit umgehen – oder den Weg finden?« Aber Owin beantwortete seine Fragen fast im gleichen Atemzug mit strahlenden Augen. »Ich bin einmal mit einem Kanu gefahren, zu Hause auf dem Fluß – ich wüßte gern, ob ein Boot so anders ist. Man sagt, daß am südöstlichen Teil von Britannien das Meer so schmal ist, daß man die Küste von Gallien sehen kann. Wenn wir an dieser schmalen Stelle hinüberkommen könnten, dann würden wir an der Gallischen Küste nach Westen gehen. Es muß auch dort Wälder geben, wo man jagen kann – bis wir schließlich nach Armorica kommen.«

Es war ein verrückter Plan, aber sie hatten ja keine Ahnung, wie hoffnungslos verrückt er war. Owin wußte, daß die Richtung nach Südosten mitten durch das sächsische Gebiet führen würde, aber solange sie sich durch die Wälder schlugen und nichts mit Straßen und Siedlungen zu tun hatten, würden sie sicherlich ganz gut durchkommen.

»Das ist's also, was wir tun müssen«, meinte Regina, als ob dies alles so einfach wäre wie ein Gang durch Viroconium.

Owin nickte: »Wir werden es jedenfalls versuchen.«

Gleich darauf war der Brei fertig, sie nahmen ihn vom Feuer und schütteten einen ordentlichen Klumpen auf den Boden für Hund; dann aßen sie, was übrig war, den Topf abwechselnd hin- und herreichend, daß jeder eine Handvoll schöpfen konnte.

Regina hatte das letzte Olivenholz hergeholt, das sie für irgendeinen unbekannten, besonderen Anlaß aufgehoben hatten; nun steckte sie es an. Die ölig blauen Flammen züngelten spitz und zart wie Blumenblätter empor. Und als sie mit dem Essen fertig waren, holten sie den Rosmarin-Sprößling von seinem Platz neben der Tür. Sie stürzten die Erde heraus, zerschmetterten den Topf in Scherben auf einem der Steine, mit denen sie ihren Herd gebaut hatten, und warfen den Sprößling mitten ins Herz des Feuers. Owin beobachtete, wie er sich drehte und kräuselte und für einen Augenblick zu einem goldenen Zweig zwischen den blauen Olivenholzflammen wurde, und wie er dann zu Asche verkrümelte, während sein aromatischer Geruch hinausflog in die Kammer wie ein Abschiedsgruß. Er war sich nicht ganz klar, ob das eine Art Opfer sein sollte, oder nur, um ganz sicher zu gehen, daß nichts mehr übrig sein würde ...

Und er fragte auch nicht danach.

Es war jetzt sowieso Zeit, aufzubrechen. Er stand auf, vergewisserte sich seiner Schlingen und seiner ordentlich geschmeidig gewordenen Schleuder in der Brusttasche seines Umhangs, seines Messers und seines Feuersteins im Gürtel und griff nach dem Rehfellbeutel mit Korn. »Wir müssen jetzt gehen, solange wir noch den halben Tag vor uns haben.«

Regina sah von dem Bündel auf, das sie aus dem Rest ihrer wenigen Besitztümer in seinem dicken Umhang gemacht hatte. »Und ehe noch mehr Männer hierherkommen«, sagte sie.

Aber Owin, der einen letzten Blick zurückwarf, während sie noch die letzten Gerstenkörner für die Vögel streute, Owin wußte, daß das ganz und gar nicht der Grund war, weshalb sie fortgingen. Plünderer würden vielleicht wiederkommen, klar, und Sachsen würden hinter den Plünderern nachkommen oder selbst plündern, und das war der vernünftige äußere Grund, der Grund an der Oberfläche. Aber unter dieser Oberfläche lag die Entdeckung, die sie in der letzten Nacht gemacht hatten: und das war ganz und gar kein guter Grund! Und doch wußten sie beide, daß man aus diesem Grund – nicht *weil* ein alter Mensch in den Ruinen gestorben war, sondern *wie* er vermutlich gestorben war –, daß man aus diesem Grund nicht mehr in Viroconium leben konnte.

Die blauen Flammen des brennenden Olivenholzes fielen in sich zusammen, und bald schon würde das Feuer ausgehen.

»Laß uns gehen«, sagte er, pfiff Hund bei Fuß, und so gingen sie, ohne sich umzublicken, aus dem kleinen Raum ganz hinten in Kyndylans Palast hinaus und begaben sich auf den Weg nach Gallien.

Der Dornenwald

Sie kamen langsam voran, denn sie mußten auf ihrem Weg immer wieder anhalten, um zu jagen. Ein paarmal wurden sie von einem Bach oder Fluß aufgehalten und mußten einen Umweg von vielen Meilen machen, um ihn überqueren zu können; und von Zeit zu Zeit verloren sie trotz Owins Richtungssinn den Weg in einem Irrgarten von Sümpfen und Wäldern und offenem Moor; selbst wenn sie eine Straße fanden, die in die richtige Richtung führte, trauten sie sich nicht, sie zu benutzen. Einmal fiel Owin in einen Ameisenhaufen unter einem verdorrten Baumstumpf und verstauchte seinen Knöchel, so daß sie ein paar Tage ausruhen mußten. Und einmal kamen sie, ohne es richtig zu bemerken, zu dicht an einem sächsischen Hof vorbei, worauf alle Hunde zu bellen anfingen. Aber die Wölfe hatten sich tief in die Wälder verzogen, und so hatten sie lange keine ernsthaften Schwierigkeiten.

Es war schon fast Sommer, obwohl die von ihnen zurückgelegte Entfernung für eine Legion mit einer fest gepflasterten Straße unter den Füßen und mit Essen an jedem Abend in einem Durchgangslager nur ein sechs oder sieben Tage langer Marsch gewesen wäre. Owin schätzte, daß sie ungefähr den halben Weg hinter sich hatten, als etwas Schlimmes passierte.

Zuerst erschien es gar nicht so sehr schlimm. Nur ein plötzlicher Wetterumschwung, das war alles. Auf dem heidebewachsenen Hochland, das sie durchquerten, gab es keinen Schutz vor dem tosenden Sommersturm; ihre zerfetzten Kleider waren völlig durchnäßt, und obwohl sie immer weitergingen, weil ihnen das das Beste zu sein schien, was sie tun konnten, waren sie bis auf die Knochen durchgefroren von den eisigen Regengischten, von diesem

Sturm, der über die Heide peitschte. Es hätte ihnen nicht viel ausgemacht, denn sie waren an stürmisch-regnerisches Wetter gewöhnt, aber dieser Regen hörte nicht auf, und in der Nacht fanden sie keinen geschützten Ort, an dem sie hätten schlafen können, obwohl sie das Hochland verlassen und sich dem dünnbewaldeten Tal zugewandt hatten. Sie fanden kein trockenes Holz für ein Feuer; auch hatten sie sehr wenig im Bauch, um gegen die Kälte gefeit zu sein, denn die Gerste war schon lange aufgegessen, und Owin hatte an den Tagen vorher nur eine magere Beute erjagt.

Sie verbrachten die Nacht im Herzen eines Haselbusches, der ihnen nicht viel, aber doch ein wenig Schutz bot; alle drei aneinandergeschmiegt, Regina in der Mitte und mit Owins regenschwerem Umhang bedeckt, so gut es eben ging; am Morgen schien die Kühle des feuchten Bodens bis ins Mark ihrer Knochen gedrungen zu sein. Der Sturm hatte sich ausgeblasen und ausgeregnet, und die Welt war still und matt, ein blasses Sonnenlicht lag sogar darüber, das den Frühnebel verscheuchte. Owin, der zum Trinken an den nahegelegenen Bach hinunterging, traf einen Igel, der den Rückweg von einer nächtlichen Käferjagd entlangschnüffelte. Er gab ihm einen Schlag auf die Schnauze. Wenigstens würden sie an diesem Abend etwas zu essen haben, obwohl es nicht sonderlich viel für sie zwei war – nicht drei, denn in knappen Zeiten waren sie sich einig, daß Hund für sich selbst auf Futtersuche ging. Wenn der Abend kam und der Regen fortblieb, konnten sie vielleicht sogar ein Feuer machen und den Igel kochen.

Regina folgte ihm zum Bach nach. Sie sah so fahl aus wie gebleichter Knochen in dem trüb-weißen Licht des Morgens. Er zeigte ihr den Igel, aber sie fröstelte zu sehr, um sich für irgend etwas zu interessieren.

»Mach dir nichts draus; es wird höchste Zeit, daß wir weiterziehen«, sagte er. »Es wird dir wärmer werden, wenn wir erst eine Weile gegangen sind; die Sonne wird auch wieder durchbrechen, wenn der Nebel sich verzogen hat.«

So machten sie sich also wieder einmal auf den Weg. Und nach und nach kam die Sonne heraus, die durchweichten Lumpen trockneten an ihrem Leibe, und die Welt schien wieder viel freundlicher als während der vergangenen Nacht. Owin fand einen Hasenbau mit vier Häschen drin, er nahm ganz bedenkenlos zwei davon mit. Und in dieser Nacht hatten sie Glück, denn bei Sonnenuntergang stießen sie auf die Überreste einer Schäferhütte, die an einem Hang zwischen Hügeln lag. Teile des groben Daches aus Stechginsterzweigen waren noch heil, so daß sie darin Schutz finden konnten; und es gelang ihnen, mit den Zweigen einer abgestorbenen Dornenhecke, die im Sonnenschein des Tages ausgetrocknet war, ein Feuer zu machen, und so sengten sie den Igel ein wenig an. Sie brieten auch die Häschen, schoben sie dann in ihren alten Kornbeutel und hängten ihn hoch auf, damit Hund nicht darankam und sie noch etwas für den nächsten Tag hatten. Nachdem die Hasen gehäutet waren, war zwar nicht mehr viel an ihnen dran, aber immer noch besser als nichts.

Am nächsten Tage schien die Sonne nicht, und ein sanfter feuchter Wind rauschte durch Moor und Heidegras. Das Land unter ihren Füßen stieg in den letzten Tagen beständig an, und es schien ihnen, als ob sie an die Dachkante der Welt kämen. Als sie endlich erschöpft hinauf zum stumpfen Horizont und über ihn hinüber stapften, sah Owin weit im Süden etwas, das er nicht vom Himmel hätte unterscheiden können. Dank des unnatürlich luftklaren Tages konnte er zum ersten Mal in seinem Leben das sehen, was wohl nur das Meer sein konnte.

Sein Herz schien ihm in der Brust zu zerspringen. »Guck mal, Regina, dort an der Kante der Welt – da ist das Meer!«

Hund wedelte seinen Schwanz zur Antwort; am Abhang unter ihnen schrie ein Kiebitz; aber sonst gab es keinen Laut außer dem Wind, der feucht durch die herbstliche Heide strich. »Guck!«, sagte er wieder und zeigte die Stelle. »Wo sind nur deine Augen? Es ist das Meer, Regina!«

»Das Meer«, entgegnete Regina schließlich, aber es klang nicht so, als ob ihr das irgend etwas bedeutete. Ungeduldig griff er sie, um sie zu schütteln – und spürte, daß ihre unerwartet kalte Hand zitterte.

Er wandte sich ihr rasch zu. »Was ist los? Ist dir kalt?«

»Nein, ich – ich glaube nicht, daß mir kalt ist. Mein Kopf fühlt sich heiß an.«

Zum ersten Mal sah er, daß ihr Gesicht seltsam rot gefleckt war und daß die auf ihn gerichteten Augen stark glänzten. Sie hob ihre dünne Hand und rieb sich mit dem Handrücken über die Stirn. »Außerdem tut er weh.«

Furcht ergriff schaudernd Owin. Er war doch nach der Durchnässung wieder gut getrocknet, warum sollte sie ihr geschadet haben? Regina seufzte tief auf und setzte sich auf den Boden.

»Müde«, murmelte sie.

Owin beugte sich sofort zu ihr, packte ihre Hand und zerrte sie brutal auf ihre Füße zurück. »Du kannst hier nicht sitzen bleiben, Regina, es gibt hier keinen Schutz, und es regnet bald wieder. Guck mal, es geht jetzt bergab, und wenn wir erstmal in die Wälder kommen, finden wir eine geschützte Stelle und machen ein Feuer, und du kannst dich ausruhen, bis dein Kopf nicht mehr wehtut – so lange du willst. Wir werden ein bißchen ausspannen für ein oder zwei Tage und nur jagen und es uns gut gehen lassen. –« Er hörte seine eigene Stimme, rasch und drängend. Er war sich nicht bewußt, was er sagte, er wußte nur, daß er Regina von diesem kahlen Hochland zu irgendeinem Schutz hinunterbringen mußte, bevor der nächste Sturm ausbrach. Das Meer hatte er völlig vergessen; der dichte Schutz der Wälder vor ihnen war alles, was jetzt zählte.

Regina strich wieder mit dem Handrücken ihrer freien Hand über die Stirn. »Alles war gerade ganz sonderbar«, sagte sie. »Jetzt geht es wieder besser«, und sie machte sich mit ihm auf den Weg den Berg hinunter.

Noch vor dem Regen erreichten sie den Rand des Waldes

und fanden eine trockene Stelle, fast eine Höhle, zwischen den Wurzeln eines Gebüschs uralter Eiben, und eine Menge trockenen Holzes lag zum Feuermachen herum.

Aber Reginas Kopf war immer noch heiß, und ihr Körper zitterte; auch wollte sie ihren Anteil von den Häschen nicht, so daß es geradezu schwierig war, sie dazu zu bewegen, wenigstens etwas zu essen. Owin löste für sie das Fleisch von den winzigen Knochen und fütterte sie wie ein Küken. Sie lachte darüber, beruhigte sich wieder und sagte dann, daß Lachen ihr weh tue. Den Rest aß er selbst, denn nichts würde dadurch besser, wenn er das Essen wegwerfen würde; aber es schmeckte ihm nicht besonders. Dann sorgte er dafür, daß sie sich ganz hinten in ihrer Höhle auf den mit braunen Fichtennadeln bedeckten Boden legte, so gut geschützt unter den dichten Zweigen als nur möglich; dann breitete er den schweren Umhang über sie. Eine Weile saß er da, Hund drückte sich an ihn, und er kratzte an der alten Narbe und starrte manchmal ins Feuer, manchmal auf Regina. Sie hatte ein wenig gehustet, als sie sich hingelegt hatte, und jetzt in ihrem unruhigen Schlaf hüstelte sie immer wieder schmerzhaft, und dauernd schob sie den Umhang fort, als ob ihr zu heiß wäre, so daß er immer wachsam sein mußte, um ihn wieder über sie zu legen. Er fragte sich, ob sie sich wohl in den gleichen, strahlend unwirklichen Nebel gehüllt fühlte, der seine Erinnerung an die Straße von Aquae Sulis nach Norden verwischt hatte, als die Wunde in seinem Arm noch frisch gewesen war. Und er fragte sich verzweifelt – den Kopf auf den Knien –, was er nur machen sollte, wenn sie richtig krank werden würde.

Am Morgen schien es ihr besser zu gehen, obwohl sie wieder mehr hustete und immer noch sagte, daß das Atmen weh täte; und so gingen sie also weiter, sehr langsam, nutzten jeden Schutz, den sie vor den Regenschauern finden konnten, und gingen am Wald entlang ins Tal hinunter. Der Wald, den sie nun erreicht hatten, schien sehr alt zu sein. Es war ein dürrer Wald, der großenteils aus uralten Hagedornbäumen bestand, die mit schwarzem Eiben- und Stechpalmengebüsch vermischt waren; so ein Wald, wie er vielleicht entstanden wäre, wenn ein mächtiges Volk von Zwergzauberern aus irgendeiner alten Zeit von einem größeren Zauberer überwältigt und in Bäume verwandelt worden wäre. Und Owin versuchte daran festzuhalten, daß es nur die seltsam dunkle Stimmung dieses Ortes und Reginas eigene Angst vor einer Welt außerhalb von Stadtmauern waren, als sie mit schwacher Stimme sagte: »Ich mag die Bäume nicht; sie schneiden Gesichter!« Aber tief in seinem Herzen wußte er, daß er nicht recht hatte.

Kurz danach stolperte sie und wäre fast gefallen. Da legte er seinen Arm um sie, um sie auf dem weiteren Weg zu stützen. Aber sie stolperte weiter, öfter und öfter, als ob ihre Füße überhaupt nicht mehr zu ihr gehörten. Und als sie an eine Stelle kamen, wo die Böschung eines Waldbachs vom Regen des vergangenen Winters fortgespült worden war und sich eine Art Mulde zwischen den Dornenwurzeln gebildet hatte, da ergriff er dankbar diese Gelegenheit und wählte diese Stelle zum Lagerplatz, obwohl der Tag bisher kaum den Mittag überschritten hatte. Er brachte Regina dazu, sich so tief wie möglich in die Mulde zu legen, und wickelte seinen dicken Umhang um sie. Sie hörte den Bach und sagte: »Durstig«, und es gelang ihm, ihr etwas Wasser in einem großen Ampferblatt zu bringen; mehrmals ging er hin und her. Er sammelte Holz für das Feuer, aber er ging nicht auf Jagd. Es war klar, was immer er tötete, Regina konnte es nicht essen, und er konnte sich nicht dazu überwinden, nur für sich selbst jagen zu gehen. Außerdem wollte er sie nicht allein lassen. Wenn er nur etwas Milch auftreiben könnte . . . Fast lachte er über diese alberne Vorstellung von Milch im Wald und sah sich schon eine Hirschkuh fangen und sie melken, während ihr Kitz blökend danebenstand.

Wenn er nur etwas Milch kriegen könnte – wenn er nur etwas unternehmen könnte, um diesen kleinen trockenen

Husten zu besänftigen. Honig war gut für Husten, aber genausowenig wie eine Hirschkuh war gerade hier ein Bienennest. Doch da hob er seinen Kopf, die Augen erstrahlten über seinen guten Einfall, aber eigentlich war es kein Einfall, viel eher schon eine Erinnerung, etwas, das zu den ersten Jahren seines Lebens gehörte, vielleicht sogar schon zu der Zeit vor dem Tod seiner Mutter, weil die Erinnerung mit der Stimme einer Frau zusammenhing, einer jungen und lebendigen Stimme, die sagte: »Saug! Da, kannst du den Honig schmecken?« Gerade oberhalb ihres Unterschlupfs, wo der Wald sich ein wenig öffnete, hatte er eine junge Haselstaude gesehen, die von kriechendem Geißblatt, das gerade zur Blüte ausbrach, erstickt wurde. Er ging hin und riß lange Stränge davon ab und brachte sie mit sich zurück. Er hockte sich neben Regina, die ihn mit großen Augen beobachtete, die zugleich strahlend und umwölkt waren, und pflückte eine der rosa gesprenkelten, hornförmigen Blüten ab und hielt das zugespitzte Ende an ihren trockenen Mund. »Saug!« befahl er.

»Warum?«

»Saug, und du wirst sehen, warum.«

Regina gehorchte halbherzig. »Es ist süß, beinahe so wie Honig.«

»Warum sonst, glaubst du, nennt man Geißblatt auch ›Honignapf‹? Hier ist noch eins. Saug nochmal.«

Und so hockte er neben dem kleinen Feuer, als der Tag ins Dämmerlicht verblaßte und das Dämmerlicht zur Dunkelheit vertiefte, und fütterte Regina, wenn immer sie wach war, mit den süßen Tropfen in der Tiefe der Geißblatthörner. Aber oft war er sich nicht sicher, ob sie wach war oder nicht, denn sie stöhnte, murmelte und warf sich hin und her mit halb geöffneten, halb geschlossenen Augen, und als Hund sie einmal vor Verwunderung beschnüffelte, schrie sie entsetzt auf und schlug mit ihren Armen um sich, weil sie dachte, er sei ein Wolf.

Einmal in der Nacht, als der Regen eine Zeitlang aufgehört hatte und eine düster atmende Stille herrschte, dachte Owin, er höre irgendwo weit in der Ferne einen Hund bellen. Auch Hund hörte das, hob sein Haupt und lauschte. Aber nichts war mehr zu hören.

Der Morgen kam wieder, und er wußte, daß Regina nicht weiterkonnte. Sie schlug nicht um sich, aber ihm schien das kein gutes Zeichen zu sein, die Beruhigung kam wohl eher von der Schwächung als vom Nachlassen des Fiebers. Außerdem hatte der Wind seine Richtung geändert, so daß der Regen, der fast die ganze Nacht nicht aufgehört hatte (sicherlich mußte er bald aufhören – sie hatten ihn schließlich nun schon vier Tage mit gelegentlichen Unterbrechungen gehabt), nun anfing, in ihren Unterschlupf zu treiben. Lange saß Owin neben Regina und schützte sie, so gut er konnte. Dann fing sie wieder an zu husten. Es war ein rauher, reißender Husten, der ihr den Atem nahm, und es tat ihm weh, zuzuhören; obwohl sie nun ganz wach war, glaubte er nicht, daß sie ihn erkannte. Er setzte sie auf und drückte sie fest an sich, während sie um Atem kämpfte, und als der Anfall vorüber war und er sie wieder hinlegte, wußte er, was er tun mußte, und dachte dabei an den Hund, den er in der Nacht gehört hatte.

Er zog den alten, nassen, dicken Umhang um sie herum, stopfte ihn so fest er konnte, in der Hoffnung, daß sie ihn nicht wieder wegziehen konnte, dann pfiff er Hund herbei, der im Unterholz herumstöberte, und brachte ihn dazu, sich ganz dicht zu ihr hinzulegen, auf die Seite zum Bach hin. »Bleib!« sagte er. »Halt aus. Wachsam, Bruder.« Dann stand er langsam mit der Ruhe des Verzweifelten auf.

Ehe er noch mehr als eine Speerlänge am Ufer entlanggegangen war, hörte er Hund jämmerlich heulen, und als er auf seinem Weg innehielt und sich umsah, saß Hund aufrecht da und starrte ihm hinterher, geradeso, als ob er überlegte, den Befehl zu mißachten und ihm zu folgen. »Bleib!« wiederholte Owin heftig; und Hund legte sich wieder hin.

Owin arbeitete sich weiter flußabwärts vor in die Richtung, aus der er in der vergangenen Nacht den Hund bellen gehört hatte. Er war auf einen langen Marsch vorbereitet, denn Klänge schallen weit bei Nacht, wenn Regen in der Luft liegt, und besonders talabwärts oder -aufwärts; aber es schien ihm noch weiter, als es war, denn er selbst war schwach vor Hunger, und er stolperte und fiel mehr als einmal auf dem holperigen Boden. Aber schließlich erhaschte seine Nase den Geruch vom Rauch eines Holzfeuers und von eingepferchtem Vieh. Dies gab es in keinem Wald, wenn nicht auch Menschen dabei waren. Und da er schnuppernd einhielt, hörte er das schwache und doch unverkennbare Geräusch eines Pferdes, das lahm vor sich hintrottete, und wieder, ganz nahe jetzt, das Bellen von Wachhunden.

Er ging weiter mit frischem Herzen, und nach einem kleinen Stück Weges lief der Bach in das freie Land hinaus, nicht allmählich wie bei einer natürlichen Schneise, sondern plötzlich, wie es bei Abholzungen der Fall war.

Im Unterholz des Waldrands hingekauert blickte Owin hinaus über die Lichtung. Er sah drei Felder, den Glanz von frischer Gerste, das dichtere Grün eines Bohnenbeetes, das Braun des frühlingsgepflügten Brachlands, dahinter einen Streifen einer struppigen Weide, an die sich wieder die Dunkelheit des Waldes anschloß. Gleich neben einem Schotterweg sah er das farngedeckte Gewirr aus Fachwerk und Lehm, Häuser, die die Barbaren gebaut hatten. Es sah alles ordentlich zusammengefügt aus. Hier, tief im sächsischen Land, hatte man es so schon seit hundert Jahren gemacht.

Wie Übelkeit stieg sein Haß auf die Sachsen ihm in der Kehle hoch, und einen Moment lang kam ihm der Gedanke, daß es trotz allem vielleicht besser wäre, Regina im Wald sterben zu lassen. Wenigstens würde sie frei sterben, nur mit ihm und Hund, die ihre Freunde waren – alle Freunde, die sie hatte –, an ihrer Seite. Aber er wußte, als ihm dieser Gedanke kam, daß er Regina nicht sterben lassen konnte, solange es noch diese eine Möglichkeit für ihn gab, die sie retten konnte.

Es gab Anzeichen, daß jemand gerade am Haus angekommen war, ein Pferd wurde weggeführt. Aber Owins Aufmerksamkeit wurde hauptsächlich von einer Frau in rostrotem Kleid gefesselt, die aus einer der Hütten trat, den Kopf gegen den Regen gebeugt. Er fragte sich, ob sie die Herrin des Hauses war, und wenn sie das war, ob sie wohl freundlich war – dabei erinnerte er sich an die Freundlichkeit von Priscilla, die ihm an einer anderen Schwelle entgegengekommen war. Dann schlüpfte er in die dunkleren Schatten des Waldes zurück und machte sich bachaufwärts auf den Rückweg.

Hund, der noch genauso dalag, wie er ihn zurückgelassen hatte, begrüßte seine Rückkehr mit aufgestellten Ohren und wedelndem Schwanz, aber Regina rührte sich nicht; er hörte nur ihren schmerzhaft stoßenden Atem. Es war sehr dunkel zwischen den Bäumen, und er mußte sich dicht über sie beugen, ehe er sie überhaupt richtig sehen konnte. Ihre Augen waren halb geöffnet, aber sie sah ihn überhaupt nicht, und ihre Brust bebte auf und nieder in flachem Keuchen wie ein kleines Tier, das bis zur Erschöpfung gerannt ist. In seinen eigenen Rippen spürte er den Schmerz dieses Atmens. »Wir gehen jetzt«, sagte er, für den Fall, daß sie ihn verstehen konnte. »Alles ist gut. Wir gehen an einen guten Ort – wo es Milch geben wird.«

Er legte seine Arme ganz um sie herum, ungeschickt, weil er noch nie zuvor einen Kranken getragen hatte, aber so vorsichtig, wie es ihm möglich war, mühte sich dann auf seine Füße, schwankte ein wenig unter ihrem Gewicht; dabei wog sie jetzt wirklich fast nichts. Er hatte nicht gedacht, daß sie so dünn war, dünner sogar als damals, als sie zum ersten Mal zu seinem Feuer, angezogen vom Duft des bratenden Hasen, gekommen war. Ihre spitzen Knochen stachen nicht nur durch ihre Haut, sondern sogar durch den Stoff des zerlumpten schweren Umhangs, in den er sie eingewickelt hatte. Sie war dennoch schwer genug für Owin, der erst fünfzehn war und selbst ganz entkräftet vor Hunger und Erschöpfung.

Der zweite Weg bachabwärts war wie ein Alptraum. Immer wieder mußte er anhalten, das Mädchen absetzen und sich ausruhen, und jedesmal war es schwerer, sie wieder aufzuheben und sich weiterzukämpfen. Sein Herz schien seine Brust zu sprengen, und alles war noch dunkler um ihn herum, als der Regen es sowieso schon machte. Als er endlich an den Waldrand kam, stolperte er über seine eigenen Füße. Regina glitt aus seinen Armen auf den Boden; er ließ sie dort liegen, während er neben sie gekauert und in tiefen rauhen Zügen Atem holte, die auf andere Weise weh taten als ihre kleinen keuchenden Atemzüge. So verharrte er, bis er sich nach einer Weile weniger schwach fühlte. Hund stand neben ihm, blickte von einem zum anderen und versuchte, wie er das so oft in seinem Leben tun mußte, zu verstehen.

Ein paar Schritte vom Bach entfernt, zwischen einem Haselstrauch und einer Korbweide, stand im frisch gerodeten Land ein Dornenbaum. Wie ein Wächter hob er sich aus den anderen Bäumen dahinter heraus; Owin hatte ihn schon bemerkt, als er das erste Mal an den Waldrand gekommen war, ohne sich jedoch recht klar darüber zu werden.

Als sich sein Atem etwas beruhigt hatte, stand er auf und wankte auf ihn zu. Es war ein so alter Baum, daß einige seiner Wurzeln sich aus dem Boden herausgezogen hatten und ihn mit großen verdrehten Bögen und Ästen über die Wiese gestreckt umgaben. Obwohl er kaum mehr als vier- oder fünfmal so hoch wie ein Mensch war, war sein Stamm doch um vieles dicker als der eines viele hundert Jahre alten Waldriesen. Er war ein Zwergenkönig des Waldes; vielleicht war es seiner Majestät wegen gewesen, weshalb die Sachsen ihn beim Abroden des Waldes stehengelassen hatten. Owin kniete dicht an diesem Baum nieder, zog sein Jagdmesser hervor und grub ein kleines Loch unter einer der Wurzeln. Dann holte er den alten Siegelring aus seinem Ausschnitt hervor und zerschnitt die Lederschnur, an der er hing. Der gebrochene Smaragd hatte keinen Glanz, auf seiner Oberfläche spiegelten sich lediglich die Hagedornzweige und blasse Schimmer vom Himmel dahinter. Er wickelte ihn in ein Stück Stoff ein, das vom Saum seines zerfetzten Umhangs herunterhing, stopfte ihn dann ins Loch hinein und schob mit der Spitze seines Messers noch hinterher; dann füllte er das Loch wieder. Wenigstens sollten die Barbaren den Ring seines Vaters nicht haben.

Als er zu Regina zurückkehrte, fand er sie mit weit aufgerissenen Augen; sie beobachtete ihn, als ob sie wieder wußte, wer er war und was er tat.

Einen Moment lang sprang ein Hoffnungsfunke in ihm auf, er kroch rasch auf sie zu, ohne sich von seinen Knien zu erheben. »Geht es dir besser? Geht es dir besser, Regina?« Aber schon als er sie erreichte, waren ihre Augen wieder halb geschlossen, und sie war wieder weit weg, dort, wo sie während der vielen vergangenen Stunden auch gewesen war.

Der kurze Hoffnungsschimmer machte alles noch viel unerträglicher, und Schluchzen stieg ihm in die Kehle. Die Kraft schien auszulaufen wie Blut aus einer Wunde, und als er versuchte, Regina wieder aufzuheben, wußte er, daß er es nicht mehr schaffte. Er gab fürs erste den Versuch auf, setzte sich in die Hocke und versuchte das aufsteigende Gefühl von Panik in sich niederzukämpfen. Irgendwie mußte er sie zum Hof bringen. Es war nicht sehr weit, nicht weiter als ein guter Bogenschuß vielleicht. Er schob seine Knie wieder unter sie und die Arme wieder um sie herum. Wenn er sie über seiner Schulter hätte tragen können, wäre alles einfacher gewesen, aber er hatte Angst, das könnte ihr schaden. Er verlagerte sein Gewicht ein wenig, biß die Zähne zusammen und kam, ohne zu wissen, wie er das schaffte, auf die Füße. Reginas Kopf hing an ihrem dünnen Hals nach unten, aber dagegen konnte er nichts machen. Er ging los, stolperte und schwankte, Hund trottete verstört hinter ihm her. Heraus aus dem Geäst des Waldrands und über das braune Brachland hinüber auf den Weg. Jetzt, da er ungeschützt war von den Bäumen, fielen Regen und Wind wie leibhaftige Feinde über ihn her, und die aufgeweichte Erde des gepflügten Bodens klumpte sich um seine nackten Füße, als versuchte sie, ihn zurückzuhalten. Er war stumpf, fühlte sich übel und schwindelig; aber irgendwie klammerte er Regina fest und kämpfte sich weiter vor. Plötzlich befand er sich auf anderem Boden, er spürte den Kot des Viehpfads unter seinen Füßen, und dicht vor ihm war die Gatteröffnung in der Einpfählung. Er wankte durch die Öffnung hindurch und schwankte durch den Garten des Hofs auf den Feuerschein und die Stimmen zu, die von der offenen Tür des Hauses herkamen. Zwei Wachhunde – große, rotäugige Bestien – machten schon bellend seine Ankunft kund, aber sie waren noch angekettet; denn obschon der Tag sich zum Ende neigte, war es noch längst nicht Zeit, die Kühe in den Stall zu treiben, und Owin beachtete die Hunde nicht; ebensowenig wie Hund, der nur damit beschäftigt war, Owin zu folgen.

Ein Mann kam in die Tür, um nachzusehen, warum die Hunde bellten. Ein zweiter kam aus einem der Nebengebäude, und andere, Männer und Frauen und Kinder, schienen aus dem Nichts hervorzutreten wie Menschen in einem Traum. Er stand jetzt unter der Veranda, geschützt vor Regen und Wind. Er ließ Regina aus seinen Armen auf die Gästebank gleiten und stand da; er sah in die Gesichter um sich herum, als ob sie wirklich Traumgesichter seien, lehnte sich gegen einen Türbalken und krümmte sich mit den Armen über seinem Bauch verschränkt, wie jemand, dem übel gewesen ist und dem es noch einmal übel wird.

Er hörte Stimmen aus den Gesichtern kommen, die sprachen in einer kehligen Sprache, und die Stimmen klangen fragend. »Sie hat – die Lungenkrankheit«, sagte er in seiner eigenen Sprache, sobald er sich ein wenig aufrichten und sprechen konnte; und während er sprach, erinnerte er sich, daß sie ihn nicht verstehen konnten, und so überlegte er sich, wie er es ihnen zeigen könnte. In diesem Augenblick kam die Frau in dem rostroten Gewand vom Feuer herüber, eine Frau mit blassen, blauen Augen in einem alten, ruhigen Gesicht; die anderen wichen vor ihr zur Seite, damit wußte er, daß sie die Herrin des Hauses war. Er hatte nie zuvor eine sächsische Frau gesehen, und er bemerkte in diesem ungeeigneten Moment, daß ihr Haar von einer Art Tuch bedeckt war und nicht offen hing, wie bei den Frauen, an die er gewöhnt war. Sie blickte auf Regina, die winzig und entkräftet wie ein toter Vogel auf der Bank lag, der Umhang war von ihr herabgefallen, ein Arm hing nach unten. Die Frau winkte mit ihren Armen und einem Ausruf, der den Klang von Freundlichkeit hatte, jemanden herbei. Dann schien es, als ob auch sie Fragen stellte – ihr Blick wanderte zwischen Regina und ihm hin und her, und während er immer noch mit dem ihn umgebenden Nebel kämpfte und sich verständlich zu machen versuchte, gab ein Mann, der aussah, als sei er der Bruder eines wütenden kleinen Bergochsen, irgendeine grunzende Antwort, hob Regina so beiläufig auf, als ob sie nicht mehr wog und nicht viel gewichtiger war als ein toter Vogel, und ging mit ihr ins Haus.

Owin schwankte hinter dem Mann her ohne klare Vorstellung im Kopf, außer, daß er dicht bei Regina bleiben und darauf achten wollte, daß man ihr nicht wehtat. Er erhielt den verwirrenden Eindruck leerer Ställe, als ob das hier ein Kuhstall und nicht ein Haus wäre; dann öffnete sich vor ihnen ein Raum, der mit Safranholz gefeuert wurde, was er durch die offene Tür erspäht hatte. Dann setzte der Mann Regina auf einem Haufen Schafsfelle in der Ecke ab, und instinktiv duckte sich Owin neben sie, legte seinen Arm über ihren Körper, als ob er sie vor Leid beschützen wollte. Ein Junge mit einem hübschen frischen Gesicht wie ein Bullenkalb schob sich aus dem Kreis der Älteren hervor und starrte auf sie beide. Er kam sehr dicht heran, und Owin fauchte ihn an, wie Hund es getan haben könnte; es war eine lange Zeit gewesen, in der er es mit keinem anderen Menschen als mit Regina zu tun gehabt hatte. Einige der Leute lachten, der Junge blickte finster, wandte sich achselzuckend ab und setzte sich mit dem Rücken gegen den aufrecht stehenden Webstuhl gelehnt, er tat, als würde ihn das alles nicht mehr weiter interessieren. Die Herrin des Hauses kam und kniete neben dem bewußtlosen Mädchen, sie schob sehr behutsam Owins schützenden Arm zur Seite, wobei sie aus ihren blassen Augen in seine blauen Augen lächelte. Erst sträubte er sich kurz, nahm dann aber seinen Arm an seine Seite.

Der Mann, der Regina hereingetragen hatte, sprach am Herd mit einem anderen Mann, und während sie sprachen, starrten beide auf Owin und das Mädchen. Dann beugte sich der zweite Mann von dem Schemel, auf dem er saß, vor und sagte in britischer Sprache, aber mit dem breit kehligen Tonfall der sächsischen Art: »Junge!«

Owin sah ihn zum ersten Mal an, er sah einen blonden, untersetzten jungen Mann mit einer Haut, so gebräunt und windverbrannt, daß sie eine Farbe wie Kupfer hatte, und mit fahlen Augenbrauen, die sich fast quer über seiner Nasenwurzel trafen. Er saß mit den Beinen ausgestreckt zum Feuer hin; es dampfte aus dem losen, überkreuz gebundenen Reitleder hervor, und ein durchweichter Umhang lag hingeworfen neben ihm, als ob er gerade erst aus dem Sturm angekommen wäre. Das, so dämmerte Owin, mußte der Reiter des lahmgewordenen Pferdes sein.

»Junge«, sagte der junge Mann wieder, »was machen du und die Kindfrau hier im Hagedornwald? Läufst du vor irgend jemandem weg?«

Der Klang seiner eigenen Sprache, sogar wenn sie mit diesem ausländischen Tonfall gesprochen wurde, durchbrach den Nebel, der um Owin hing, und schien seinen Kopf ein wenig aufzuhellen. Erleichterung überflutete ihn bei der Entdeckung, daß hier jemand war, der ihn verstehen konnte. »Wir versuchten an die Küste zu kommen«, sagte er und fügte mit trotzigem Unterton hinzu: »Wir liefen vor keinen anderen weg als vor den Sachsen. Wir hofften, nach Gallien hinüberzukommen.«

Der Mann nickte: »Das ist jedenfalls deutlich gesprochen.«

Owin sprach sehr sorgfältig, um ganz sicherzugehen, daß der Fremde ihn verstand: »Aber jetzt hat sie die Lungenkrankheit, und wir können nicht weitergehen.«

»Das sehe ich«, entgegnete der Fremde.

»Und also –« Owins angestrengter Blick wanderte zu dem Mann, der wie ein Ochse aussah, und dann zurück zu dem anderen; er schluckte, und sein Mund fühlte sich trocken an. »Sag ihm bitte, dem Herrn des Hauses, daß, wenn er sie zu sich nimmt und seine Frau für sie sorgen läßt und – und ihr Milch gibt, bis sie wieder bei Kräften ist, so werde ich bleiben und für ihn arbeiten und sein Sklave sein.« Er wußte, daß es viele britische Sklaven auf sächsischen Höfen gab, und immer hatte er sie verachtet, weil sie eine solche Sache geschehen ließen, sie hätten lieber sterben sollen.

Der Mann blickte Owin einen Moment lang still an und sprach dann zu dem Ochsengleichen, und der Ochsengleiche starrte auf Owin zurück und sagte etwas und zuckte die Achseln.

Aber die Herrin, die die meisten der durchweichten Lumpen Reginas ausgezogen hatte und jetzt ihre Stirn und ihr Herz fühlte, während die jüngeren Frauen huschend Milch holten, saubere Tücher und Medizinkräuter, – die Herrin blickte auf, stellte eine rasche Frage, und der Mann übersetzte wieder. »Die Herrin des Hauses fragt, wie sie zu dir steht? Ist sie deine Schwester?«

Owin blickte auf Reginas regungsloses Gesicht und dann wieder zu dem des Mannes und schüttelte den Kopf. »Sie kam, weil ich einen Hasen im Feuer hatte und sie hungrig war. Aber das war lange her – letzten Herbst.«

Auch dies sagte der Mann den übrigen, und er und der

Herr des Hauses sprachen einige Augenblicke miteinander, während Owin auf dem Boden saß und sie beobachtete und dabei verzweifelt versuchte, sie zu verstehen. Dann beugte sich der blondköpfige Mann, der die ganze Zeit während der Auseinandersetzung mit seinem Gastgeber – und es schien wie eine Auseinandersetzung – seinen Blick fest auf Owin geheftet hatte, vor, streckte seine Hand aus und spürte mit seinem Fingernagel an der alten Speerwunde entlang, wo sie unterhalb der Ärmelfetzen zu sehen war. »Das stammt aus einer Schlacht?« fragte er und sprach nur zu ihm und nicht zu den anderen.

Owin antwortete genauso, sprach für ihn und nicht für den Haushalt, der ums Feuer herum zusah und zuhörte: »Bei Aquae Sulis vor einem Jahr.«

»Das war ein großartiger Kampf, wie ich gehört habe.« Der Mann war eine ganze Weile still und musterte Owin unter seinen blassen Brauen hervor, etwa so, wie ein Mann ein Pony betrachtet und dabei auf den Charakter wie auf körperliche Merkmale achtet. Als ob er plötzlich einen Entschluß faßte, warf er achtlos dem ochsengleichen Herrn des Hauses drei Worte nach hinten über die Schulter zu. Dann sprach er zu Owin wieder in der britischen Sprache. »Der Herr des Hauses sagt, daß er nicht noch einen Sklaven möchte. Aber die Götter waren gut zu mir; es ist ein kleiner Sohn in meinem Haus, und deswegen werde ich, nachdem ich von dieser Reise zurückgekehrt bin, Neuland zu meinem Land hinzufügen, daher ist in meinem Haus Raum für einen weiteren Sklaven. Ich habe ihm also gesagt, daß ich dich ihm abnehmen werde – dich und den Hund zusammen für ein Stück Gold. Und er wird seinen Teil des Geschäfts besorgen und sich um das Mädchen kümmern.« Seine Augen wurden schmal, und hart ruhten sie auf Owins Gesicht. »Aber ich sage dir: dies ist mein Geschäft; und wenn sie stirbt, ist das der Wille der Götter – und ich habe dennoch mein Goldstück für dich bezahlt.«

Owin schwieg eine Weile und blickte auf Regina. Eine

der Frauen hatte etwas in einer Töpferschale gebracht, und die Herrin hatte es genommen und versuchte jetzt, sie dazu zu bewegen, sich aufzusetzen und zu trinken. Sie schien ein freundliches Wesen zu haben. Mit seiner Hand auf dem Hals des Hundes, der die ganze Zeit wachsam an seiner Seite gehockt hatte, starrte er wieder ins Feuer und sah nicht das knistrig rote Strahlen des brennenden Stechginsters, sondern die kleinen hyazinthfarbenen Flammen, die aus dem brennenden Olivenholz hervorblühten, und er sah Regina einen Rosmarinsprößling in das Herz der Flammen fallen lassen, damit nichts übrigbleibe – nichts übrig ...

»Woher soll ich wissen, ob sie lebt oder stirbt?« fragte er.

»Wenn sie nicht stirbt, bevor wir morgen weiterziehen nach Süden, wirst du es nicht wissen«, entgegnete der Mann. »Mein Besitz ist viele Tage weit von hier.«

»Werden sie freundlich zu ihr sein?« fragte Owin als einfache Frage von Mann zu Mann.

»Ich kenne sie nicht. Mein Pferd hat ein Eisen verloren, und ich bin Gast nur für eine Nacht in diesen Wänden, aber ich denke mir, daß zumindest die Herrin freundlich zu ihr sein wird.«

Owin hob seine Augen vom Feuer und blickte in das Gesicht des Mannes und sagte: »Ich werde mitkommen«, als ob er in dieser Sache eine Wahl gehabt hätte. Aber er wußte, daß er keine Wahl hatte. Er war ein sächsischer Sklave, eingekauft mit einem Goldstück. Die Wahl hatte er im Wald gehabt, als er den Ring seines Vaters begrub.

Die Frauen konnten Regina etwas Milch einflößen, und Hund wurde mit den Wachhunden gefüttert, ehe sie losgelassen wurden. Owin bekam ein Haferbrot und eine Schale Kohlbrühe zum Abendessen und einen Platz zum Schlafen auf dem Boden. Es war ein ausreichend freundlicher Haushalt. Um die Tiere kümmerte man sich sehr ordentlich, und die leibeigenen Leute wurden nicht geschlagen nur um des Spaßes am Schlagen willen; er freute sich darüber für Regina, aber er haßte es, sich das eingestehen zu müssen, während er mit glühenden Augen wach dalag und der Wind und der Regen über das Strohdach huschten und die lange Nacht verblich.

Am Morgen, nachdem die frühe Mahlzeit gegessen war und er das Pferd seines neuen Herrn gesattelt hatte – es war neu beschlagen von dem Mann, der wie ein Ochse wirkte, denn hier in der Wildnis mußte jeder Bauer sein eigener Schmied sein – und als er es zur Verandatür geführt hatte, ließen sie ihn noch einen letzten Blick auf Regina werfen. Sie atmete leichter, und ihre Augen waren richtig geschlossen, so als ob sie schlief; ihre schwarzen Wimpern warfen einen federigen Schatten auf die Blässe ihres Gesichts. Er wußte, daß er sie nicht zum Abschiednehmen wecken durfte. Aber er nahm den kleinen abgenutzten Beutel mit dem Feuerstein aus seinem Gürtel und legte ihn neben sie. Sie hatten ihm das Messer und die Schleuder abgenommen, und das war alles, was er noch hatte; es schien sowieso passend, daß er ihr das gab; von nun an würde er mit den Sklaven und den Hunden an das Feuer seines Herrn kommen, um sich zu wärmen; er würde nicht wieder ein eigenes Feuer machen. Besorgt blickte er zur Herrin, um ganz sicherzugehen, daß sie verstand, daß dies für Regina war; und sie nickte.

Dann hörte er seinen Herrn von der Tür her rufen: »Junge!«

Und er ging hinaus mit Hund bei Fuß und einem seltsamen Gefühl, das weniger aus Trauer bestand denn aus der Empfindung eines körperlichen Schmerzes – als ob er einen Teil seiner selbst abgerissen hätte und er überall mit Blut besudelt wäre, wenn er an sich hinunterguckte.

Onkel Widreth

Ein warmer Westwind wehte über die lohfarbenen Flächen; ein leicht salziger Geschmack lag in der Luft, und das Rauschen des Meeres war zu hören. Aber jeder Wind, wenn er nicht geradewegs aus dem Norden kam, schmeckte und klang nach Meer, denn überall in dem flachen Land, das sich südlich von Regnum bis an die Felsen der Cymenküste ausdehnte, war man nie weiter als ein paar Meilen vom Meer zu jeder Seite hin entfernt. Owin kam vom Hafen, der »Windiger Hafen« hieß, Hund trottete hinter ihm her. Er war mit einer Nachricht am Bootsstrand unterhalb der Siedlung gewesen, denn sein Herr Beornwulf war wie viele der Bauern an der Küste zugleich auch Fischer und besaß den dritten Teil eines Bootes. Owin schmeckte die feuchtkalte Salzluft, die sich mit den warmen, trockenen Gerüchen des Landes, das ihm im vergangenen Jahr so vertraut geworden war, vermischte, und dachte, daß es vielleicht noch vor morgen Regen geben würde, da das Rauschen des Meeres so sehr laut vom Westen her über das Land tönte.

Sein Weg tauchte aus der offenen Ebene in die Schatten eines breiten Gürtels von Eichengestrüpp, das die gemeinsame Weidewiese der Siedlung umgrenzte. Die Blätter der untersetzten, windverkrümmten Bäume waren seit Hochsommer salzverkrustet und sahen jetzt schwarz und schrumpelig aus. Das Meer rauschte lauter zwischen ihnen als vorher im Freien, als ob sich sein Rauschen in den Zweigen verfangen hätte. Er kam an der landeinwärts gelegenen Seite des Gestrüpps heraus, wandte sich nach oben und ging am schmalen Flutkanal entlang, der zwischen den Dämmen aus Kalk und Gestrüpp verlief; von da aus sah er die Hofstatt in der Ferne.

Von weither konnte man Beornhof sehen, weil nichts außer einem Windschutz aus Dornen hie und da die Sicht behinderte; ein Gewirr von niedrigen Dächern, die genau wie die Eichen und Dornenbäume vom vorherrschenden Wind geformt zu sein schienen, lag vor ihm. Der Rauch vom Haus trieb blaß verschwommen seitwärts vor der Schwärze des dahintergelegenen Waldes her. Er sah niemanden, als er näher an die Weiden herankam, wo Beornwulfs drei Zuchtstuten mit ihren Fohlen grasten. Aber als er auf das Gatter in der Dornenhecke zukam, sah er Onkel Widreth mit dem Rücken und vor dem Wind geschützt an einen Erbsenstapel gelehnt. Drei Kinder mit einem Schäferhundwelpen standen bei ihm und sahen ihm aufmerksam zu.

Onkel Widreth war so etwas wie ein Sonderling, und für Owin gehörte er zu den Menschen, die das Leben erträglich machten. Er war fast so alt wie der Hof selbst. Sein Vater hatte als jüngster Sohn die Familiensiedlung verlassen und sich aufs unbebaute Land geschlagen, und das war nur eine Generation später gewesen, als Aelle seine Kriegsschiffe ans Ufer gebracht und das südsächsische Königtum begründet hatte. Die Leute im Haus und die anderen Sklaven (es waren noch zwei außer Owin) sagten, daß seine Mutter eine Sklavin britischer Herkunft war, die ihn gleich nach seiner Geburt an der Hausschwelle seines Vaters ausgesetzt hatte und fortgelaufen war. Aber Onkel Widreth erzählte, daß seine Mutter eine Seehundsfrau und Prinzessin unter den Seehundsfrauen gewesen war; eine von denen, die ihre fellige Haut zum Tanzen und Singen zwischen den Dünen der Seehundsinsel in mondbeschienenen Nächten ablegten, und daß sein Vater ihr die Haut gestohlen und Macht über sie gewonnen hatte, so daß sie ihn liebte. Aber später fand sie ihr Fell in einem Loch in der Wand versteckt und floh in ihre eigene Welt zurück. Wenn er nach ihrer Flucht statt zuvor geboren wäre, so meinte Onkel Widreth, dann wäre er ein Seehund und kein Mann geworden. Er war vielleicht nicht ganz in Ordnung im Kopf, und ganz bestimmt konnte er keine Männerarbeit mehr auf Feld und Acker ausüben, aber im Umkreis von acht Höfen verstand er am meisten vom Vieh, und er konnte jedes kaputte Werkzeug reparieren. Überdies verdiente er sich seinen Platz, indem er sich um die Kinder kümmerte, wenn Athelis, Beornwulfs Frau, sie nicht um ihre Füße und an ihrem Rockzipfel brauchen konnte.

Vor einigen Tagen war Athelis in der Laube, dem Frauenquartier hinter der Heimstatt, mit einer schreienden kleinen Tochter niedergekommen; und so saß Onkel Widreth im Schutz des Erbsenstapels und erzählte den Kindern Geschichten, bis eine Leibeigene kam und sie holte, um sie zu Bett zu bringen.

Owin hatte es sich zur Gewohnheit gemacht, in seiner freien Zeit zu dem seltsamen Mann zu gehen, besonders wenn seine Schultern mehr als gewöhnlich unter dem eintönigen Druck der Sklaverei litten; und obwohl sie momentan nicht sonderlich schmerzten, pfiff er Hund bei Fuß und wandte sich zur Seite, um sich der kleinen Gruppe im warmen Hain des Erbsenstapels beizugesellen.

Onkel Widreth sah zu ihm auf; er lächelte ihm mit seinen verblaßten blauen Augen wie einem Kumpel zu und kehrte mit dem Blick dann wieder zu der Arbeit zurück, die er mit seinen Händen machte. Er sieht nicht wie ein Seehund aus, dachte Owin, eher wie eine Heuschrecke. Die Kinder sahen überhaupt nicht auf; Helga und Lilla, die zwei kleinen Mädchen, saßen links und rechts von Onkel Widreth und beobachteten, was er mit den Knien, fast ans Kinn herangezogen, tat. Bryni, der noch viel zu jung war, um sich dafür zu interessieren oder irgend jemandem länger als einige Augenblicke zuzusehen, bemühte sich mit enormer Konzentration, dem kleinen Hund die Augen auszustechen. Es sah ganz so aus, als ob ihn der Welpe gleich beißen würde. Bryni hatte schon eine ganze Menge Bißspuren in der weichen, braunen Haut seiner Arme und Beine, aber weder er noch der Welpe schienen sich jemals gegenseitig etwas nachzutragen. Das bezaubernde Ding in Onkel Widreths Händen war ein Vogel, den er aus einem Stückchen Treibholz schnitzte.

»Aber der silberne Vogel sagte zur Häuptlingstochter: ›Ich kann dir keine Feder aus meinem Flügel abgeben, da ich sie alle zum Fliegen brauche!‹« erzählte Onkel Widreth. »Und die Häuptlingstochter brach in Tränen aus vor Wut, stampfte mit den Füßen und warf ihr Brot auf den Boden.« Er sprach mit den Kindern immer in seiner Muttersprache (selbst wenn sie ein Seehund war, dann wäre eben dies ihre Sprache als Mensch gewesen), und das war es, weshalb Beornwulf damals zwischen Owin und den Leuten des Hofs im Dornenwald übersetzen konnte.

»War Honig draufgeschmiert?« fragte Helga.

»Da war Honig drauf, und es fiel mit der Honigseite nach unten genau in die Mitte des besten Umhangs ihres Vaters, des Häuptlings; denn er war zum Trocknen in der Sonne ausgebreitet, weil es Zeit war für die Sommerwäsche«, murmelte Onkel Widreth traurig.

Seine Zuhörer hielten die Luft an vor begeistertem Schrecken.

Owin sah zu und lauschte mit halbem Ohr, während er Hunds Kopf an seiner Hüfte streichelte; er dachte plötzlich, daß es gut wäre, irgend etwas herstellen zu können, selbst wenn es nur eine alberne Geschichte für Kinder oder ein eher grober kleiner Vogel aus silbrigem Treibholz war, der dann doch überraschenderweise ganz genau so aussah, als ob er fliegen könne. Dumpf spürte er, daß die Kraft, etwas zu schöpfen, eine Art Freiheit sein würde . . .

Die Geschichte ging ihrem Ende zu. »Und daher schlug der Vater sie mit seinem Schwertgürtel, und ihre Mutter schlug sie mit der Spindel, und ihr tat alles weh, und das, liebe Kinder, das hatte sie auch verdient!«

»Aber der Vogel? Was ist mit dem kleinen Vogel geschehen, Onkel Widreth?«

»Also, der silberne Vogel, der breitete seine Flügel aus

und flog zu seiner eigenen Frau über das Meer nach Hause. Sie hatte nämlich all diese Zeit auf ihn gewartet«, sagte Onkel Widreth und ließ das aus Treibholz geschnitzte Vögelchen in die kleinen, begierig ausgestreckten Hände fallen. Und während er die zwei kleinen Mädchen beglückt über ihrem neuen Schatz kauern ließ, blickte er zu Owin auf, der neben ihm an den Erbsenstapel gelehnt dastand. »Was denkst du, du da oben? Denkst du: Was für ein törichter alter Mann; sicher hat er zu lange gelebt und ist an den Anfang des Kreises zurückgekehrt und wieder ein Kind geworden?«

»Ich dachte«, entgegnete Owin, »daß ich gern Dinge erschaffen würde. Ich meine damit nicht Dinge, die man gebrauchen kann – ich bin geschickt mit meinen Händen; ich kann jedes Bauerngerät recht gut herstellen oder reparieren – ich meine Dinge, die Leben in sich haben. Ich glaube, der Sklavenring um meinen Hals würde mir weniger ausmachen, wenn ich solche Dinge machen könnte.«

Onkel Widreths spitzes altes Gesicht war plötzlich von einer Zartheit durchwebt, die noch größer war als die Zärtlichkeit, die er für die Kinder hegte. »Es fällt schwer, wenn man noch jung ist . . . Ich erinnere mich an Zeiten, da es mir nicht gefiel, nur der arme blöde Widreth zu sein, der zwischen den Leuten des Hofs und seinen Brüdern steht – vor allem wenn ich daran dachte, daß ich der älteste Sohn meines Vaters war.«

Und während er zu ihm hinunterblickte fragte sich Owin zum ersten Mal, ob Onkel Widreth wirklich an die Seehundmutter glaubte oder ob das nur ein kläglicher Versuch eines Mannes war, seinen Stolz zu bewahren. Und plötzlich sah er sich selbst ganz alt geworden an irgendeine selbsterfundene Geschichte klammern, wie er im Kampf gefangengenommen wurde, nachdem er dreißig Männer mit seinem eigenen Schwert getötet habe. Und in diesem Moment hätte er wie Hund heulen mögen, wegen Onkel Widreth und über sich selbst.

»Wenn du in meinem Alter bist«, sagte der alte Mann, »wenn du in meinem Alter bist, dann wirst du gelernt haben, wie wenig all diese Dinge ausmachen. Das Leben geht rauh mit den Jungen um – vielleicht ein bißchen zärtlicher mit den Alten. Aber nur, wenn man noch jung ist, ist da immer die Hoffnung, daß eines Tages etwas geschehen wird, – daß sich eines Tages ein sanfter Wind erheben wird ...«

Als die alte, ruhige Stimme in der Stille klang, spürte Owin, wie sich Hunds Ohren unter seiner streichelnden Hand spitzten und das große Tier seinen Kopf zum Lauschen hob. Noch war das Geräusch zu weit entfernt für menschliche Ohren, aber dann hörte es auch Owin; es war das schwache Getrappel von Pferdehufen auf der alten, gepflasterten Straße von Regnum.

Er machte einen großen Schritt vorwärts zum Ende des Erbsenstapels hin und sah in die Richtung hinüber, aus der es kam. Ein Mann auf einem roten Hengst tauchte aus den langen Schatten des Eichenwalds auf und ritt nun in lockerem Galopp auf den Hof zu. Nicht oft kam ein Reiter auf dieser Straße entlang, denn wenig mehr als eine halbe Meile nordwärts schnitt der weit gebogene Meeresarm, der – nicht nur dem Namen nach – aus der Seehundsinsel fast eine Insel machte, tief ins Land über die Straße hinein, und Reisende mußten den alten Munna, der seine Hütte und sein Boot dort liegen hatte, aufrütteln, damit er sie übersetzte. Aber beim tiefsten Stand der Ebbe war die Bucht fast trocken und enthüllte hier und dort die versackten Steine einer alten, gepflasterten Furt, und ein Mann, der das Land und die Gezeiten und die Drift der Sandbänke gut kannte, konnte mit seinem Pferd durchreiten.

So ein Mann war Haegel der König.

Haegel war schon dreimal zuvor gekommen in der Zeit, seit Owin seinem neuen Herrn nach Süden gefolgt war, unangekündigt und allein, so wie ein Mann gelegentlich einen Freund an dessen Herd besucht, ein Bier mit ihm trinkt, die alten Schlachten noch einmal mit ihm erlebt und die Ernteaussichten bespricht. Owin war das beim ersten Mal seltsam vorgekommen, aber damals kannte er Haegel noch nicht und wußte auch nicht, daß Haegel nach Art des sächsischen Adels in Pflege gegeben und hier auf dem Hof aufgezogen worden war – Beornwulf und er also Pflegebrüder waren. Und Owin wußte jetzt auch, daß Beornwulf einer der Hausgenossen des jungen Königs in seiner hohen Halle bei Regnum gewesen war. (Regnum hatte das gleiche Schicksal wie jetzt Viroconium. Sie nannten es Cissas Caester, was eher wie ein Niesen als wie der Name einer Stadt klingt; das heißt Cissas Festung, nach einem von Aelles grimmigen Söhnen.) Das war noch vor dem Tod von Beornwulfs Vater gewesen und vor der Zeit, da der Sohn den Hof übernahm, heiratete und sich niederließ. Die alte Freundschaft war immer gut geblieben, und Beornwulf diente seinem Pflegebruder nicht nur, wie ein Landbesitzer mit dem Speer dem König dient, sondern auf ganz andere, viel engere und familiäre Art. Owin hatte immer den Verdacht, daß doch irgendein Auftrag von Haegel ihn letztes Jahr im Frühling in den Dornenwald geführt hatte. So kam Haegel der König, um an Beornwulfs Herd zu sitzen, mit einem Trinkhorn voll Bier auf den Knien, um mit ihm über alte Späße zu lachen.

»Es ist der König«, sagte er über die Schulter hinweg zu Onkel Widreth. »Ich muß gehen«, und schritt davon, um den Erbsenstapel herum und durch das Viehgatter hindurch.

Beornwulf wollte ihn dahaben, wenn ein Gast kam, um gegebenenfalls das Pferd abzunehmen und den Willkommenstrunk einzuschenken, wenn Athelis, die Herrin, nicht kommen konnte. Die Leibeigene war eine ungeschickte Frau und erwies dem Gast wenig Ehre, aber Owin war von seinem Vater gut erzogen worden, und seine Haltung war stolz wie die eines Hirsches, die Haltung eines Königs also; und Beornwulf war nicht minder stolz auf seinen römisch-britischen Sklaven. Owin wußte das nicht, er wußte nur, daß er womöglich den ganzen Abend über keine freie Zeit mehr haben würde, weil der König gekommen war.

Ein paar Augenblicke später kam Haegel in einem Schwung durchs Tor, und Owin trat hervor, um den Hengst zu halten, als er ihn zum Stehen brachte. Der König war dunkler als sein Pflegebruder, sehr dunkel sogar für einen Sachsen, die Augen lagen tief unter den Brauen, der Mund gab ihm einen nachdenklichen Zug. Das abendliche Sonnenlicht, das das Fell des Hengstes in glänzendes Kupfer verwandelte, funkelte in der Halskette aus Korallen- und Goldperlen unter seinem Bart, der Wind zauste die Mähne des Hengstes und die Brustfedern des verkappten Falken auf seiner Faust.

Beornwulfs Hunde, die ihn kannten, hörten zu bellen auf und kamen mit Hund heran, sie schnupperten um die Fesseln des Hengstes herum. Haegel schwang sein Bein herüber, sprang in ihre Mitte und wandte sich lachend seinem Pflegebruder zu, der ihm zum Gruße auf den Hof gekommen war. »Ach, es ist schön, daheim zu sein! Etwas in meinem Herzen ruft immer noch aus ›Wieder daheim!‹, wann immer ich auf die Seehundsinsel hinüberreite.«

»Und mein ganzes Herz schreit: ›Mein Bruder ist nach Hause gekommen zu seinem eigenen Heim.‹ Ich wußte, daß du es warst, seit ich die Hunde bellen hörte«, sagte Beornwulf. »Wie ging die Falkenjagd?«

»Ganz gut. Wir haben nach wildem Geflügel in den Sümpfen des Haven und am Bremmasdamm gejagt. Jetzt habe ich die anderen mit den Hunden nach Hause geschickt und bin gekommen, um auf die Gesundheit des neuen Kindes zu trinken. Sohn oder Tochter? Ich habe nichts weiter gehört, als daß es ein neues Kind gibt.«

»Noch eine Tochter«, entgegnete Beornwulf und zog eine Grimasse.

»So? Na ja, wir haben jeder einen Sohn, die nach uns unsere Schilde tragen können.«

Haegel wandte sich dem Haus zu, seinen Arm um die Schultern des Pflegebruders gelegt.

Owin brachte das Pferd nach hinten zum Stall und übergab es Caedman, seinem Mitsklaven, dann ging er zum Vorratsraum hinter dem Haus. Dort holte er Beornwulfs eigenes Trinkhorn und einen Krug von ihrem besten Bier.

Als er zu den beiden Männern zurückkehrte, waren sie noch nicht ins Haus hineingegangen, sondern saßen auf der Bank bei der Verandatür, die Beine ausgestreckt, und sprachen ruhig in der Art von Männern, die müde sind am Ende eines Tages. Haegel der König kümmerte sich um seinen Falken, strich mit dem Finger wieder und wieder über dessen Rücken, so daß das Tier den verkappten Kopf reckte und wohlig die Flügel krümmte. Sie sprachen jetzt nicht mehr von Familienangelegenheiten, auch lachten sie nicht über alte Scherze.

»Ich glaube nach wie vor, daß die Zeit nicht mehr fern ist, da wir unser Eigentum verteidigen müssen«, sagte Beornwulf gerade. »Es ist so, wie ich's dir gesagt habe: Das westsächsische Königreich wird übermäßig stark, zu stark für Sicherheit – für unsere Sicherheit –, seit Ceawlin die letzten Briten vor zwei Jahren oder länger unterworfen hat.«

Owin stockte kurz in seiner Bewegung, beugte sich dann vor und setzte das große Horn mit dem Kupfer- und Silberbeschlag in Haegels danach ausgestreckte Hand und füllte es bis zum Rand.

»*Wass heil!*« sprach Haegel, trank und gab es zurück. »Viel Glück dem Haus und der neuesten Blume des Hauses!« Und kehrte dann wieder zu der Sache zurück, über die sie gerade gesprochen hatten. »Ich frage mich ... also, wie du glaube auch ich, daß der Tag kommen wird, da wir die Krieger wieder zusammenrufen müssen; aber noch lese ich die Zeichen der Zeit nicht ganz so, wie du sie liest.«

Beornwulf nahm nun das Bierhorn seinerseits. »Wie liest du sie denn, König Haegel?« fragte er, warf den Kopf in den Nacken und trank.

Und Haegel streckte seine Hand wieder nach dem Horn aus, aber als er es hatte, hielt er es lediglich fest an seinem Knie und starrte in die bernsteinfarbene Tiefe des Horns, während Owin mit dem Bierkrug danebenstand, um ihnen nachzuschenken, sobald das Horn leer wurde; und er spürte sein Herz schneller schlagen aus einer seltsamen Gespanntheit heraus, als ob das, was zwischen diesen beiden Männern an Worten gewechselt wurde, irgendeine persönliche Bedeutung für ihn hätte.

»Ich glaube – ich lese sie so«, entgegnete der König Südsachsens schließlich. »Ceawlin ist ein großer Kriegsherr; einer von denen, deren Schatten sich weit ausbreiten wie der Schatten eines Mannes bei Sonnenaufgang. Aber es kommt mir vor, als sei er jemand, der sich zu sehr auf die eigene Stärke verläßt und die Herzen von anderen Männern nicht versteht, ja, der es nicht einmal für nötig hält, dies zu versuchen . . . Sieh nur, seine eigenen Söhne und die Söhne seines Bruders trugen Schilder für ihn in den großen Kampf, als er die letzte Kraft der Prinzen brach; Coel und Coelwulf, den Söhnen seines Bruders, hat er zusammen nicht ganz die Hälfte des neu hinzugewonnenen Landes zum Regieren überlassen; und Cuthgils überließ er die Chiltern-Hochebene. Für seine eigenen Söhne aber hat er den ganzen Rest behalten, das Land von Londinium bis zum Sabrina-Meer und von den Mittländern bis zur Küste.«

»Es sind seine Söhne«, meinte Beornwulf.

»Und doch werden die Söhne seines Bruders bestimmt sagen: ›Auch wir haben für das Königreich gekämpft, und jetzt ist Wessex groß. Warum also ist unser Teil so klein?‹ Und so mag Unruhe an Ceawlins Schwelle treten. Und das, denke ich, ist eine Gelegenheit für diejenigen, die Ceawlin nicht lieben – besonders für Aethelbert aus Kent.«

»Aethelbert?« Beornwulf klang überrascht. »Warum denn ausgerechnet der König von Kent?«

»In Erinnerung an Wibbendune.«

»Das muß doch schon fünfundzwanzig Jahre her sein. Hegt er wirklich immer noch Haß wegen dieser Niederlage aus einer Zeit, in der er nicht einmal einen Bart hatte? Kann das sein?«

»Leicht möglich. Du kennst ihn nur dem Namen nach, als einen aus dem mächtigen Stamm der Oiscings, einen Großenkel von Hengest selbst. Aber ich bin König von Sussex, und er ist der Hohe König; so ist er gewissermaßen mein Oberlehnsherr, und ich habe an seinem Tisch gesessen. Er ist nicht wie der Rest seiner Sippe, ist kein Krieger mit Herz und Seele; er hat eher eine Art kalter Kaufmannsnatur, die ordentlich haßt und lange haßt.« Er hob das Bierhorn und leerte es rasch, reichte es dann Owin, damit es wieder gefüllt würde, und begann erneut, seinen Falken zu liebkosen.

Owin fragte sich, ob sie wohl vergessen hatten, daß er nach über einem Jahr der Sklavenherrschaft ihre Sprache sprechen konnte; aber dann begriff er: Weil er ein Sklave war, sprachen sie so frei vor ihm; ein Sklave zählt nicht im Laufe der Geschicke, – sein Wort wiegt weniger als ein Grashalm im Winde.

»Außerdem ist er reich durch das Gold, das seine fränkische Prinzessin mitgebracht hat. Sicherlich reich genug, um eines Tages seine Rache kaufen zu können und sich selbst und sein Königreich ein für allemal über die Westsachsen zu stellen. – Zudem ist er schlau genug, um zu wissen, wann und wie er diesen Kauf zu machen hat. Aber wenn dieser Tag jemals kommt, so werden das Gold, das Geschick, die List unterirdisch auf Schleichwegen ankommen, so wie die sieben versteckten Flüsse, die durch unser südsächsisches Land fließen; und auf der Erde wird es Kämpfe geben, und wir werden es sein, die sie bestreiten, genau wie du es sagst, mein Bruder.«

Er schüttelte seinen Kopf, als Beornwulf ihm noch einmal das Horn anbot. »Nein, nein, ich muß fort, ehe die Flut die Furt überschwemmt. Außerdem braucht der rote Hengst eine gute Führung; und ich bin kein Vadir Cedricson, der betrunken so gut wie nüchtern reitet.«

Beornwulf lachte. »Nun denn, ob du die Zeichen liest oder ich, es sieht so aus, als würden die alten hitzigen Tage zurückkommen. Da es nun keine Briten mehr zu bekämpfen gibt, so bekämpfen wir uns gegenseitig.« Er schüttelte die letzten Biertropfen in dunklen Spritzern auf den Boden; die Hunde bellten sofort danach; dann gab er das Horn seinem britischen Sklaven und bat ihn, es fortzunehmen.

Owin brachte Horn und Bier zurück und hörte dabei die Stimmen der beiden Männer weitermurmeln, aber es fiel ihm kein Vorwand ein, wieder nahe genug zurückzukommen, um mehr von dem zu hören, was die beiden besprachen. Er verstand all das, was er gehört hatte, nicht ganz, denn er wußte nichts davon, wie Gold und die Macht des Goldes auf Schleichwege geraten konnten, um treue Verbundenheit zu untergraben oder den Keim des Mißtrauens in das Gemüt von Männern zu streuen. Aber er wußte aus bitterer Erfahrung, daß man keine Kriegsschar ohne Gold ernähren und ausrüsten konnte. Und während er nachsah, ob der rote Hengst fertig war, wenn Haegel nach ihm rufen würde, hallte in seinem Hinterkopf das Echo von etwas, das Onkel Widreth kurz vorher gesagt hatte: »Nur wenn man noch jung ist, ist da immer die Hoffnung, daß eines Tages etwas passieren wird; daß sich eines Tages ein sanfter Wind erheben wird . . .«

Und doch, es erschien nicht sehr wahrscheinlich, daß ein sächsischer Krieg viel Wind um das Geschick eines britischen Sklaven machen könnte.

Das Silberfohlen

Zwei Jahre vergingen, aber keine Neuigkeiten kamen von den Neffen Ceawlins aus Regnum durch den Maenwald, der sturmzerzaust zwischen Regnum und der Seehundsinsel lag. Kein Wind tat sich auf, Menschen und Hunde wurden lediglich älter.

Aber es kam ein Frühlingsabend, an dem überall im Sumpfgebiet der Hagedorn in Blüte stand, der Blütenduft flog überallhin in der feuchtweichen Luft, er wurde durch die offene Tür des Hauses eingeatmet, und mitsamt dem würzigen Geruch qualmenden Holzes vermischte er sich mit dem alles übertrumpfenden Fischrauch der räuchernden Aale über dem Herd.

Owin saß in der hinteren Ecke mit Gyrth und Caedman, den beiden halbblütigen Hofsklaven, und sah im Lichtschein der auf dem Dachbalken stehenden Öllampe, die mit Seehundtran gespeist wurde, von dem Dreschflegel auf, dessen Lederfuge er gerade ausbesserte. Der ganze Haushalt hatte sich nach dem Abendessen um den Herd versammelt. Der Herr des Hauses ebenso wie seine Sklaven waren damit beschäftigt, Geschirr und Werkzeug für die Arbeit auf dem Hof zu richten und auszubessern. Die Herrin Athelis saß im besten Licht auf ihrem Schemel und verknüpfte die losen Enden eines blau und braun gestreiften Stoffstücks, das sie gerade erst an diesem Morgen fertig aus dem Webstuhl genommen hatte, während gleich hinter ihr die Leibeigene mit bis zu den Schultern hochgerollten Ärmeln das Gerstenmahl für den nächsten Tag in der steinernen Handmühle schabte. Onkel Widreth hatte ihnen eine Geschichte erzählt, aber sie war immer langatmiger und wirrer geworden, bis er mit dem Rücken an den Stützbaum gelehnt, die Schenkel wie dünne Heuschreckenschenkel bis fast ans Kinn gezogen, eingeschlafen war; sein Atem pustete in die grauen Haare seines Barts. Auch die Kinder schliefen, wie junge Welpen lagen sie mit den Hunden ums Feuer verstreut, Helga und Lilla und die kleine Gerda; wie drei backwarme, runde und süße Gerstenbrote sahen sie aus, blauäugig – wenn die Augen offen waren – und mit gerstenblondem Haar. Bryni hatte sich von seiner Familie abgesondert, um am hinteren Ende des Feuers mit seinem Kopf auf Hunds scheckiger Flanke allein zu schlafen. Das hätte Hund, der auf dem besten Platz neben dem Feuer ausgestreckt lag, welchen er sich durch das Recht der Vorherrschaft über Beornwulfs Hunde erkämpft hatte, keinem der anderen Kinder erlaubt. Bryni hatte keinerlei Ähnlichkeit mit einem Gerstenbrot. Das Haar, das ihm wild zerzaust über die Stirn hing, war Gold mit Rostrot vermischt. Es war das Haar seiner Mutter. Der teuflisch grüne Schimmer seiner Augen jedoch war nur ihm eigen. Aber in diesem Moment, da seine Augen geschlossen waren und der Feuerschein auf seine Wangen fiel, konnte man sich kaum vorstellen, wie es war, wenn Bryni wach war; konnte man sich kaum vorstellen, daß er heute erst, nachdem er Ohrfeigen einstecken mußte, weil er Honigkuchen gestohlen hatte, mit Horn, dem jüngsten Sohn des Schmieds, den er auf halber Strecke zur Siedlung hin getroffen hatte, den Entschluß gefaßt hatte, fortzulaufen. Zu ihrem Glück war es Owin gewesen, der sie dann gefunden hatte.

Das rhythmische Mahlen und Reiben mit der Handmühle knarrte laut in die Stille hinein, die von Onkel Widreths halbfertig erzählter Geschichte zurückgeblieben war. Kaum ein Geräusch durchbrach die Stille, nur das huschende Flackern der Flammen im Herd und der Ruf eines Sumpfvogels in der Ferne. Athelis richtete sich von der Arbeit auf, schüttelte den Stoff aus und faltete ihn mit Schwung und den Gebärden großer Erfahrenheit wieder und wieder. »Da! Das ist getan. Ich werde am besten auch gleich das Feuer für die Nacht ersticken. Der halbe Haushalt schläft schon, und der Alte wird wohl noch in die Flammen sinken, wenn er da noch lange sitzt.«

Sie erhob sich und legte den graugestreiften Stoff in die reichgeschnitzte Truhe, die an der Giebelwand stand; dann hob sie mit einem Arm die halb schlafende Gerda auf und trug sie ins Innere des Hauses, das Schlafzimmer. Die Leibeigene schabte das grobe Gerstenmehl in einen Beutel, hinten am Feuer legten die Sklaven, Beornwulf folgend, ihre Arbeit nieder und reckten sich. Gyrth und Caedman grunzten ihr »Gute Nacht« und kletterten die Leiter hinauf zum Halbboden im Dachgiebel, wo sie dicht unter dem Strohdach schliefen. Beornwulf selbst nahm eine der beiden Hoflaternen, die neben der Verandatür hingen, öffnete die Laternentür aus Horn und beugte sich mit ihr vor, um die Kerze am Feuer anzuzünden. »Ich glaube, ich werde noch mal hinausgehen und einen Blick auf Goldauge werfen, ehe ich schlafen gehe.«

»Ich werde gehen«, sagte Owin.

Beornwulf musterte ihn nachdenklich, während er die Laternentür schloß. Dann nickte er. »Also geh. Aber komm sofort zurück und berichte, falls sie sich nicht wohl fühlt.«

Das war ein Zeichen der Stellung, die sich Owin bei Beornwulf erobert hatte; denn Goldauge war seine Lieblingsstute und sollte in ein paar Tagen fohlen; ganz sicher hätte er diese Sache nicht Gyrth oder Caedman anvertraut.

Owin nahm ihm die Laterne ab und ging mit Hund bei Fuß hinaus. Nebelgeister schwebten über der Ebene, knietief standen die Dornenbäume in ihnen; aber der Himmel hoch darüber war klar, und der dünne Mond trieb wie eine gebogene Feder über die Wälder, als Owin sich auf den Weg zum hinteren Teil des Hofs machte. Sie hatten Goldauge an diesem Morgen von der großen Weide weggebracht, denn dies würde ihr erstes Fohlen sein. Die anderen Stuten würden sie nur stören. So wurde sie für sich ganz allein in eine kleine Einfriedung gestellt, zwischen dem Hof und der Hecke, die sie vor allem vor dem Wind schützen sollte.

Zwischen den Apfelbäumen hinter den Hofgebäuden trieben ihm die Nebelfetzen wie kalte Spinnweben ins Gesicht, dabei glitzerte golden das Licht der schwingenden Laterne. Er kam an die schmale Öffnung im hinteren Gatter und zog die trockenen, toten Dornenzweige heraus, die es verschlossen hielten. Er stand im offenen Gatter, pfiff und wartete. Normalerweise kam auf diesen Ruf hin die kleine Fuchsstute mit dem goldenen Schein in ihren Augen gleich auf ihn zu; aber in dieser Nacht gab sie kein Wiehern zur Antwort, und keine dunkle Gestalt trabte aus dem Nebel heraus. Er pfiff noch einmal, und als es dann immer noch keine Antwort gab, schritt er mit hochgehaltener Laterne in den Pferch hinein.

Es war nur ein schmaler Streifen Land zwischen dem Hof und dem Windschutz, und auch durch Nebel und Dunkelheit konnte Owin mit raschem Blick sehen, daß Goldauge nicht da war; nur eine niedergerissene Stelle im Gebüsch zeigte ihm allzudeutlich, in welche Richtung sie verschwunden war. Owin stand einen Augenblick still und dachte nach. Verfluchtes kleines Biest; launisch und nicht wissend, was es heißt, eine fohlende Stute zu sein, war sie wohl ausgebrochen, um sich den anderen wieder zuzugesellen. Er kroch durch das Loch im Gebüsch und ging pfeifend auf die Weide zu. Die beiden anderen Stuten waren in Sicherheit, sie schliefen schon, aber es gab keine Spur von Goldauge.

Owin kehrte rennend zum Hof zurück und platzte in dem Augenblick hinein, als Athelis, die die Kinder zu Bett gebracht hatte, das Feuer erstickte und Beornwulf, der sich meist am Herd an- und auszog, auf dem Schemel neben ihr saß und seine ledernen Kreuzbänder unterhalb der Knie aufschnürte.

»Goldauge –«, er keuchte atemlos von seinem schnellen Lauf. »Sie ist ausgebrochen!«

Beornwulf blickte rasch auf, das Lederband in der Hand. »Ist sie zu den anderen Stuten zurückgegangen?«

»Nein. Ich habe nachgesehen. Keine Spur von ihr.«

»Hammer, Blitz und Donner!« fluchte der Herr des Hauses gutgelaunt, stand auf, das eine Bein geschnürt, das andere aufgebunden und sagte: »Athelis, hol mir einen Umhang, danke; gut möglich, daß wir die halbe Nacht unterwegs sein werden ... Na ja, es wird ihr schon nichts passieren, wenn sie nicht gerade in den Deich stolpert.«

»Und wenn sie nicht zu früh fohlt«, ergänzte Owin.

»Und wenn sie nicht zu früh fohlt.« Beornwulf griff nach der zweiten Laterne. »Gyrth! Caedman!« Seine Stimme schwoll zu einem Brüllen an, als er zu den Sklaven auf dem Boden hinaufrief. »Herunter mit euch! Goldauge ist ausgebrochen, und nur Thor der Donnerer weiß, wo sie jetzt sein mag.«

In wenigen Augenblicken erschienen die Sklaven. Sie sahen noch genauso aus, wie sie die Leiter hinauf zu Bett geklettert waren, denn sie schliefen nachts in ihren Kleidern und mit dem ganzen Schmutz, mit dem sie tagsüber arbeiteten. »Gyrth, geh du zur Siedlung hinüber«, sagte Beornwulf. »Caedman, ich möchte, daß du mit mir kommst. Ich mache mir Sorgen wegen des Deichs.« Und dann zu seinem britischen Sklaven, wobei er sich bückte, um Feuer aus der rotglühenden Asche zu entfachen: »Owin, du gehst am besten am Waldrand entlang in Richtung Westen. Nimm dir eine zweite Kerze mit und behalte die Laterne. Falls Goldauge zwischen die Bäume geraten ist, wirst du sie eher nötig haben als Gyrth.«

Also war Owin kurz darauf mit der schwingenden Laterne in der Hand unterwegs auf den Wald oberhalb der Bucht zu. »Finde sie«, meinte er zu Hund, der neben ihm hertrottete. »Finde sie, Junge, finde Goldauge«, und der große Hund blickte auf und winselte zur Antwort.

Sie kamen an den Waldrand, der am Intake, dem Zustrom in die Bucht, entlang führte, wandten sich nach Westen –

dann und wann pfiff Owin, verharrte und lauschte – und pirschten weiter voran, aufmerksam auf jede Spur achtend, die die Stute hinterlassen haben könnte. Nachdem sie die Straße nach Regnum überquert hatten, waren alle Geräusche der anderen Sucher hinter ihnen erstorben, und als er wieder verharrte und lauschte, war in der völligen Stille nichts mehr zu hören als das Schreien und Rufen der Küstenvögel in ihren Nestern und das Grollen der See. Kurze Zeit später zeigte ihm ein schwacher Schimmer zwischen den Bäumen, nur wenig vom Waldrand entfernt, daß er die Stelle erreicht hatte, wo ein kleiner verfallener und verlassener Schrein stand, der unversehrt aus der vergangenen Welt, zu der er gehörte, übriggeblieben war. Ebenso wie der große Dornenbaum, dem er den Ring seines Vaters anvertraut hatte, war er deshalb noch da, weil die Sachsen sich gefürchtet hatten, ihn zu vernichten. Es war ein Schrein für Silvanus, den Gott der Wälder – man konnte noch die Inschrift von Virgil auf einem gestürzten Säulenhaupt lesen –, und die Leute von der Seehundsinsel glaubten, daß es dort spukte. Selbst Owin hatte die Nähe dieses Ortes immer gemieden – selbst an hellichtem Tag. Aber Tiere schienen von der Stelle oft angezogen zu sein, und so wandte er sich dorthin, um die Lichtung abzusuchen, und Hund schnupperte zwischen den Ruinen, während die schwingende Laterne die Schatten umherhuschen ließ. Irgend etwas war da, irgend etwas schien sich an die verfallenen Mauern zu krallen, etwas Flüchtiges wie der Nebel; eine andere Sorte von Schatten, die sich kalt über sein Herz legten. Aber auch da keine Spur von Goldauge, und bald ging er erleichtert wieder weiter.

Nicht weit hinter dem Schrein erstreckten sich die Bucht und der Eichenwald, der an ihr entlangführte, in südliche Richtung; bis schließlich – noch ein bißchen weiter – der Eichenwald immer lichter wurde und allmählich ganz aufhörte. Sie waren nun weit jenseits des zum Beornhof gehörenden Gebiets, weit draußen in der Wildnis, in der offenen

Ebene, bei Schilf und Dorngesträuch und nicht trockengelegten Sümpfen, in dem Land, das niemandem gehörte, über das aber der Weg zu Widdas Ham, einer Siedlung an der Ostküste der Insel, führte. Der Mond stand inzwischen tief, aber der Nebel schien sich gelichtet zu haben. Plötzlich zeichnete sich in einiger Entfernung die langgestreckte Linie der windgebeugten Hagedornbäume ab, die die Grenze von Vadir Cedricsons Hof kennzeichnete, von Vadir dem Hinkenden, von dem Haegel der König einst gesagt hatte, daß er betrunken so gut wie nüchtern reiten könnte. Auch Vadir war Bauer, aber seine Familie, anders als Beornwulfs, zählte viele Söhne; sein Vater war der Älteste von drei Brüdern gewesen, und so war inzwischen aus dem ursprünglichen Hof fast so etwas wie ein Dorf aus Verwandten geworden, über das Vadir, jung wie er war, herrschte. Von Aelle floß in ihm mütterlicherseits königliches Blut. Alles in allem war er ein mächtiger Mann auf der Seehundsinsel. Auch war er einer, der seine Grenzen ernst nahm. Es war höchst unangenehm, ihm zu begegnen, da sein Klumpfuß, dem er seinen zweiten Namen verdankte, sein ganzes Wesen verzerrt hatte. Außerdem waren die roten Hunde aus seiner Züchtung die wildesten in der Gegend. Das wäre typisch für Goldauge, dachte Owin halb verzweifelt, hier auf Vadirs Land zu fohlen bei der Nacht, wenn seine Hunde losgelassen waren.

Kaum hatte er diesen Gedanken gestreift, als Hund wie gebannt erstarrte – die Schnauze hochgestreckt und in der Luft schnüffelnd. Als er das sah, verharrte auch Owin, ließ wieder das breitgezogene, trillernde Pfeifen ertönen und lauschte. Er war sicher, daß er draußen im Sumpf etwas hörte; er schritt in diese Richtung voran und rief: »Goldauge! Heda Mädchen!« Und von weit hinter der Hagedornlinie her kam die Antwort: ein schrilles Wiehern.

Hund winselte, warf ihm einen Blick zu und stürzte vor. »Ruhig, immer ruhig, Bruder«, sagte Owin und beschleunigte seinen Schritt hinter dem großen Hund her. Sein Fuß geriet in eine matschige Stelle, er fluchte, nahm sich zusammen und stolperte weiter.

Mitten auf einer Insel aus zackigem Stechginster traf er auf die Stute. Mit in die Erde gestemmten, gespreizten Beinen stand sie da, ihre Flanken bebten qualvoll, und er sah den dunklen Schweiß auf ihrem Fell. Unsicher wandte sie ihm ihren Kopf zu, hilflos und verängstigt glänzten ihre Augen. Hund stand neben ihr mit langsam wedelndem Schwanz und triumphierendem Gebaren, die Augen wirkten wie grüne Lampen in seinem Schädel.

Owin zögerte erst einen Moment, ging dann aber unter ruhigem, bekräftigenden Sprechen auf sie zu: »Na, na, so viel Aufregung und alles wegen nichts; nur ruhig, mein Mädchen . . .« Er legte seine Hand auf ihre Seite und spürte, wie sie zitterte und sich verspannte, und er sah sie sich im Licht der Laterne an. Ob es zu früh war oder nicht: das Fohlen war jedenfalls unterwegs, und die Stute hatte sehr darunter zu leiden. Zeit, zum Hof zurückzulaufen, gab es nicht mehr, er mußte hierbleiben und ihr helfen, so gut er konnte, und konnte nur hoffen, daß sie ohne Seile auskommen würden. ›Vor allem fürchtet sie sich, weil es ihr erstes Fohlen ist‹, dachte er. ›Vielleicht begreift sie gar nicht, wie ihr geschieht.‹

Er hängte die Laterne an einen Stechginsterzweig und machte sich daran, Goldauge zu besänftigen und zu ermutigen, dabei streichelte er ihren schwitzenden Hals und sprach mit ihr wie zu einer Frau. Es spielte gar keine Rolle, was er sagte, nur der vertraute Klang seiner Stimme war wichtig! »Immer ruhig, mach dir nichts draus, du brauchst überhaupt keine Angst zu haben . . . So, und jetzt versuch's noch einmal, bald wird er da sein, ein prächtiger Sohn, ein König der Pferde . . . Tapfer, das war sehr tapfer. Ruhe dich jetzt aus, mein Mädchen . . .« Dann, nachdem die Laterne fast heruntergebrannt flackerte und erst mit der Ersatzkerze wieder hell schien, half er ihr weiter und fügte seine eigene Kraft ihrer Anstrengung hinzu. Hund beobachtete sie mit neugierig gespitzten Ohren bei der gemeinsamen Arbeit, ein Fohlen zur Welt zu bringen. Owin hatte niemals zuvor ein Fohlen entbunden, aber vor ein paar Jahren hatte er Beornwulf dabei geholfen, als eine der anderen Stuten Schwierigkeiten hatte, und seither wußte er, was getan werden mußte. Er griff das hervorkommende Fohlen an seinen Vorderhufen und half ihr jedesmal nach ihrem Zeitmaß, wenn sie sich drückend verspannte; zwischen den Bemühungen ließ er sie ruhen, und die ganze Zeit über hörte er nicht auf, sie zu trösten und zu stärken.

Es war harte Arbeit für sie beide, und trotz der Kälte der nebelfeuchten Nacht schwitzte Owin genauso sehr wie Goldauge, und als schließlich alles vorbei war, fand er sich kniend neben dem neugeborenen Fohlen, das ausgestreckt inmitten eines Durcheinanders von scheinbar ausgerenkten Beinen auf dem Boden lag. Es war ein Sohn, wie er es vorhergesagt hatte, ein prächtiges Hengstfohlen, dessen Fell trotz seines nassen Geburtsglanzes blaß im Laternenlicht wie aus dunklem Silber flaumte. Er hatte noch nie zuvor ein Fohlen mit dieser Farbe gesehen. Nachdem er sich versichert hatte, daß es bei der Geburt keinen Schaden erlitten hatte, stand er auf und wandte seine Aufmerksamkeit Goldauge zu. Er sah, daß sie völlig in Ordnung war und das Geschöpf auf der Erde beschnupperte.

Er begutachtete sie noch, als Hund aufsprang, leise mit aufgestelltem Nackenhaar knurrte und in die Dunkelheit hineinstarrte.

Einen Augenblick lang erschien alles ganz unnatürlich still; dann aber erscholl in der Stille das nahekommende, fliegende Getrappel von Pferdehufen über den Boden. Hügel hatten das Geräusch abgehalten, bis es schon sehr dicht bei ihnen war, und Owin hatte kaum genug Zeit, um rasch zwischen Goldauge und das wilde Hufgetrommel zu treten, als drei rote Hunde knurrend in den Schein der Laterne schossen und sich hinter ihnen im Nebel ein Pferd samt Reiter abzeichnete.

Es gab ein kurzes, bellendes Chaos, als Hund hervorsprang, um dem vordersten Hund entgegenzutreten. Goldauge stampfte und schnaubte vor Entsetzen. Owin versuchte, sie von dem kleinen ausgespreizten Ding auf dem Boden fernzuhalten, er hielt sie mit einem Arm über ihrem Hals fest und schrie: »Haltet sie zurück! Ruft um Gottes Willen die Meute zurück – hier ist eine Stute und ein neugeborenes Fohlen!«

Der Reiter stieß einen bösen Fluch aus und knallte dabei mit seiner Peitsche; der Mann ritt sein Pferd an den Rand des gelben Lichtscheins der Laternen, zügelte es scharf mit wilder Hand, so daß es mit den Hinterbeinen stoppte. Zurückgelehnt auf dem Pferderücken beugte er sich mit der langen Peitsche in der Hand weit zur Seite. Das dunkle geschmeidige Lederband schnellte vor und ringelte sich böse zischend mitten in den Kampf der Hunde; sie ließen voneinander ab und heulten, als das Ende der Peitsche wie eine Hornisse über den Hals des einen, über die Flanke eines anderen und über die Schultern des dritten Hundes sauste. »Da! Wenn ich rufe ›tötet‹, dann sollt ihr töten und nicht eher!« fauchte die kalte Stimme, aber der Mann bewahrte den letzten und schärfsten Peitschenschlag für Hund, der, Kriegshund wie er war, im nächsten Augenblick an seine Kehle gesprungen wäre, wenn Owin ihn nicht mit einem Ruf, der sogar durch seinen blindwütigen Zorn hindurchdrang, zurückgehalten hätte.

Die roten Hunde schlichen sich an den Rand des Lichtscheins zurück und duckten sich dort mit wölfischer Wachsamkeit; Hund wartete am Knie seines Meisters und knurrte tief und drohend, während die Stute schnaubend und zitternd über ihrem Fohlen stand. Und in der drohenden Stille, die folgte, musterten die beiden Männer einander. Vadir ritt sein nervöses Pferd ohne Sattel, so als ob er und sein Pferd eins wären – offensichtlich hatte er sich keine Zeit zum Satteln genommen. Ein anderer wäre vielleicht zu Fuß gekommen, aber Vadir ging keinen Schritt, wenn er reiten konnte; er sah finster unter seinen hellen Brauen auf Owin herab.

»Es war also kein Sumpflicht«, meinte er schließlich kühl. »Du bist einer der Sklaven vom Beornhof, oder? Was bildest du dir eigentlich ein, hier auf meinem Land ›Geisterkerze‹ zu spielen?«

»Ich bin der Stute gefolgt«, antwortete Owin und streichelte dabei ermutigend ihren Hals, »und die Stute hat nie etwas von Grenzen gehört.«

»So scheint es allerdings zu sein«, entgegnete Vadir. Er stieß seine Peitsche in seinen Gürtel und stieg ab, ließ den Zügel über das Ohr des Pferdes fallen und klopfte an dessen Brust, um ihm zu bedeuten, daß es da stehenbleiben solle, wo es war. Dann wandte er sich mit seinem häßlich schleppenden Humpeln der Stute zu, um sie sich anzusehen. Er sprach nicht zu ihr, wie Owin es getan hatte; aber er schien die starke Kraft eines Herrschers in seinen Händen zu haben, denn obgleich sie bei seiner Berührung zurückzuckte und immer noch heftig zitterte, stand sie doch still, damit er so, wie er wollte, mit ihr umgehen konnte. Owin betrachtete ihn zunächst wachsam, aber er wußte schnell, daß die Berührung dieses Mannes erfahren und überraschend sanft war; Owin ließ ihn dann mit ihr allein und wandte sich selbst dem Fohlen zu, das inzwischen in seinem ersten Bemühen aufzustehen mit all seinen Beinen strampelte.

»Tja, ihr scheint es recht ordentlich zu gehen«, hörte er Vadir nach kurzer Zeit sagen. »Und jetzt sehen wir uns mal das Junge an«, und Vadir stellte sich neben das Geschöpf, das Owin kniend stützte, damit es auf seine langen, wackligen Beine kam. Vadirs Hände strichen mit der gleichen zarten Bestimmtheit über den kleinen Körper. »Bring die Laterne dichter heran.«

So sprach nicht der Herr von Widdas Ham zu einem Sklaven, sondern ein Mann zum anderen. Owin erhob sich, nahm die Laterne vom Stechginsterzweig herunter und hielt sie dicht an das Fohlen, so wie er aufgefordert war. Das zurückstrahlende Licht erhellte auch das angestrengte, vorgebeugte Gesicht des Mannes, als der Lichtschein weich und verschwommen über das kleine Geschöpf unter seinen Händen fiel; das Gesicht war schmal und älter als erwartet; denn er war nur sechs oder sieben Jahre älter als Owin. Es waren blasse Augen, und schwache Falten liefen von seinen Nasenflügeln zu den Winkeln seines harten Mundes; war es der Schwung oder der ewige Spott und Hohn, der es so geprägt hatte?

Das Fohlen begann zu begreifen, wie es seine Beine zu gebrauchen hatte. Wackelig stand es da und blinzelte unter seinen langen Wimpern aus großen, verwunderten Augen, während die Stute es leckte und beschnupperte zwischen Vadirs Händen.

»Wer ist der Vater?« wollte der Sachse plötzlich wissen.

»Ein Hengst aus den Ställen des Königs. Hugin der Rabe.«

»Ach ja? Ja, das passiert manchmal mit schwarzen Vätern. Nicht sehr oft, aber es gibt weiße Pferde in diesem Geschlecht.«

»Wird er weiß werden?« Owin hatte dasselbe gedacht, als er den seltsamen silbrigen Schatten über dem dunklen Fell des Fohlens sah.

»Wenn er das Alter des Einreitens erreicht hat, dann wird er so weiß sein wie der Sturmgischt über den Seehundsfelsen.« Während Vadir sprach, führte er das Fohlen auf die Zitzen der Mutter zu. Goldauge, die das alles noch nicht so recht verstand, wich unsicher zur Seite, und rasch sprach er über seine Schulter zu Owin. »Nimm ihren Kopf und halte sie still, bis sie ein Gefühl für das Fohlen bekommt. Das solltest besser du tun – dich kennt sie.«

Eine Weile waren sie völlig vertieft in ihre gemeinsame Aufgabe, Owin besänftigte die Stute, während Vadir mit seinem Kopf gegen ihre Flanke kniete, das Fohlen beruhigte und zum Saugen zu verführen suchte. Einige angstvolle

Momente lang schien es, als wüßten weder Sohn noch Muttertier, was von ihnen erwartet wurde, aber dann begann das Fohlen warme Milch zu schmecken. Es nieste und wich ein Stück zurück, dann stieß es in die Flanke der Mutter auf der Suche nach mehr, dabei schlug sein feuchtschwer schmuddliger Schweif hin und her; und die Stute, deren Augen jetzt weich und zufrieden waren, stupste es mit ihrem Maul gesenkten Kopfes ganz sicher an seinen Platz.

Vadir lachte leise triumphierend. »Tja, so geht es.« Und dann zu Owin, als ob er eben erst dessen Frage beantwortet hatte: »Aber es kann niemals vollständig eingeritten werden, natürlich nicht!«

»Was meinst du damit?« fragte Owin rasch.

»Habe ich nicht gesagt, daß er einmal so weiß sein würde wie der Gischt am Seehundsfelsen? Die meisten weißen Pferde, die man sieht, sind im Alter gebleicht – und auch das gibt's nicht oft. Aber es ist wirklich selten, daß ein Fohlen wie dieses geboren wird, das schon in seiner blühenden Jugend weiß sein wird. Solche Pferde sind dem Gott Freyr heilig, der das Leben ist in allem, was lebt, im Getreide, in Pferden und Männern. Niemand außer diesem Gott darf das Pferd des Gottes reiten, daher wird es niemals mit Sattel eingeritten werden können und all dem, was damit einhergeht.«

Owin hatte schon einmal darüber gehört; er hatte sagen hören, daß es auf dem Hof des Königs ein weißes Pferd gäbe, das abgesondert von den anderen stand ... Er erinnerte sich nicht genau daran, aber Vadirs Worte rührten ihn an mit schwachem Schaudern, als ob eine Nebelschwade über sein Gesicht treiben würde: »Was heißt das? Wird der König ihn holen?«

»In seinem dritten Jahr, ja; wenn er aufblüht zu dem, was er zu werden verspricht, obwohl der König schon ein weißes Pferd, das noch jung ist, für die Stuten hat.«

»Und was – was werden sie mit ihm tun?«

Vadir blickte auf, seine Hände lagen immer noch auf dem

Fohlen. »Sie werden ihn wie einen Gott behandeln und werden ihm viele Stuten geben, bis die Zeit gekommen ist, da sie für ihn Höheres brauchen. Gottheit sein kostet seinen Preis.«

»Was für einen Preis?« Owin betrachtete das Fohlen, wie es an der Seite seiner Mutter nach der warmen Milch lechzte, die Leben für es bedeutete, und die Worte stockten ihm fast in der Kehle.

»Früher war es ein Mann, der für das Volk starb«, antwortete Vadir, »und dann starb ein Pferd alle drei Jahre; aber nun stirbt es nur, wenn eine bestimmte Gefahr droht oder ein besonderer Notstand herrscht; in der übrigen Zeit genügen eine Locke seiner Mähne und ein paar Haare vom Schwanz als Opfer. – Allerdings ist es ihm niemals erlaubt, alt zu werden und zu versagen, da sonst das Leben des Volks mit ihm versagen wird. Und so kommt eines Tages ein neues weißes Pferd, das für das Königreich kämpft, und der alte König stirbt...«

Vadir nahm seine beruhigende Hand vom Fohlen zurück und erhob sich etwas steif und unbeholfen. »Aber wir reden von Dingen, die in weiter Zukunft liegen, und jetzt erst einmal genug davon. Wir müssen die Stute in Schutz bringen, sie ist sehr erschöpft und kaum kräftiger auf den Beinen als das Fohlen. Bleib du bei ihnen. Ich reite izwischen zum Hof zurück und bringe ein paar meiner Leute herbei und Hafer und Gras, damit sie sich stärken kann. Wir bringen sie dann in meinen Stall für diese Nacht.«

Leichte Übelkeit beschlich Owin bei den Worten, die der andere da aussprach, und das Band der gemeinsamen Aufgabe, das sie eine kurze Weile zusammengehalten hatte, zerriß.

»Für einen berittenen Mann«, sagte er, »ist der Weg zum Beornhof nicht viel weiter als der zu Widdas Ham. Sie fürchtet sich vor fremden Orten, und ich glaube nicht, daß Beornwulf sie in einem fremden Stall untergebracht wissen will.«

Sie blickten einander im Laternenlicht an. Dann sagte Vadir mit milder Belustigung: »Du traust mir nicht, oder? Du magst recht haben.«

»Sie brauchen nicht geweckt zu werden«, beharrte Owin fest. »Der gesamte Haushalt wird wach sein, aber vielleicht kannst du Beornwulf am Hauptdeich auffinden – er hat eine Laterne bei sich.«

»Ich werde ihn finden – und ihm sagen, was für einen fabelhaft verläßlichen Sklaven er hat«, entgegnete Vadir. »Vielleicht würde er dich an mich verkaufen?« Er pfiff sein Pferd herbei, das still am Rand des Lichtscheins gegrast hatte, legte seine Hände auf dessen Schultern und setzte mit einem Satz auf, wie ihn nur ungesattelt reitende Männer beherrschen; und das alles ganz leicht, trotz seines verkrüppelten Fußes. Im selben Augenblick jagte er auch schon in die neblige Dunkelheit hinein, die Hunde um ihn herum und voraus in Richtung Beornhof.

Owin stand da und blickte hinterher, obwohl es eigentlich nichts mehr zu sehen gab, als Pferd und Reiter durch die Hagedornbüsche hindurch verschwunden waren; dabei lauschte er den in der Ferne verebbenden Hufschlägen. Dann lockerte er langsam seine geballten Fäuste. Er stellte die Laterne so ein, daß sie ihm länger reichen würde, und hängte sie wieder an den Stechginsterzweig. Er wünschte, er hätte einen Umhang wie Beornwulf, so aber nahm er seinen eigenen grobwollenen Schal ab und breitete ihn über den Rücken der Stute. Dann ließ er sich nieder und wartete mit Hund, der wachsam an seiner Hüfte stand, bis jemand kam.

Es war jetzt sehr still, da das Hufgetrappel verklungen war; nur ein Brachvogel oder ein Flußuferläufer schrie manchmal durch den Nebel, und ein sanfter Wind rauschte mit leichten Surrtönen durch die dunklen Stechginsterzweige hinter ihm. Dann wurde die Stute unruhig, und er sprach besänftigend auf sie ein. Das Fohlen, sattgetrunken bis obenhin, hatte sich zum Schlafen niedergelegt; sein weiches Maul war weiß verkleckert mit der Milch seiner Mutter; und als er auf es hinuntersah, durchdrang ihn schmerzliche Zärtlichkeit. Er hatte begonnen, das kleine Wesen zu lieben, weil – so war es eben – weil es unter seinen Händen auf die Welt gekommen war; und das in weiter Ferne liegende Glitzern des Opfermessers fügte seiner Liebe noch etwas hinzu, eine Innigkeit, die er sonst wohl kaum verspürt hätte.

Die Kerze in der Laterne begann langsam in einem See aus Wachs zu ertrinken, als Hund sein Haupt erhob und seine Ohren spitzte. Einige Augenblicke später hörte Owin, der auch lauschte, den sich nähernden, langgezogenen Ton, auf den er so lange gewartet hatte. Er richtete sich steif auf, stellte sich hin und schwang die Laterne über seinem Kopf, dabei rief er aus vollster Lungenkraft: »Hier! Wir sind hier! Hierher!« Die Laterne flammte zum letzten Mal auf und erlosch gerade, als der nebelverschwommene Schein einer anderen Laterne zwischen den Hagedornbäumen herantanzte und er Beornwulf antworten hörte.

Die Sonne ging schon auf, als Goldauge und das Fohlen schließlich sicher daheim waren. Wenig später stand Owin neben dem morgendlichen Feuer am Herd, reckte seine Mattheit aus den Gliedern und lächelte zu Onkel Widreth hinab, der mit dem Rücken an den Stützbaum gelehnt dasaß, als hätte er sich seit gestern abend nicht bewegt.

»Du siehst verändert aus, heute morgen«, meinte Onkel Widreth mit seiner dünnen, kratzigen Stimme. Er war in letzter Zeit alt geworden und einfältig, so einfältig, daß er immer aussprach, was er dachte.

»Wie verändert?«

»Als ob«, antwortete Onkel Widreth langsam, »als ob du nun endlich etwas Lebendiges gemacht hättest.«

Der alte König

Im normalen Alltagsleben gab es wenig Kommen und Gehen zwischen den einzelnen Siedlungen. Wald und Sumpf erschwerten das Reisen, und jedes Dorf lebte für sich in einer eigenen Lichtung mitten in der wilden Natur. Die Dorfbewohner webten ihre eigene Kleidung, schmiedeten ihre eigenen Pflugscharen und sorgten für ihre eigene Nahrung – oder hungerten, wenn die Ernte ausblieb. Aber zwischen den Küstensiedlungen des Maenwaldes und der Seehundsinsel gab es durchaus engere Verbindungen – das Eindeichen und Austrocknen von Land oder das Säubern sandverstopfter Kanäle mußte besorgt werden. Und es war schon eine Sache, die alle Leute an der Küste gemeinsam betraf, das Meer mit der Hilfe von Wällen aus Torf und Gestrüpp am Überfluten zu hindern. So sahen die Leute vom Beornhof mehr von ihren Nachbarn, als unter den Sachsen sonst üblich war. Aber nach der Geburt des Silberfohlens sahen sie Vadir Cedricson öfter als je zuvor. Er fand immer einen Grund zu kommen oder machte eben einen kurzen Abstecher auf seinem Weg irgendwoanders hin. Owin wußte, daß er kam, um das Fohlen zu sehen, zu beobachten, wie es zu einem langbeinigen Hengst heranwuchs, zu einem stolzen Roß, dessen Fell langsam verblaßte vom schwachen Grau seiner Geburt bis zum Weiß der Gischt des Meeres an den Seehundsinseln, wie Vadir es vorausgesagt hatte. Auf versteckte Art schien er zu dem Tier hingezogen zu sein, so daß sich Owin in späteren Jahren zurückblickend manchmal fragte, ob er wohl damals schon gefühlt haben mochte, daß sein Geschick mit dem des weißen Hengstes eng verknüpft war.

Sie nannten das Fohlen Teitri, ein Name, den man manchmal Männern gab, aber selten einem Pferd, denn er bedeutete nichts anderes als einfach »Fohlen«; es schien nämlich von Anfang an so, daß irgendein gewöhnlicher Name, so wie ihn andere Pferde trugen, zu vertraulich wäre für ein Pferd wie dieses, das niemals einen menschlichen Reiter kennenlernen würde. In seinem dritten Winter – es war immer im Winter, daß die Hengste von ihnen abgerichtet und eingeritten wurden – versuchten Beornwulf und sein britischer Sklave ihn gemeinsam so weit zu erziehen, wie er erzogen werden konnte. Er war den Umgang mit ihnen gewöhnt, denn sie hatten sich schon mit ihm beschäftigt, als er noch an der Mutterzitze saugte; er war freundlich und vertrauensvoll, niemand hatte jemals sein Vertrauen gebrochen, und auf Owins Pfiff hin kam er herbei, geradeso wie seine Mutter kam. Aber als das Erziehen begann, schien all das verlorenzugehen. Die Berührung mit dem Kopfgeschirr erschien ihm Verrat; er war wütend, entsetzt und wild, daß seine Freunde, denen er vertraut hatte, ihm ihren Willen, ihre Herrschaft aufzwängen wollten; und er kämpfte für seine Freiheit wie ein wildes Tier, das gebunden aus der Freiheit herbeigeschleppt worden war und nie zuvor eines Menschen Hand gespürt hatte. Der größere Teil der Arbeit fiel Owin zu, denn seit er Teitri mit auf die Welt gebracht hatte, bestand immer eine besondere Bindung zwischen ihm und dem grauen Fohlen, und auch jetzt schien es so, als könnte er sich leichter mit ihm verständigen, als Beornwulf es konnte. In diesem Winter stand der größte Teil seines Lebens im Zeichen des Kampfes mit dem weißen Hengst; ein Kampf, der fort- und fortdauerte durch Tage des Triumphs, in denen es so schien, als ob sie eine Art Fortschritt machten, und durch verzweiflungsvolle Tage, da ein kleiner Fehler oder ein Augenblick von Ungeduld die ganze Arbeit der vorangegangenen Zeit auslöschte. Es war ein Kampf, der ihnen beiden fast das Herz brach, und am Ende war es keineswegs so, daß Owin Teitri beherrschte, sondern eher so, daß Teitri, der zu verstehen begann, wo er zuvor nur wütete und ängstlich tobte, schließlich freiwillig gab, was alle peitschenden Männer der Welt niemals hätten erzwingen können. Danach waren die Begegnungen mit Kopfgeschirr, Gebiß und langem Zügel keine Kämpfe mehr, sondern Übungen, die er bereitwillig und gut lernte; und so war die Sache schließlich so gut getan – wie eben eine Sache, die nie zur Vollendung gebracht werden konnte.

Das war ein harter Winter und ein langer Winter dazu, und noch ehe er vorüber war, drohte der Hungertod, der am Ende eines Winters nie auszuschließen war, den Siedlungen an der Küste mehr als sonst. Die Jungen und Starken schlichen mit hohlen Wangen herum, ihre Köpfe schienen zu groß für ihre Körper; und unter den Alten und Kränklichen starben viele. Und als Teitri endlich gelernt hatte, im Kreis am langen Zügel herumzugehen, da war der Platz von Onkel Widreth am Herd leergeworden – und es gab niemanden mehr, der am Abend Geschichten im Haus des Beornhof erzählen konnte.

Im Frühjahr kam die graue Fieberhexe über das Land, wie es so oft nach einem mageren Hungerwinter geschah, im Sumpfnebel von Siedlung zu Siedlung, und so wie der Winter die Ältesten im Haus davongeholt hatte, so nahm das Frühjahr die Jüngsten. Die kleine Gerda starb in der Nacht, in der die letzten grauen Gänse nach Norden flogen, und in der ganzen Nacht hörten sie das finstere Rauschen der Flügel weit über ihnen. Ihr Davongehen brachte nur wenig Verstörung; der Tod kam so oft zu den Siedlungen, daß kein lautes Jammern zu erwarten war. Ihre Schwestern heulten eine Weile, aber wenn Athelis überhaupt geweint hat, dann zumindest nur, wenn niemand sie hörte oder sah. Sie brachten die Kleine fort, so wie man vielleicht ein Vögelchen beerdigt, das tot aus einer Hecke gefallen ist; und das Leben auf dem Hof ging weiter zur Frühlingsaussaat und zum Schafsscheren – fast bis zur Heuernte hin.

An einem Abend im frühen Sommer – kleine Wölkchen tanzten über die sonnenbestrahlte Ebene –, ging Owin, an jeder Hand einen großen hölzernen, überschwappenden Eimer schleppend, zu Teitri, um ihn für die Nacht zu tränken.

Zwischen dem Eichenwald, dem Schilf und der Salzkruste, die den Hafen umsäumten, verlief ein gewundener Streifen Weideland zur Bucht. Beornwulf hatte es in jenem Jahr eingegrenzt, als Owin zum Beornhof kam. Das Stückchen Land war reichlich kahl, wenn der Sturm vom Meer her blies, aber an diesem Abend lag das Licht flach und golden über ihm, und das lange fahle Gras auf dem kargen Boden rührte sich kaum in der salzigen Luft.

Owin löste das Gatter, das die Lücke im Zaun schloß, hob es zur Seite und ging hindurch. Hinter sich konnte er Helga und Lilla rufen hören, die wie fast jeden Abend auf der Suche nach Eiern waren – insbesondere die Stockenten legten im Freien –, auch hörte er das Blöken der Schafe und das blökende Stottern der halb ausgewachsenen Lämmer, die Bryni mit Hilfe von Horn, dem Sohn des Schmieds, zusammentrieb. Sie pferchten sie auch im Sommer nachts immer ein, nicht aus Angst vor Wölfen oder Dieben, sondern der Deiche und Kanäle wegen, die hier auf der Seehundsinsel ihre Opfer in der Dunkelheit fordern würden.

Inmitten des Weidefleckens stand ein steinerner Trog; Owin setzte die Eimer neben sich ab und pfiff einen langen, trillernden Küstenvogelpfiff, und das weiße Pferd, das am Ende der langgestreckten Weide graste, hob seinen Kopf, wieherte, wandte sich dann um und kam auf ihn zugetrabt. Wie oft, dachte Owin, ist Teitri nicht schon so auf mich zugekommen, hat so auf meinen Pfiff geantwortet und ist so aus dem Trab in kurzen Galopp gefallen. Aber an diesem Abend, als Owin ihn über die ganze Länge der Weide hin beobachtete, wußte er plötzlich mit schmerzlicher Klarheit, daß er niemals je etwas so Schönes gesehen hatte und niemals mehr etwas so Schönes sehen würde wie diesen weißen Hengst im kurzen Galopp zwischen dem Eichenwald und dem Meer. Teitri warf wie jeder junge Hengst seine

Hinterbeine hoch und legte sich dann in einen bequemen Galopp; mit wehender Mähne und wehendem Schweif kam er heran, drehte sich halb um Owin und stieß im nächsten Moment sein Maul an Owins Brust. »Sei gegrüßt, Bruder«, sagte Owin und strich mit seiner Hand wieder und wieder über die weiße Nase vom Stirnhaar bis zu den bebenden Nüstern. »Dieser heiß flimmernde Tag macht Durst. Trink nur, es ist kühles Wasser aus dem Teich unter den Bäumen.« Er nahm den ersten Eimer auf und hielt ihn dem Pferd zum Trinken hin, dann schüttete er den Rest in den sonnenerwärmten Trog.

Mit seiner freien Hand liebkoste er den stolz gebogenen Nacken, während Teitri das Wasser in sich hineinschlürfte. Owin bemerkte dabei, daß das Pferd in einer besseren Verfassung war. Am Ende des Winters war es nur noch Haut und Knochen gewesen. Teitri war kein hohes Pferd – es gab verwirrende Legenden über große Pferde, die Artus der Bär für seine Reiterei von Gallien herübergebracht haben soll. Zu Owins Zeiten waren die Pferde jedoch selten mehr als dreizehn oder vierzehn Handbreiten hoch – aber von seiner prächtigen Mähne bis zum Schwung seines Schweifes war Teitri wundervoll. Von seiner sehnigen und fuchsischen Mutter war nichts in ihm außer einem goldenen Schimmer in seinen Augen. Er war ein Geschöpf, das eines der weißen wilden Pferde aus dem Meer hätte sein können!

Owin gab dem weißen Nacken einen letzten Klaps. Als Teitri genug getrunken hatte, beugte Owin sich vor, um den anderen Eimer in den Trog zu gießen, dabei sabberte das Pferd mit nassen Nüstern hinten in seinen Nacken. Nun tauchte Hund, der die Küstenweide hinter ihm heruntergekommen war, seine Schnauze in den Trog und schlurfte durstig. Plötzlich kam der rasche Schritt nackter Füße über den Rasen, und als Owin sich umblickte, sah er die zwei Jungen durch die Öffnung im Zaun treten. Bryni kam zuerst und Horn gleich hinter ihm, – so war es immer, obwohl Horn zwei Jahre älter und fast einen Kopf größer war. Bryni war den ganzen Tag bei den Schafen gewesen, denn als Hofbauer hatte Beornwulf keinen Anspruch auf das gemeinsame Weideland der Dorfbewohner und auch nicht auf den Hirten, der sich um alle Schafe des Dorfes kümmerte. Die Aufgabe des Hütens war nun auf Bryni gefallen, da er zehn Jahre alt war; und Horn war, wie immer wenn sein Vater ihn entbehren konnte, mitgekommen. Owin fragte sich manchmal, ob Brand der Schmied nicht dachte, daß ein Fremder an seinem Herd säße, wenn sein jüngster Sohn gelegentlich mal wieder zum Abendessen zu Hause war.

So kamen sie heran, Bryni streckte seine Hand mit einer Spur Salz zu den weißen, tastenden Nüstern hin, die sich ihm entgegenreckten, und er lachte, als er die zarten Lippen in seiner Handfläche spürte, während Horn, immer ein bißchen langsamer, sich hinter ihm zurückhielt.

»Ihr seht aus, als hättet ihr den ganzen Tag schlafend in der Sonne gelegen«, meinte Owin, während er zu den beiden geröteten Gesichtern hinabblickte.

Bryni grinste zu ihm herauf und schüttelte dabei Grashalme und kleine Stückchen von Zweigen aus seinem Haar. »Nein, nur den halben Tag. Es gibt ohnedies keine Wölfe, die die Schafe holen würden, und unser Hund Waul-Auge kann sie von den Deichen fernhalten. Da ist ein Vogelnest zwischen dem Schilf mit noch fünf Eiern drin, gleich unter dem langen Torfstapel, und guck mal –«, er griff mit der Hand an seinen Gürtel, »ich habe eine Holunderflöte gemacht und kann dreieinhalb Töne darauf spielen!«

»Kannst du das? Das ist jedenfalls viel besser, als wilden Honig zu stehlen«, sagte Owin ernst. Im vorherigen Sommer hatte Bryni ganz allein versucht, ein wildes Bienennest auszuheben, und war dabei fast zu Tode gestochen worden.

In der Zwischenzeit war Horn vorgetreten und streichelte Teitris Nacken, sein kantiges braunes Gesicht war ernst und nachdenklich. »Er ist wunderschön«, sagte er schließlich. »Er ist das schönste Pferd, das jemals geboren wurde. Wenn der Wind durch das lange Gras streicht und die alten Männer sagen ›das wilde Pferd ist los‹, muß dies wilde Pferd genauso aussehen wie Teitri.« Und beim Klang seiner eigenen Worte errötete er und wandte sich eifrig der weißen Mähne zu, aus der er ein Stück Eichenzweig fummelte.

»Teitri ist der König der Pferde, und er ist mein Pflegebruder, so wie Haegel der meines Vaters ist«, erklärte Bryni, »und Hund –«, er hörte auf, die Nüstern des Hengstes zu streicheln, und warf sich schnell und ungestüm, wie alle seine Bewegungen waren, auf den Boden ins Gras, Nase an Nase mit dem großen Hund, der auch sofort sein Gesicht von einem Ohr zum anderen ableckte –, »und Hund ist der König aller Hunde auf Seehundsinsel, auch er ist mein Pflegebruder.«

Horn blickte zu den beiden hinab und sagte auf seine ernste, übergenaue Art: »Hund wird alt. Er hat weiße Haare an seiner Schnauze.«

Bryni, seine Arme um den Hundehals geschlungen, warf seinen Kopf zurück und starrte finster drein. »Hat er nicht! Kannst du nicht sehen, daß er Wasser getrunken hat und dies nur Wassertropfen sind, die auf seiner Nase glitzern? Und ohnehin könnte er immer noch jeden Hund auf Seehundsinsel im gerechten Kampf schlagen – sogar diese roten Bestien von Vadir!«

Horn entgegnete irgend etwas, aber Owin hörte nicht, was es war. Er hatte sich schon umgewandt, um die Eimer aufzunehmen, aber dann eingehalten und auch auf Hund geblickt. Das große Tier mußte jetzt ungefähr schon zehn Jahre alt sein, genauso alt wie Bryni. Er war immer noch stark mit seinen scharfen Zähnen, auch tapfer und listig, und noch hatte kein anderer Hund seinen auserwählten Platz am Feuer herausgefordert und auch nicht seinen Löwenanteil zur Fütterungszeit; aber Owin schien es so, als sei er in letzter Zeit ein wenig langsamer als früher und als läge er häufiger als früher gern schlafend in der Sonne. Nein, es war nicht nur die Nässe, die auf seiner Schnauze glänzte ...

Er nahm die Eimer auf. »Seht zu, daß ihr hinter euch das Gatter schließt«, sagte er und ging zurück zum Hof; er ließ Hund zurück, der den beiden Jungen folgen würde, wenn sie gingen. Die Sonne stand jetzt tief. Unter den Eichenbäumen schien sie golden im Abendlicht, doch plötzlich hatte Owin das seltsame Gefühl, als läge ein Schatten auf seinem Herzen.

Am hinteren Tor des Hofs traf er Beornwulf mit gerunzelter Stirn. »Wo ist Bryni?« wollte er wissen. »Wie oft habe ich ihn schon gebeten, gleich zu kommen und mir zu berichten, wenn die Schafe eingepfercht sind, und nicht einfach wegzulaufen und sich dem eigenen Vergnügen hinzugeben.«

Mit dem Kopf deutete Owin zurück in die Richtung, aus der er gekommen war. »Sie sind unten auf der Küstenweide mit Teitri, er und Horn; sie brachten ihm eine Spur Salz.«

Der Herr blickte in dieselbe Richtung, die Augen unter den goldenen Brauen zusammengekniffen, dann zuckte er mit den Achseln: »Na ja, sie werden ihm nicht mehr oft eine Spur Salz bringen können«, meinte er in verändertem Tonfall.

Der Sklave setzte vorsichtig die Eimer ab, ehe er etwas fragte, und der Schatten auf seinem Herzen wurde dunkler. »Er – er muß also fort?«

»Ja, wenn die Heuernte vorüber ist.«

Owin erinnerte sich, als Haegel der König das letzte Mal hierhergekommen war – es herrschte windiges Frühlingswetter –, daß er mit seinem Pflegebruder zur Küstenweide hinuntergegangen war und den weißen Hengst lange betrachtet hatte. Er hatte Beornwulf hinterher nichts gefragt; es schien ihm besser zu sein, nichts zu wissen. »Aber warum?« brach es schließlich aus ihm heraus. »Der König braucht ihn nicht. Man sagt, daß das Pferd Gottes noch in den Blütejahren seiner Kräfte ist und daß auf Haegels Weiden schon ein neuer junger Hengst aufwächst, bereit für den Tag, da das Pferd Gottes zu versagen beginnt.«

»Ich glaube, daß Teitri nicht zum königlichen Hof in Cissas Caester, sondern viel weiter weg gehen wird«, antwortete Beornwulf langsam. »In meinem Herzen denke ich, als gäbe es eine höhere Stelle, die ihn erwartet – andernorts. Wir sollten stolz sein.«

Owin sah sich rasch zu ihm um; aber Beornwulfs Gesicht war verschlossen. Zwecklos weiterzufragen. »›Stolz‹ hat einen kalten Klang«, sagte er schwermütig. »Kälter als die Berührung der Nüstern eines Pferdes an der Schulter, wenn man ihm beim Fohlen hilft.«

»Alle Pferde sterben eines Tages«, meinte Beornwulf. »Pferde und Hunde und Menschen. Was kann ich machen, wenn du ein Narr bist? . . . Das Abendessen war fertig, als ich herauskam. Wir wollen lieber hineingehen, bevor die Suppe anbrennt und die Frauen verärgert sind. Die Jungen werden schon kommen, wenn sich ihre Bäuche melden.« Und er ging durch das Tor hinein.

Owin nahm die Eimer auf und folgte ihm mit schweren Schritten, – er war auf einmal unendlich müde.

Die Heuernte ging vorüber, und der Tag kam, an dem Teitri zum Hof des Königs gebracht werden sollte. Sie machten sich auf den Weg an einem ruhigen grauen Morgen, nicht lange nach Sonnenaufgang, so daß sie bei Ebbe an die Bucht kamen. Voran ritt Owin auf Goldauge mit Hund, der vorwegtrottete, Beornwulf folgte auf einem anderen Pferd, er führte Teitri am Zügel. Es war ein banger Aufbruch, denn der weiße Hengst war noch nie zuvor außerhalb vom Beornhof gewesen, und sie konnten nicht sicher sein, wie er sich verhalten würde. Aber er folgte Goldauge ganz einfach, nicht weil sie seine Mutter war, das hatte er schon lange vergessen und sie ebenfalls, sondern weil sie eine Stute war. Ohne große Schwierigkeiten kamen sie durch die Bucht, denn er war es gewohnt, sich durch flaches Wasser führen zu lassen, und bevor es noch Mittag war, erreichten sie den Hof des Königs.

Kaum eine Stunde später ritt Owin bereits wieder nach

Süden, die alte, halbüberwachsene Straße von Regnum zur Seehundsinsel entlang. Er hatte nicht gewartet, bis Beornwulf dieses Geschäft mit seinem Pflegebruder erledigt hatte; er hatte gespürt, daß er ein längeres Warten in der hohen, mit Geweihen geschmückten Halle nicht ertragen könnte. Als Teitri dem Königspferd Thegn übergeben worden war, hatte Beornwulf ihm erlaubt, sich sogleich auf den Rückweg zu machen. Er ritt langsam, da er wußte, daß die Ebbe noch eine Weile auf sich warten lassen würde, um mit Goldauge durch die Bucht reiten zu können; dennoch war die Flut noch nicht ganz draußen, als er aus dem Maenwald kam und die Ebene mit dem hohen Sumpfgras blaß unter dem grauen Himmel vor sich liegen sah.

Er stieg ab und setzte sich ans Ufer neben der Straße, Goldauges Zügel um den Arm geschlungen, während Hund sich zufrieden an seinen Füßen ausstreckte. Er freute sich über die Verzögerung, denn trotz seiner Begierde, so rasch wie möglich vom Königshof wegzukommen, mochte er doch auch nicht zum Beornhof zurück, jedenfalls nicht ohne Teitri. »Was kann ich machen, wenn du ein Narr bist?« hatte Beornwulf gesagt. »Alle Pferde sterben eines Tages – Pferde und Hunde und Menschen.« Aber es war nicht das ferne Schimmern des Priestermessers, was ihn so schneidend schmerzte; dies konnte er für den weißen Hengst hinnehmen, so wie ein Mann es für sich selbst hinnehmen würde; es war, daß Teitri gekommen war, wenn er pfiff, daß Teitri zärtlich und neugierig war, daß er gewußt hatte, außer in jener schwierigen Zeit im vergangenen Winter, daß Menschen seine Freunde waren und er ihnen vertrauen konnte. Und jetzt würden sie ihn wie einen Gott behandeln, und er würde wild und wütend werden, und Menschen konnten nicht mehr seine Freunde sein.

Inzwischen lagen die Sandbänke offen da, und die Steine der alten Furt tauchten langsam auf. Er stieß Hund zart mit seinem Fuß, damit er aufwachte, erhob sich, stieg wieder aufs Pferd und ritt über den wellengemusterten Sand in das seichte Wasser hinunter. Hund paddelte halb und schwamm halb hinüber und platschte vor ihnen ans Ufer, schüttelte sich, daß seine vier Beine in alle Richtungen davonzufliegen schienen. Dann trottete er wieder Goldauge hinterher, wobei er von einem Hinterfuß zum anderen hin und her rasch auswich, so wie es Hunde tun, die dicht hinter einem Pferd folgen. Und so machten sie sich auf die letzte Strecke ihres Wegs.

Der Hof war um diese Zeit in der Hand der Frauen, denn die Sklaven waren im Feld; Bryni aber hatte ein paar Mutterschafe zum Melken hereingebracht und trieb sich mit verdüstertem Gesicht am Toreingang herum. Als Owin in den Hof ritt, fand er Vadir den Hinker auf der Bank neben der Verandatür ausgestreckt mit zweien seiner roten Hunde neben sich und dem Bierhorn auf den Knien. Würden sie diesen Mann nie wieder loswerden, auch jetzt nicht, da Teitri fort war?

Vadir blickte flüchtig auf mit seinen flackernden, neugierig blassen Augen, als Owin das Pferd zügelte und die Hunde einander musterten und mit gesträubtem Nackenhaar knurrten. »Das Gottespferd ist also schon fort, wie man mir sagte«, meinte er.

»Ja. Wenn du ihn noch einmal sehen willst, mußt du zum Königshof hochreiten«, erwiderte Owin knapp. »Wenn du auf Beornwulf wartest, – er kann nicht weit hinter mir sein, sonst würde er den Zeitpunkt der Ebbe versäumen.« Er saß ab und wandte sich fort, um Goldauge in den Stall zu führen, sie abzubürsten und ihr ein Bohnenfutter zu bringen, bevor er sie zum Grasen wieder hinausließ.

Dabei bemerkte er nicht, daß Hund ihm nicht gefolgt war.

Kaum hatte er die Stute an einem Ring in der Mauer festgemacht, so weit es eben nur ging von Vadirs Rotschimmel entfernt, als urplötzlich draußen im Vorhof die Hölle loszubrechen schien. Das gräßlich geifernde Gebell eines Hundekampfes, der Schrei einer Frau und dann Bryni mit seiner schrillen Stimme: »Owin! *Owin!*«

Aber Owin hatte schon die langschnürige Peitsche gepackt, die an der Tür hing, und rannte – rannte, wie er nicht mehr gerannt war seit jenem Abend in den Trümmern von Viroconium vor sechs Frühlingen. In der Stalltür prallte er fast mit Bryni zusammen. Der Junge wich aus, wirbelte um ihn herum und schluchzte seinen Bericht: »Es ist Hund! Sie morden Hund! Es ist Vadirs Pack – und die anderen machen mit – ich habe versucht, sie aufzuhalten – ich –«

Die Stimme hinter ihm erstarb im Schluchzen. Owin rannte los. Kalter Zorn und noch kältere Angst jagten in seinem Herzen, als er zum Vorhof hin und zum Gewühl dahinter raste.

Im Hof vor der Haustür kämpfte Hund um sein Leben, nicht nur gegen Pack, sondern gegen noch drei oder vier andere, die sich auf ihn stürzten. Das, was eines Tages immer passieren mußte, geschah jetzt; die Meute wandte sich unter einem jungen Anführer gegen den alten. Er kämpfte wie ein Held, schleuderte sie dahin und dorthin, aber der rote Mörder war an seiner Kehle, und gerade, als Owin in den Hof sprang, ging Hund zu Boden, und der Kampf schloß sich über ihm.

Owin sprang mitten in den Kampf hinein, zerrte und packte die Hundeleiber, brüllte Hund Ermutigung zu, während er mit der Peitsche um sich schlug. Er wußte genau, was geschehen würde, wenn er seinen Halt verlieren und fallen würde. Hund mußte die Stimme seines Herrn gehört haben, denn er kam noch einmal auf die Beine, zerrte Pack mit sich hoch; aber die Kraft strömte aus einer Unzahl von Wunden aus ihm heraus, und noch bevor Owin ihn erreichen konnte, lag er wieder am Boden.

Owin ließ die Peitschenschnur zischend und knallend über die Hunde fahren, hier schlug er einen, dort trat er einen Hund vom Beornhof in den Leib, so daß er heulend durch die Luft flog. Sein Körper schien ganz leicht, als ob er von den Schwingen der kalten Wut getragen würde. Er bemerkte nicht, daß Bryni sich ihm zugesellte und sich tapfer mit einem Knüppel Feuerholz in den Kampf stürzte, während die Frauen kreischend in der Haustür kauerten. Er hatte nicht bemerkt, daß jemand einen Eimer Wasser über sie geschüttet hatte und die Hunde, er selbst und der Junge gleichermaßen übergossen waren. Er würde nie mehr wissen, was eigentlich passiert war und wie lange der Kampf dauerte. Er wußte nur, daß die Hunde schließlich widerwillig abließen, denn er hörte einen Knall und noch einen Knall mit einer anderen Peitsche neben seiner eigenen und Beornwulfs laut fluchende Stimme. Er würgte Pack mit bloßen Händen von Hunds Kehle fort und schleuderte die rote Bestie zur Seite.

Dann war es plötzlich still. Jenseits der Stille, die eine Mauer um sich zu ziehen schien, hörte er Stimmen und das unbehagliche Schnauben und Stampfen eines Pferds und noch weiter hinter der Mauer plötzlich einen Möwenruf. Einer von Vadirs Hunden lag regungslos; Pack und die Hunde von Beornwulf stahlen sich davon, um ihre Wunden zu lecken – sie hatten reichlich viele, denn der alte König war nicht leicht unterzukriegen gewesen, obwohl es fünf gegen einen stand. Bryni hockte neben ihm und jammerte über einen häßlichen Biß in seinem Arm, aber erst jetzt, wo alles vorüber war. Im Mittelpunkt der Stille kniete Owin neben Hund – Hund blutete aus einer Unzahl von Wunden, seine Kehle war zerrissen. Noch war das dickköpfige Leben und Mut in dem alten Tier, und er versuchte sogar jetzt noch einmal aufzustehen; aber seine Beine gehorchten ihm nicht mehr, und mit Schaudern brach er zusammen, seinen Kopf auf Owins Knien.

Owin streichelte den mitgenommenen Kopf und hielt den Blick der wunderbaren Bernsteinaugen mit seinen eigenen fest, während seine freie Hand nach dem Messer in seinem Gürtel tastete. »Gut, Hund! Das war ein mächtiger Kampf – ein mächtiger Kampf, du tapferes Herz —«, Hund leckte die zärtliche Hand und hob den Kopf ein wenig, um seinen Herrn zu sehen, und seine Schwanzspitze wedelte hin und her. »Eine gute Jagd, mein Bruder«, sagte Owin und stieß das Messer sauber in die zerfetzte Kehle.

Hund knurrte noch einmal leise, und mit einem großen Zucken verließ ihn das Leben. Dann war alles zu Ende.

Bryni, der neben ihm hockte, rieb mit dem Handrücken die Augen. Owin saß regungslos, wie betäubt, und blickte auf den großen scheckigen Körper mit all den Wunden darauf.

Schließlich sah er auf, ganz langsam. Beornwulf stand da mit der zusammengerafften Peitsche in der Hand, sein Pferd stampfte hinter ihm. Die Frauen und Mädchen kauerten immer noch in der Eingangstür des Hauses und auf der Bank; Pack dicht an seinen Knien, saß Vadir Cedricson immer noch zurückgelehnt an der Wand und sah zu, so wie ein Mann einer Vorführung zuschaut, die ihn interessiert und seinen Gefallen erweckt.

Owins Mund zuckte, und mit herabgezogenen Mundwinkeln und gepreßter Stimme sagte er: »Konntest du das nicht verhindern?«

Vadir zuckte die Achseln, ohne sich die Mühe zu machen, seine Schultern von der Wand abzuheben. »Er war alt, und seine Zeit war gekommen; es wurde Zeit, daß die Meute einen neuen Herrn hat, und zwar einen edleren als einen Sklavenköter.«

»Und wenn er der letzte Misthaufen-Köter gewesen wäre«, erwiderte Owin mit kalter Wildheit, »wäre es dennoch nicht an dir gewesen zu sagen, daß seine Zeit herum war. Aber er war kein Köter, er war einer der Kriegshunde von Kyndylan dem Gerechten, bis Kyndylan bei Aquae Sulis starb.«

»Ach ja, ich hatte ganz vergessen, daß ihr beide es irgendwie zuwege gebracht habt, lebend aus dieser Schlacht zu kommen.« Vadirs helle Augen schnellten über ihn wie ein beiläufiger Peitschenhieb und hafteten dann auf der langen weißen Narbe der Speerwunde, die unter dem zerfetzten Ärmel sichtbar wurde. Seine blassen Brauen zogen sich ein wenig nach oben, und der unruhige Mund verzog sich zu einem halben Lächeln. »Ich habe dich nie nackt gesehen. Wie viele Narben wie diese da hast du auf deinem Rücken?« fragte er leise. »Oder kannst du vielleicht schneller fliehen, als ein Speer fliegt?«

Und er stand auf, ein wenig ungeschickt wie immer, und wandte sich Beornwulf zu, um mit ihm über das Geschäft zu sprechen, das ihn über die Seehundsinsel gebracht haben mochte.

Owin stand langsam auf, die Fäuste in die Seite geballt. Aber die Jahre der Knechtschaft hatten ihn gelehrt, daß ein Sklave eine Beleidigung nicht rächt; und diese Lektion war ihm bitterer als die Beleidigung selbst. Einer der anderen Männer war gerade vom Feld zurückgekommen, um das Pferd des Herrn wegzuführen. Beornwulf unterbrach seinen Gast für einen Augenblick und rief jemanden herbei, Erde über das Blut und den Schmutz auf dem Boden zu werfen. Und zu Owin sagte er mit rauhem Mitgefühl in seiner Stimme: »Erledige, was mit Hund gemacht werden muß, aber vorher laß eine der Frauen deine Bißwunden einsalben.«

Dann wandte er sich dem Haus zu mit Vadir als seinem Gast.

Das Heiligtum

Owin stand, wo er war, und blickte an sich herunter. Er war sehr blutig, und das Blut war teilweise sein eigenes. Er hatte etwa ein dutzend Biß- und Reißwunden. Aber bis eben jetzt hatte er es noch nicht bemerkt; und auch jetzt kam es nur an die Oberfläche seines Bewußtseins. »Erledige, was mit Hund gemacht werden muß«, hatte Beornwulf gesagt. Wenn von den Hoftieren eines starb und sein Fleisch nicht gut zum Essen für die Menschen war, dann warfen sie es den Hunden vor, aber wenn ein Hund starb, konnten sie das nicht tun, denn es war ein Tabu, eine verbotene Sache, ein Tier mit dem Fleisch der eigenen Art zu füttern. Für einen Hund scharrte man im Wald jenseits des Intake-Flusses ein Loch so flach oder so tief, je nachdem wieviel Zeit man dafür übrig hatte, schüttete ein wenig Erde darüber und hoffte das beste.

Owin bewegte sich immer noch so langsam und betäubt, als hätte er einen Schlag über den Kopf erhalten. Doch holte er einen Spaten und die schmale hölzerne Pritsche, die sie für die toten Leiber bei der Herbstschlachtung benutzten.

Jemand half ihm, Hund daraufzuheben – den anderen ließ er liegen, sollte Vadir sich um sein Eigentum selbst kümmern. Er nahm die Seile aus geflochtenem Stroh auf und wandte sich, die Pritsche hinter sich herziehend, der Toröffnung zu.

Auf halber Strecke bei dem Gerstenfeld am Wald bemerkte er, daß Bryni neben ihm hertrottete. »Na«, sagte er, »geh heim. Es ist Zeit zum Abendessen.«

»Ich bin nicht hungrig.«

Er hielt inne, wandte sich um und sah den Jungen an. Brynis Gesicht, das normalerweise tiefrot war, wenn er sich ärgerte, schien ganz weiß unter der Sonnenbräune, und er atmete mit kleinen, stoßend schluchzenden Zügen. »Dafür werde ich ihn töten!« sagte er. »Das werde ich! Töten werde ich ihn!«

Owin schüttelte kraftlos den Kopf. »Das ist dummes Gerede. Du bist erst zehn Jahre alt.«

»Ich werde ja nicht immer zehn Jahre alt bleiben. Eines Tages werde ich ein Mann sein, und wenn ich erst ein Mann bin, werde ich ihn töten!«

Trotz des tiefen Schmerzes der eigenen Verzweiflung spürte Owin die Gewißheit, daß dies keine leere Drohung war, die in einer Stunde des gebrochenen Herzens ausgestoßen wurde und morgen schon wieder vergessen sein würde. Diese Drohung würde in der Erinnerung haften bleiben; irgend etwas mußte er also antworten. »Hör zu, Bryni. Vadir hat eine große Familie, und wenn du ihn tötest, werden sie deinen Tod oder sehr viel Sühnegeld verlangen. Und weil du der einzige Sohn deines Vaters bist, wird er versuchen, das Gold aufzutreiben – ganz allein, ohne Familie, die ihm dabei helfen könnte! Vergiß bitte nicht, daß, wenn ein Mann eine Siedlung verläßt, wie es dein Ahn getan hat, er dann zwar befreundet bleiben kann mit der Familie, die er zurückgelassen hat, er aber jeden Anspruch auf ihre Hilfe in einem Kampf verliert. Der Untergang deiner ganzen Familie ist ein zu hoher Preis, um einen Sklavenköter zu rächen.«

»Hund war nicht bloß ein Sklavenköter, er war ein Kriegshund von Kyndylan dem Gerechten – das hast du selbst gesagt.« Die Stimme des Jungen brach in leidenschaftliche Trauer aus, hinter seiner Stirn arbeiteten die Gedanken sichtbar.

»Ich habe es selbst gesagt, und wenn irgend jemand ihn rächen sollte, dann bin ich das. Geh jetzt heim.«

»Laß mich mit dir kommen. –«

Owin faßte den Jungen voller Zuneigung an der Schulter. »Geh jetzt heim, ich bitte dich. Allein werde ich besser zurechtkommen.«

Einen Augenblick lang wollte Bryni sich widersetzen, doch dann wandte er sich schluchzend ab. »Aber ich werde ihn töten! Ich werde ihn töten!«

Owin blieb stehen und sah, wie Bryni in Richtung Hof zurückstolperte; er hörte dabei das verzweifelte Murmeln, das er nicht hören durfte. Warum hatte er so mit dem Jungen geredet? Was kümmerte es ihn, wenn ein sächsischer Junge seine sächsische Familie zum Untergang führte? Langsam wandte er sich um und ging allein weiter. Weit beugte er sich vor, um die beladene Hofpritsche hinter sich herzuziehen.

Kurz darauf umfaßten ihn die langen Schatten des Eichenwalds. Er zog die Pritsche in westlicher Richtung am Waldrand entlang weiter, auf dem Weg zu dem verfallenen Schrein. Hunds Knochen würden weniger einsam sein an einer Stelle, wo Menschen gewesen waren, als ganz verlassen in der Wildnis; und obwohl Owin christlich aufgezogen worden war, hatte er die etwas verworrene Vorstellung, daß Silvanus, der Gott des Waldes, aber auch der Herden und des Viehs, dem die Menschen geopfert hatten zum Dank für einen guten Jagdtag, sicherlich einen Hund freundlich aufnehmen und den Schutzmantel über ihn werfen würde.

Es war eigentlich nicht sehr weit, nicht so weit, wie es in der Dunkelheit und im Nebel geschienen hatte in jener Nacht, als er diesen Weg entlanggekommen war auf der Suche nach Goldauge und als Teitri geboren worden war. Nach einer Weile sah er die fahlen, zerfallenen Mauern durch die niedrighängenden Zweige hindurch. Er wandte sich seitwärts der heiligen Lichtungen, die noch zu erkennen waren, und verharrte vor dem Schrein. Jetzt wußte er, was für ein Schatten das war, den er an dieser Stelle damals empfunden hatte.

Er brauchte nicht lange, um ein großes Loch zu schaufeln – obwohl er es wegen der Füchse sehr tief grub –, denn die Eichenwalderde war weich und krumig, und im Boden waren keinerlei Baumwurzeln. Als er damit fertig war, wandte er sich zu Hund, um ihn von der Pritsche zu heben. Aber er mochte sich Hunds wunderschönes schwarz- und bernsteinscheckiges Fell und die samtweiche Brust nicht mit schwarzer Erde bedeckt vorstellen; zwar war das Fell von Blut besudelt und verklebt, aber das war auch glanzvoll und ehrend; die Erde war etwas anderes.

Also brach er Zweige mit Blättern von den Büschen ringsherum ab und streute sie auf dem Boden des Loches aus, hob dann auf den Knien Hunds Körper und ließ ihn über den Rand gleiten. Er fiel sanft und immer noch geschmeidig, und als er dies spürte, zerrte der Schmerz wieder wie ein Speer, der in einer Wunde gedreht wird. Er bettete Hund so, daß er lag, wie er es sonst immer tat, mit der Schnauze auf den Vorderpfoten; er streichelte seinen Kopf zum letzten Mal und begann dann die restlichen Zweige über ihn zu legen. Dabei richtete er ein verworrenes Gebet an den Herrn des Schreins: »O Silvanus – hier ist ein Hund, kein Jagdhund, aber ein guter Hund. Man nannte dich immer den Herrn aller vierfüßigen Wesen – breite deinen Mantel über ihn aus. –« Er schob die ausgeschaufelte Erde in das Grab und drückte sie mit den Händen fest. Jetzt schaute nur noch ein beblätterter Zweig heraus – und dann war überhaupt nichts mehr zu sehen. Er trampelte den Erdhügel fest und schleppte ein gebrochenes Säulenstück darauf, um das Grab noch sicherer zu machen.

Es war jetzt vorbei, er konnte nichts weiter unternehmen; nichts außer zurückzugehen zum Hof ohne das Geräusch von Hunds trottendem Gang hinter sich. Vor ihm lag der Eingang des Schreins ganz im Schatten, und als er aufstand, wandte er sich nicht zum Hof zurück, sondern ging in den Schrein hinein wie in einen Zufluchtsort.

Er war noch nie zuvor hineingegangen, abergläubische Furcht hielt ihn zurück. Aber es war dann schließlich doch nichts anderes da als Stille; nicht einmal der stockige Geruch eines umschlossenen Raums, denn er war schon vor so langer Zeit wieder in Wildnis übergegangen, daß der Geruch derselbe war wie in den Wäldern draußen. Owin setzte sich mit dem Rücken an die rückwärtige Mauer gelehnt, die noch fest in ihrer ganzen Höhe stand, zog sein Messer aus dem Gürtel und begann es an einem neben ihm liegenden Stein zu wetzen. Hunds Blut saß immer noch wie Rost auf der Klinge, und ein großer, inzwischen schwarz getrockneter Flecken klebte an seinen Hosen bis zur Hüfte hinauf, wo Hunds Kopf gelegen hatte.

Er hörte und hörte nicht auf, sein Messer zu wetzen, halb nur war er sich bewußt, was er tat; aber während er es tat – immer das gleiche –, ballte sich in seinem Kopf eine Absicht wie eine langsam wachsende, schwarze Wolke zusammen. Nicht nur Hund war tot, auch Onkel Widreth und Teitri hatten ihn verlassen, aber das war es nicht so sehr, sondern vielmehr, daß er keinen Grund mehr sah, weiterzumachen. Wenn es irgend etwas gäbe in der Zukunft, egal wie weit entfernt, wäre dies etwas anderes gewesen; aber es gab gar nichts: Tage um Tage dehnten sich vor ihm aus ins Unendliche. Vadirs Beleidigungen und sein eigenes Versagen, sie zu rächen, das war es, was ihm fast so sehr wie der Verlust von Hund diese unerträgliche, unveränderliche Vergeudung von Tagen deutlich gemacht hatte ...

Die westlich wandernde Sonne, die den ganzen Tag über versteckt gewesen war, schlüpfte unter dem niedrigen Wolkendach hervor, ein Lichtstrahl fiel durch eine Lücke in der Mauer durch das Heiligtum und bohrte sich in die dunkelste Ecke, in der Owin saß und sein Messer wetzte und wetzte. Dicht neben seinem Fuß, wo er beim Hinsetzen den Laubmoder verschoben hatte, kam von irgendwoher ein Funkeln wie blaues Feuer.

Dies erregte Owins Aufmerksamkeit. Vielleicht war es eine Perle von einer Halskette, die jemand als Weihopfer hiergelassen hatte. Immer noch mit dem Messer in der Hand griff er vor sich hin und tastete herum. Es war aber kein Perle; es war überhaupt nichts Loses. Es war ein Teil des Fußbodens. Träge kratzte er ein bißchen mehr von der dunklen, krumigen Moderschicht fort, und mehr von dem Blau kam ans Licht; blaue Glaswürfel, die mit Würfeln aus Kalk und rotem und gelbem Sandstein für feine Muster benutzt worden waren, die den Boden des Heiligtums gebildet haben mußten. Form und Muster begannen hervorzutreten; ein mit seltenem Geschick gearbeiteter kleiner Vogel; das blaue Glas bildete seine Flügel und seinen Federschutz. Darunter war etwas, worauf er saß – eine schmale menschliche Hand.

Daß er etwas tat und etwas fand und sich sogar ein wenig interessierte für das, was er fand, schien die ihn umgebende dunkle Wolke ein wenig beiseite zu schieben. Er kratzte und scharrte weiter; die lose schwarze Erde, die aus den hereingetriebenen Blättern von hundert Sommern bestand, krümelte unter seinen Fingern weg. Bald hatte er ein Rundbild freigelegt, das von Efeuzweigen und Beeren zart umrankt war, und er sah das Brustbild eines Mädchens mit einem Vogel in der einen Hand und einem blühenden Zweig in der anderen. Ein Teil der Umrandung war von Wurzeln zerstört, die hindurchgewachsen waren, aber die kleine Gestalt war völlig erhalten, mit einem zarten Zauber und voller Freude. Sommer, Herbst und Winter waren sicher in den anderen Ecken des Heiligtums – das Thema war ja ganz gewöhnlich –, und Silvanus selbst war vielleicht in der Mitte; aber Owin interessierte sich nicht für den Rest des Mosaiks, nur für diese Ecke, die Frühlingsecke, die ihn an irgend etwas, irgend jemanden erinnerte . . .

Der Sonnenstrahl war verblaßt, und die Mädchengestalt verschwamm in den Schatten. Auch die flüchtige Erinnerung schien zu verblassen; bald würde sie ihn ganz verlassen, und er würde sie für alle Zeiten verloren haben. Und er wollte sie nicht verlieren, er wollte es nicht – irgend etwas in ihm kämpfte verzweifelt, um sie im letzten Moment festzuhalten, und dann hatte er sie wie einen Vogel in der gewölbten Hand.

Seit Jahren hatte er kaum mehr an Regina gedacht. Vor langer Zeit hatte es ihm geschienen, daß sie gestorben sein mußte, und seine Erinnerung an sie war schwach und fad geworden, durchsichtig wie kräuselnder Rauch vom brennenden Holz. Jetzt, plötzlich, erinnerte er sich lebhafter an sie, als er sich jemals an irgend etwas erinnert hatte: daran, wie sie auf ihn zukam, an ihr schmales Gesicht, wie es in ernster Beglückung strahlte, wie sie ihre Hand mit der darin eingeschlossenen Meise zu ihm ausstreckte; das Juwelenblau des Kopfgefieders, wie es zwischen ihren Handflächen zu sehen war, den blauen Blitz und das Flügelgeschwirr, als sie den kleinen Vogel freiließ.

Der Eindruck war so stark, daß er ihn wie eine körperliche Berührung empfand, als ob in diesem Augenblick sich etwas in Regina regte, um ihn zu berühren und eine Art Lebensband zwischen ihnen zu bilden, so wie es in jener Nacht geschehen war, als sie sich vor den Verfolgern im Keller versteckt gehalten hatten; aber damals entstand der Eindruck, weil sie sich an ihn hatte klammern können; dieses Mal aber war es um seinetwillen.

Auf einmal wußte er mit absoluter Gewißheit, daß Regina lebte und daß er, auch wenn er sie nie wiedersehen sollte, weiterleben würde, weil er dies wußte.

Die Sonne war jetzt fast untergegangen, auch über der Welt draußen; wie Wasser stiegen die Schatten im Heiligtum, als Owin sein Messer in den Gürtel zurücksteckte. Er breitete die schwarze Lauberde wieder über die Ecke des Mosaiks, die er freigelegt hatte, versteckte das Mädchen, den Vogel und den blühenden Zweig; dann stand er langsam auf, denn die Bißwunden begannen zu verkrusten, ging hinaus, um den Flecken frischer Erde und das blasse Säulenhaupt herum, die Hunds Grab bezeichneten, nahm danach die schlaffen Seile der Schlachtpritsche auf und machte sich auf den Weg zum Hof.

Es war fast dunkel, als er zur Haustür hereinkam, nachdem er die Pritsche an ihren Platz gebracht und das getrocknete Blut größtenteils von sich abgewaschen hatte. Das Abendessen war vorbei, aber die Familie und die Sklaven waren noch im Feuerschein um den Herd versammelt. Er war froh, daß Vadir und seine roten Hunde nicht mehr da waren; die Beornwulfhunde lagen im ausgestreuten Farn und leckten immer noch ihre Wunden, aber gegen sie verspürte er kein Gefühl des Zorns, nicht einmal gegen Pack. Sie waren ja nur dem Gesetz der Meute gefolgt: Wenn die Kraft des Anführers zu schwinden beginnt, muß ein neuer Führer seinen Platz einnehmen. Aber Vadir, das war etwas anderes.

Er setzte sich neben Caedman ans hintere Ende des Herds. Jemand reichte ihm den großen kupfernen Schmortopf, der mit seinem Anteil am Essen zur Seite gestellt worden war, dazu nahm er sich ein Haferbrot aus dem Korb. Es gelang ihm sogar, etwas Essen hinunterzuschlucken, obgleich die gute Kohlbrühe und das frischgebackene Brot sich in seinem Mund zu einem dicken Klumpen verwandelten. Helga und Lilla hatten gerötete Augen; beide versuchten zu spinnen, aber Lilla zerriß immer wieder ihren Faden. Bryni saß zusammengekauert mit ans Kinn herangezogenen Beinen da und starrte finster ins Feuer; er weigerte sich, den anderen ins Gesicht zu sehen und Owin erst recht. Die Männer sprachen über das Ausbleiben der Heringsschwärme in diesem Frühjahr; ihre Stimmen klangen breit und friedvoll in der schwülen, warmen Luft. Niemand sprach mit Owin; doch spürte er die rauhe Wärme des Mitgefühls; er saß – genau wie Bryni – in sich selbst versunken da, so als ob er sich vor all der Grobheit schützen wolle, die ihn an seiner empfindlichsten Stelle getroffen hatte.

Nachdem er ein wenig gegessen und den Rest weggeschoben hatte, war es Zeit zum Schlafen. Die Mitglieder des Haushalts erhoben sich, reckten sich, gähnten und richteten sich fürs Lager. Beornwulf selbst nahm die Laterne und zündete die Kerze darin an, um vor dem Schlafengehen die übliche Runde um den Hof zu machen. Als er sich unter der

Tür umdrehte, traf sein Blick auf Owins, und er wies mit dem Kopf in die Dunkelheit der Sommernacht – er brauchte dies eigentlich nicht zu tun, denn in den letzten Jahren hatten sie sich diese letzte Runde durch die Ställe fast immer geteilt. Owin besann sich in letzter Sekunde, Hund nicht vom Herdplatz herzupfeifen, und ging hinter ihm hinaus.

Es war sehr dunkel, eine niedrige Wolkendecke verhängte die Sterne. In der Dunkelheit schien die Meeresbrandung viel höher auf das Land heraufzuziehen. Beornwulf trat durch die Öffnung in der Dornenhecke hinaus; offensichtlich wollte er außer Reichweite des Hauses und seiner Bewohner sein, um zu sagen, was ihn beschäftigte; Owin lief einen Schritt hinter ihm. Er ging um die Ecke der den Hof umgebenden Hecke und blieb neben dem in der Nacht wie eine bucklige Gestalt aussehenden Erbsenstapel stehen. Er blickte zum Meer hin. So standen die beiden Männer einige Augenblicke still beisammen, die Hunde trotteten um ihre Knie herum. Schließlich meinte Beornwulf schroff: »Er war ein guter Hund, und ich werde ihn vermissen, als wäre er einer meiner eigenen gewesen – das kann ich wohl sagen. Aber Worte sind ärmliche Dinge, und ich habe dich nicht hierhergebracht, um dir das zu sagen.«

»Nein«, erwiderte Owin, der in die Dunkelheit über dem Sumpfland jenseits des gelben Lichtscheins der Laterne hinwegstarrte.

»Ich war heute morgen beim König, meinem Pflegebruder, nachdem du nach Hause geritten warst. In drei Tagen werde ich zu ihm zurückkehren, um auf eine lange Reise zu gehen. Ich glaube, daß ich vor Ende des Sommers zurücksein werde, aber niemand kann sich des Tags seiner Rückkehr sicher sein, wenn er sich erst auf den Weg macht. Während ich fort bin, werde ich alle Angelegenheiten des Hofs in deine Hände legen.«

Eine kurze Stille trat ein, während das Rauschen des Meeres in der Dunkelheit anschwoll, zurückwich, wieder anschwoll und wieder zurückwich. Dann sagte Owin: »Sächsischer Herr, ist das klug?«

Beornwulf antwortete ihm nach einer weiteren Stille: »Britischer Sklave, ich glaube schon.«

»Da sind noch Gyrth und Caedman, die deinen Sklavenring schon länger als ich tragen.«

»Vielleicht murren sie, daß du die Zügel in den Händen hältst, aber du wirst sehen, sie werden es nicht anfechten.«

»Weil du ihnen gesagt hast, daß es für kurze Zeit so sein soll?«

»Nein, sondern weil du bist, wer du bist, und sie sind, was *sie* sind.«

Owin blickte zu ihm hin und sah dann wieder weg. »Ist es mir erlaubt zu fragen, wohin die Reise führt?«

»Zum Hof von König Aethelbert zu Kent«, antwortete Beornwulf. »Ich hatte recht, als ich vermutete, daß Teitri weitergehen sollte als zu Haegels Hof; als königliches Geschenk soll er zum Hohen König, und ich bin es, der ihn dorthin bringen soll.«

Es war eine sehr ruhige Nacht, aber als ob der Name des Königs zu Kent es heraufbeschworen hätte, kam eine weiche Brise wie ein Hauch über die Sümpfe vom Meer her gezogen, und zum zweiten Mal an diesem Tag spielte die Erinnerung mit Owin ein seltsames Spiel. Es war die Erinnerung an Onkel Widreth, wie er genau an dieser Stelle an der warmen Seite des damaligen Erbsenstapels saß und einen Vogel aus einem Stückchen silbrig hellen Treibholz schnitzte, und Owin hörte den Klang seiner alten müden Stimme wie das Meeresecho in einer Muschel rauschen: »Das Leben geht rauh mit den Jungen um – vielleicht ein bißchen zärtlicher mit den Alten. Aber nur wenn man noch jung ist, ist da immer die Hoffnung, daß eines Tages etwas geschehen wird, daß sich eines Tages ein sanfter Wind erheben wird . . .«

Aber er tat sich nicht auf. Man hoffte einfach immer nur weiter, bis man eines Tages so alt war wie Onkel Widreth.

Der zarte Hauch der sich lang hinziehenden Brise war im Gras erstorben, aber schon wieder erhob sich ein sanfter Wind über der Ebene. Beornwulf schnupperte in die Luft wie seine eigenen Hunde und meinte, als er sich wieder dem Hof zuwandte: »Wir werden Wind bekommen, bis es morgen tagt.«

Das Wrack

»Ja, ihr mögt eure Köpfe schütteln und ungläubig dreinstarren, bis euch die Ohren abfallen«, sagte der Harfner. »Vielleicht hört ihr hier nicht so sehr viel, auf dieser verfluchten, abgeschnittenen Landzunge. Aber ich habe schon vor der Wibbenduneschlacht gerochen, daß sich Raben sammeln würden, das ist mehr als zwanzig Jahre her, und ich habe es nicht vergessen. Ich sage euch, ich habe den Qualm zwischen den Königreichen an den Grenzen schon den ganzen letzten Sommer hindurch wieder gerochen.« Und er raffte das Tuch eines einst protzigen Umhangs zusammen und rückte noch etwas dichter ans Feuer heran.

Der große Stoß aus flammendem Treibholz brannte hell im Schutz der Bootshütte; keiner hätte es in einer solchen Nacht im Freien auch nur einen Augenblick ausgehalten, aber im Windschutz der Bootshütte gab es eine Stelle, an der man geborgen war vor dem spätsommerlichen Sturm, der über die Ebene im Dunkeln heulte. Der Wind war so stark, daß der Regen ein schräges Dach aus getriebenem Wasser über den Köpfen bildete, und nur, wenn die Windstöße einmal kurz nachließen, fiel es zischend in die Flammen.

Es gab dauernde Bewegung am Rand des Feuerscheins; dunkle Gestalten traten aus der Schwärze der Sturmwolken hervor, und andere tauchten wieder ein, da die Männer unaufhaltsam Wache hielten über die Deiche und die Mauern aus Gestrüpp und über das lang ausgestreckte Kieselufer unten am Hafen. Sie kamen ans Feuer, um sich ein wenig aufzuwärmen und auszuruhen, während andere ihren Platz für eine Weile einnahmen. Es war schon spät; es ging auf die düstere Stunde vor Einbruch der Dämmerung zu; aber für die Männer, die über die Küste wachten, würde es in dieser Nacht keinen Schlaf geben, nicht solange die Springfluten und wilden Ostwinde gemeinsam die Wogen über das Ufer auftürmten und damit die ewig alte und bekannte Gefahr für das niedriger gelegene Land mit sich brachten.

Owin, der gerade von seiner Runde entlang des Kieselufers zurückgekommen war (nicht viele Sklaven erschienen zur Küstenwache, da aber Beornwulf noch nicht wieder daheim war, nahm Owin die Pflichten des Beornhofs wahr), blickte vom Feuer auf und lauschte mit rasch schlagendem Herzen, was der Harfner als Nächstes sagen würde. Aber eine Weile lang sagte er überhaupt nichts mehr, starrte nur in die Flammen und schnalzte mit seinen dürren langen Fingern im Takt eine lautlose Musik. Man konnte nichts außer dem Brüllen des Sturms hören und tief unter dem Sturm – so tief, daß man es eigentlich mehr in den Knochen spürte als hören konnte – das Tosen und Krachen der Brandung, lauter und drohender mit jeder Minute, die verstrich.

»Hört euch das an«, sagte einer. »Hört euch das nur an! Und die Flut ist doch noch nicht mehr als zu drei Vierteln hereingekommen.« Um das Feuer setzte ein dunkles Stimmengemurmel ein. Hier und da schauten die Männer über ihre Schultern zurück, als ob die Bedrohung durch die ungeheuerliche Flut etwas sei, das sie aus dem Dunkeln lauern sehen könnten. Jemand warf einen frischen Ast aus Treibholz ins Feuer, die Flammen züngelten herauf und warfen ein lohendes Gleißen auf die Gesichter der Männer und Hunde, die um das Feuer kauerten. Das helle Flackern fiel auf die gescheckten Streifen von Grips Fell und ließ den weißen Brustfleck zu einer zittrig silbernen Flamme aufleuchten; Grip, der dem Sohn des Bootsbauers gehörte, stammte von Hund ab – solcher Nachkommen gab es eine ganze Menge auf Seehundsinsel –, aber im Tageslicht sah er seinem Vater nicht so ähnlich wie jetzt im Schein des Treibholzfeuers ... Ein scharfer Schmerz durchzuckte Owin, und er lenkte seinen Blick und seine Gedanken rasch ab, ganz gleich auf was, solange er nur nicht die Erinnerung an Hunds lebendige Wärme und wie er sich an ihn drückte empfinden mußte. So wandte er sich dem Harfner auf der anderen Seite des Feuers zu.

Wandernde Sänger kamen recht häufig zur Hohen Halle von Haegel dem König, aber selten wanderten sie weiter südlich zur Seehundsinsel herunter mit ihrem Reichtum an Liedern und Sagen und ihren gesammelten Neuigkeiten von der Welt draußen; und daher kam es, daß heute so viele Männer da waren – viel mehr, als sich sonst vom warmen Herd entfernt hatten, saßen um das Wachfeuer. Dieser hier war, ehrlich gesagt, nicht gerade ein guter Harfner, aber sein Spiel war ihnen dennoch angenehm, und er zeigte sich ihnen gegenüber großzügig; er hätte warm und trocken bei den Frauen und Kindern im Haus von Gamal dem Vorsteher bleiben können, aber er hatte sich dafür entschieden, mit den anderen Männern herauszukommen und mit ihnen Dunkelheit und Sturm zu teilen. Nur die Harfe hatte er zurückgelassen, damit der Regen ihr nicht schaden konnte. Er hatte sogar ein oder zwei Lieder gesungen, vielmehr sie gegen den Lärm des Sturms gebrüllt – er hatte eine enorme Stimme, auch wenn sie nicht sehr melodisch war –, bis das bloße Gewicht des Sturmgetöses sein Singen anscheinend zerdrückt hatte. So verfielen sie stattdessen im Schutz der Bootshütte am Boden kauernd ins Reden – sie brüllten sich die kargen, abgehackten Wortbrocken zu. Ein häßlicher kleiner Mann mit dunklen, leuchtenden Augen und einer neugierig langen Nase, die zu zittern schien, wenn man sie beobachtete; eine Nase, dachte Owin, von der man sich gut vorstellen konnte, wie sie den Wind absuchte nach dem Geruch der Raben, ehe sie sich versammelten ...

»Die Königreiche an der Grenze?« fragte Gamal der Vorsteher und kehrte zu der Sache zurück, von der sie eine Weile zuvor gesprochen hatten. »Und was meinst du damit wohl, mit den Königreichen an der Grenze?«

»Natürlich doch die, die an das große Königreich der

Westsachsen angrenzen.« Der Sänger blickte auf, und das Feuer ließ winzige Funken in seinen kleinen strahlenden Augen tanzen. »Die schwachen kleinen Könige mit ihren paar Speeren gegen die vielen von Ceawlin. Sie sorgen sich um die Sicherheit ihrer Jagdgründe. Ceawlin von Wessex ist ein viel zu mächtiger Nachbar, als daß man sich noch wohlfühlen könnte, und er war es seit vielen Jahren! Vielleicht fangen die schwachen Könige jetzt zu denken an und überlegen, daß, wenn sie sich zusammentun, sie vielleicht ebenso viele Speere haben würden wie Ceawlin, insbesondere jetzt, wo es böses Blut zwischen ihm und den Söhnen seines Bruders gibt. Es will mir so vorkommen, als flüstere ihnen dies jemand in ihre Ohren – als flüstere es ihnen jemand unentwegt in die Ohren.«

»Und wer könnte dieser ›jemand‹ sein?« Brand der Schmied beugte seinen wuchtigen Körper vor zum Feuerschein hin und sprach halb ernst, halb spottend mit seiner tiefen, polternden Stimme. »Sag es uns, du weisester aller Sänger, da du denn die Geheimnisse so vieler Könige kennst.«

Der Sänger schüttelte seinen Kopf, und ein Grinsen zuckte von Ohr zu Ohr über sein Gesicht. »Nein, ich bin ein Harfner, der Augen und Ohren offenhält auf dem Weg von Herd zu Herd, bin kein Wahrsager, der verborgene Dinge aus den gefallenen Spänen eines Apfelbaumzweiges liest, und auch keine alte Frau mit dem zweiten Gesicht. Ich sage, daß sich etwas zusammenbraut unter den kleinen Königreichen, und mehr sage ich nicht.«

Und plötzlich kam Owin die Erinnerung an die Worte des Königs wieder, die jener an einem lang vergangenen Herbstabend gesprochen hatte, als er mit seinem Pflegebruder auf der Verandabank im Beornhof gesessen hatte. »Sicher werden die Söhne seines Bruders sagen: ›Auch wir haben für das Königreich gekämpft, und nun ist Wessex groß. Warum ist dann unser Anteil so klein?‹ und so mögen Schwierigkeiten an die Schwelle von Ceawlins Reich treten.

Und das, glaube ich, wird eine Gelegenheit sein für die, die Ceawlin nicht lieben – besonders für Aethelbert zu Kent.«
Das mußte wohl vier oder fünf Jahre her gewesen sein, und jetzt roch dieser kleine, langnasige Sänger, daß sich die Raben sammelten. Die seltsame Stimmung des Wartens, die ihn erfaßt hatte seit der Zeit, als Beornwulf sich auf den Weg zum Hof nach Kent gemacht hatte, zog sich plötzlich in ein Gefühl des Erwartens zusammen, das nicht nur ein bloßes Echo auf in weiter Ferne liegende, aufregende Ereignisse war, sondern ganz dicht und dringlich über die dunklen Sümpfe auf den Schwingen des Sturms auf ihn zugerauscht kam. Das Gefühl war so stark, daß er geradezu die Füße unter sich heranzog, um aufzustehen und ihm zu begegnen, – was immer es war. Dann schüttelte er seine Schultern unter seinem schweren Tuchumhang und sank zurück. Die Stimmen der Männer verstummten allmählich. Die Nacht blieb dem Heulen des Sturms überlassen.

Plötzlich erstarb der Wind in einer großen Stille vor dem nächsten anbrausenden Schub, und in die Stille hinein brach ein langgezogener atemloser Schrei. Die um das Feuer herum kauernden Männer sprangen auf die Füße und blickten angestrengt in die Richtung, aus der der Schrei gekommen war, sie lauschten auf einen weiteren Schrei durch das Getöse des Sturms. Owin, der mit den anderen aufgesprungen war, sah das Schimmern eines gelben Lichts hinter den Dornenzweigen. ›Das ist es also‹, dachte er mit plötzlicher Ruhe in sich. ›Nicht Ceawlin und der König zu Kent – nein, das Kieselufer treibt fort.‹

Das Licht wurde zum Schein einer Laterne, die auf sie zuschwenkte. Neben sich hörte er die bullige Stimme von Gamal dem Vorsteher lauter als der Sturm brüllen: »Was ist los? Treibt das Ufer weg?«

Aus der unheimlichen Dunkelheit schrie eine Stimme zurück: »Nein, nein – ein Schiff –«, und gleich darauf trat der Mann hinter seiner Stimme hervor, er keuchte und wischte sein Haar aus der Stirn. »Ulf hat es zuerst gesehen. Fast wäre alles gutgegangen, aber die Wellen schlagen in der Hafeneinfahrt auf die Dünen zu. Sicher wird es an den Seehundsfelsen stranden – wenn es nicht schon geschehen ist.«

Eine Stimmenschar nahm seine Worte auf, die Männer der Siedlung drängten sich um ihn. »Vielleicht schaffen sie's, an der Cymenküste zu ankern«, sagte jemand, aber Gamal schüttelte seinen Kopf: »Vor einer Weile hätten sie das noch tun können; jetzt nicht mehr – der Wind dreht sich.«

Im schwindenden Licht blickten sie einander an und überlegten. Nach sechs Jahren an der Küste kannte Owin dieses Leuchten in den Augen. Es war nicht das erste Mal, seit er mit Beornwulf nach Süden gekommen war, daß ein Schiff vom Sturm gepeitscht auf der Suche nach Schutz im windigen Hafen an ihm vorbeigetrieben war und seinem sicheren Untergang an der offenen Küste oder zwischen den Felsen vom Seehundsstrand entgegensteuerte. Das war ein Geschenk der Götter, auf das man im Winter halb hoffte, aber im Sommer kaum hoffen durfte. In ihrem täglichen Leben waren sie friedliebende, freundliche Männer; aber ein Wrack war ein Wrack, so wie Krieg Krieg war . . .

»Also los denn, Nachbarn.« Brand raffte seinen groben Mantel dichter zusammen. »Kommt, sonst werden es die Fischerleute hinter der Cymenküste abernten.«

»Aber bitte gerechten Anteil für die, die zurückbleiben, um das Ufer zu bewachen«, warf einer ein, und alle lachten.

»Klar, gerechten Anteil, aber recht schmal wird er sein, wenn die Fischerleute uns zuvorkommen.«

Die Männer schlugen ihre Umhänge um sich, sie stürzten sich in Wind und Regen in Verheißung auf die Güter des Wracks. Owin war einer unter ihnen. Hinter sich hörten sie den Harfner lachen und sie mit bösem Spott antreiben, so wie ein Jäger seine Hunde zum Töten anfeuert.

Dann tobte der Sturm dauernd zwischen denen, die gingen, und den Zurückbleibenden, und sie hörten nichts mehr.

Draußen – außerhalb des Schutzes der Bootshütte –

sprang der Wind sie wie lebendes Vieh an, würgte ihren Atem und fesselte ihre Körper. Owin lehnte sich mit gebeugtem Kopf zur Seite und kämpfte gegen die Böen. Weit im Osten hinter der Hafenbank breitete sich das erste fahle Morgenlicht aus. Owin erkannte die in ihren Umrissen wie Meeresgetier aussehenden, hoch den Kielstrand heraufgezogenen Fischerboote, die Scheunen, Kuhställe und Hütten der Siedlungen, die in ihren Umrissen wie Landgetier wirkten, windgeschützt hinter den Dornenhecken verkrochen, und er sah, verschwommen hinter dem wehenden Vorhang aus Regen, bedrohlich höher als das durchweichte Land, die weiße Gefahr des Meeres.

Sie bewegten sich in weitem Bogen zur Küste hinunter, wo Sand- und Kieselbank den tief ins Land dringenden Hafen bildeten. Jetzt befanden sie sich zwischen den Dünen; wann immer sie konnten, hielten sie sich an die landeinwärts gelegene Seite, und doch waren Tosen und Krachen der Brandung so stark, daß alle Sinne wie gelähmt und betäubt waren und der Boden unter ihnen zitterte von den großen Brechern, als wollte Gott Thor mit seinem Hammer das Land vernichten. Als sie schließlich zum Seehundsstrand herunterkamen, war es hell genug, um zu erkennen, daß andere dunkle Gestalten schon vor ihnen da waren. Sie hatten richtig vermutet, daß dies die Stelle war, wo das Schiff auf Grund laufen würde.

Hart und fest auf den Felsen saß ein kleines Küstenschiff, schwarz gegen die weißschäumende See überall, die um es herum gischtete. Ohne Mast und schon auseinanderbrechend lag es so dicht vor der Küste, daß sie Männer an Bord erkennen konnten. ›Das ist das Entsetzlichste‹, dachte Owin, ›daß sie so dicht sind. Man muß zusehen, wie alle ertrinken werden.‹ Kleine schwarze Gestalten waren es, die sich festklammerten und überhaupt nicht wirklich erschienen. – Aber sie *waren* wirklich! Sie wiederum mußten die Männer an der Küste und den Schein der Laternen sehen, die schwach in dem seltsamen Licht der Morgendämmerung flackerten. Alles war so nah, drei oder vier Speerwürfe vielleicht und nicht mehr, und es gab nichts, was man tun konnte.

Stetig und gnadenlos warfen sich die großen Wellen auf das Wrack – denn jetzt war es schon nur mehr ein Wrack –, und mit jedem Schlag der wuchtigen See wurde ein Stück mehr davon weggehauen, und – eine Gestalt weniger klammerte sich an die verworrene, abgerissene Takelage. Es geschah eine schreckliche, entwürdigende Sache vor ihren Augen. Jetzt war es nur noch ein schwarzes Gewirr aus Balken und Spieren und Takelage, wie das zerschmetterte Knochengerüst eines Seeungeheuers, das vor langem an die Felsen gespült worden war – und doch klammerten sich immer noch ein paar Männer dort draußen fest.

Die Männer von der Küste wateten so weit hinaus, wie sie sich trauten, um die Ballen und Weinschläuche und taumelnden Spiere zu fangen, die zur Küste zu treiben begannen, ehe die Gegenströmung sie wieder hinausreißen würde. Recht plötzlich, als hörte er auf einen Befehl, den er weder verstand noch hinterfragte, bemerkte Owin, daß auch er seinen Umhang abgeworfen hatte und hinauswatete. Das gleißende Licht im stürmischen Sonnenaufgang blendete seine Augen; die kräftige Gegenströmung zerrte an seinen Beinen, und der Kiesel wühlte und trieb unter seinen Füßen, und falls er Halt verlor, wäre es aus mit ihm; aber er watete weiter, knietief, schenkeltief. Hinter ihm hörte er warnende Rufe, denen er keine Beachtung schenkte. Jetzt war er bis zur Hüfte im Wasser, wurde fast von den Füßen gehoben, und im nächsten Augenblick klammerte er sich an einen Felsen, der schlüpfrig war von grüner Alge, die Wellen brachen sich über ihm.

Ein Weinschlauch tanzte vorbei, dunkel, schwimmfähig wie eine Schildkröte, aber er ließ ihn vorbeidriften – nach einer Weile sah er ihn wieder vom Sog hinaustreiben. Der Körper eines Seemanns strich an ihm vorüber, kaum sichtbar unter dem Wasser, und gleich darauf noch ein Körper, hochgehoben von einer gekrümmten Woge der sich auftürmenden See.

Das stürmische Licht spielte über das blonde Haar und den Bart, über die kupferne Tönung der Haut. So sollte Beornwulf nach Hause kommen.

Freiheit und ein Schwert

Owin packte den Mann im Vorbeitreiben. Seine Hand rutschte ab, dann aber packte er ihn am Haar und jetzt unter der Schulter. Er hätte sich mit ihm vom Meer aufs Ufer zutreiben lassen können, aber er kannte die gemeine Gegenströmung, klammerte sich weiter mit einer Hand an den Felsen und drückte den bewußtlosen Mann an sich, während die schwere See an ihnen vorüberging, und stemmte sich mit den Füßen in die treibenden Kiesel gegen den Rückstau, der folgen würde. Einige Männer waren nicht weiter als ein paar Speerlängen weit weg, und er brüllte zu ihnen hinüber: »Hierher! Brand! Hunfirth! Es ist *Beornwulf*! Helft mir ihn rausholen!«

Das erste Mal hörte ihn keiner, und er brüllte wieder in verzweifeltem Zorn. »Zu mir! Hierher zu mir! Es ist Beornwulf! Um Gottes willen, laßt die Weinschläuche und helft mir!«

Diesmal hörte jemand. Er sah als Antwort einen hochgeworfenen Arm.

Als der Kampf mit der See einen Moment lang nachließ im stillen Wasser zwischen Welle und Welle, schüttelte er sein durchnäßtes Haar aus den Augen und sah durch den sprühenden Gischt, daß die Männer eine lebende Kette in die Brandung hinein bildeten und sich auf sie zuarbeiteten. Es war eine Sache, einen unbekannten Seemann ertrinken zu lassen, aber dies war etwas anderes; Beornwulf war ein Mann von der Seehundsinsel, und, ob er nun zur Siedlung gehörte oder nicht, er war mit vielen von ihnen verwandt. Der Anführer der Kette – es war Brand der Schmied – war jetzt schon ziemlich dicht heran, aber Owin verließen allmählich seine Kräfte: noch eine zerschellte Welle, und ihr

Rücksog würde ihn mitreißen, und schon baute sich brüllend der nächste große Brecher mit seinem mächtigen Druck hinter ihm auf. Er zerschellte gerade über dem Felsen, und das schäumende Wasser schoß sprudelnd auf die Küste zu. Owin ließ den Felsen los und tauchte in die Wucht des verzweiflungsvoll taumelnden Strudels hinein.

Er ging unter, und zischend schloß sich das Wasser über seinem Kopf. Er spürte einen betäubenden Schlag auf der Schulter, aber irgendwie, er erinnerte sich nie mehr wie, hatte er immer noch den bewußtlosen Mann im Griff. Dann spürte er Hände, Hände, die zupackten, abrutschten und wieder zupackten. Männer schrien in seinen Ohren, und sie halfen ihm den Druck von Beornwulfs Körper zu erleichtern. Der Rücksog zischte über den Kiesel hinaus und zerrte an seinem Körper, als sei er ein alter Stoffetzen in einem Windstoß, aber die menschliche Kette, die ihn hielt, blieb fest. Und dann ließ der unerträgliche Sog nach, er spürte Boden unter sich und wurde auf die Knie gezogen; er spürte seine Füße Land gewinnen und stolperte hinauf zum schützenden Strand, als schon die nächste Welle hinter ihm zerbarst und zwischen die schwarzen Felsen spülte und schäumte.

Am Fuße der Dünen, außer Reichweite der Wellen, sank er auf seine Knie, und alle Last fiel von ihm ab. Dort kauerte er, vor seinen Augen war es dunkelrot, und in seinen Ohren war ein Tosen, lauter als das Brüllen des Sturms; es ging ihm wie einem Läufer, der nach einem großen Rennen völlig ermattet ist. Aber als sich seine Augen und Ohren beruhigten, sah er Männer um sich stehen und Beornwulf in einer Mulde aus gischtnassem Kiesel liegen, wo er ihn niedergeworfen hatte.

Beornwulf lag mit der Ruhe eines Ertrunkenen da; eine große offene Wunde klaffte auf seiner Stirn. Aber er war nicht tot, sondern nur betäubt, so sah es jedenfalls aus. Owin holte erleichtert Luft, als er unter seinen Händen spürte, daß das Leben im bewußtlosen Körper dieses Mannes für sich selbst kämpfte. Er drehte ihn auf das Gesicht, und etwas Salzwasser floß aus dem Mund, aber nicht viel. Er war auf dem Kamm einer Welle auf die Küste zugekommen und hatte vermutlich nicht zu viel Wasser geschluckt. Owin drückte auf seinen Rücken, um noch mehr herauszupressen, falls noch mehr in ihm war, dabei spürte er, wie Beornwulfs Atmung unter seinen Händen angeregt wurde.

Er sah zu den Männern um sich herum auf und überschrie mit seiner Stimme den Sturm: »Wir müssen ihn nach Hause bringen. Am besten, holt etwas herbei, worauf wir ihn tragen können; wer weiß, vielleicht hat er gebrochene Rippen.«

Nach einer Weile kamen ein paar Männer mit einer Hürde zum Einpferchen der Schafe; sie mußten sich daraufstellen, damit sie nicht davonflog, bevor sie Beornwulf daraufhoben. Dann hoben Owin und Brand und noch zwei andere Männer von der Siedlung die Hürde an den Ecken hoch, um ihn nach Hause zu tragen.

Es gab jetzt keine Spur mehr von dem Schiff, nichts als die dunklen Zacken der treibenden Trümmer und andere Männer, die sich im seichten Wasser gegenseitig zuriefen, wenn Ballen, Spiere und Weinschläuche hereingeschlingert kamen. Der Wind peitschte nun die Südküste, als sie sich auf den Weg zum Hof machten, der zwei Meilen weit weg lag. Bald würde er sich ausgetobt haben.

Auf dem Hof war alles wach und geschäftig; die Sklaven gingen ihrer frühmorgendlichen Arbeit nach, mit gegen den Wind gebeugtem Kopf und hochgezogenen Schultern. Athelis kam aus der Haustür, als sie die Hunde bellen hörte, Lilla und Helga und die Leibeigene kamen mit ihr. Die anderen schrien beim Anblick der Gestalt auf der Hürde auf, nicht aber Athelis; sie tastete nur nach dem Türpfosten hinter sich, und ihr scharfkantiges Gesicht schien, als sie auf ihn niederblickte, für kurze Zeit wie das einer sehr alten Frau: »Ist er tot?«

Owin schüttelte seinen Kopf. Sie waren mit ihrer Last geeilt, und der Wind, zwar nicht mehr so stark wie zuvor, war immer noch kräftig genug, so daß er kaum Luft zum Sprechen hatte. »Nein«, brachte er schließlich heraus, »nur betäubt, glaube ich.«

Sie ließ den Türpfosten los und trat zur Seite, damit sie ihn hineintragen konnten. »Setzt ihn am Feuer ab«, meinte sie; und das war alles.

Sie taten, worum sie sie bat, dann traten sie schwer atmend zurück. Die drei Männer von der Siedlung sahen einander an; was sie tun konnten für einen Nachbarn, hatten sie getan, und jetzt kam die Frauenarbeit; und vielleicht gab es noch ein paar Ähren von der unerwarteten Meeresernte zu lesen? Sie grinsten einander an, und einer nach dem anderen schlüpften sie davon.

Die Hofsklaven hatten sich hinter den anderen hereingedrängt; Bryni war vom Schafspferch gekommen, blaß und still, die Augen mit einer Art ängstlicher Neugier auf das Gesicht seines Vaters geheftet; zwischen den Beinen der kleinen Menschenmenge stupsten die Hunde mit ihren Nasen voran.

Athelis wandte sich ihnen allen zu und schrie mit hoher, überspannter Stimme: »Raus! Raus, raus mit euch! Gunhilda – Kinder – hört auf zu schluchzen und zu schniefen! Gyrth und Caedman, habt ihr noch nie einen halbertrunkenen Mann gesehen, daß ihr wie die Ochsen starren müßt? Bryni, wenn du die Schafe alle frei herumlaufen läßt und sie ins Kohlfeld kommen, wird dir dein Vater Prügel versetzen, wenn er wieder bei Kräften ist.«

Wie verstörte Küken stoben sie von ihr fort, und die Hunde stahlen sich hinter ihnen her; und als sie alle fort waren, wandte sie sich Owin zu, der noch bereitstand: »Jetzt also hilf mir, ihn auszuziehen und zwischen Decken zu legen, bevor ihn wirklich noch der Tod holt.«

Und so machten sie sich in der Stille an ihre Aufgabe, die nur von den Windstößen des ersterbenden Sturms auf das Strohdach durchbrochen wurde. Sie zogen Beornwulfs wenige nasse Fetzen, die noch an seinem Körper hingen, aus, trockneten ihn ab und hoben ihn dann in das große Kastenbett. »Es hat also ein Wrack gegeben? – Und er war an Bord?« meinte Athelis schließlich. »Seltsam, daß ich die Gefahr nicht spürte, als sich der Wind erhob.«

»Wir haben ihn noch nicht so bald zurückerwartet«, entgegnete Owin, »und wir wußten nicht, daß er übers Meer kommen würde.«

»Wohl nicht, obwohl es schneller geht übers Meer, wenn die Reise nicht mit dem Ertrinken endet. Kamen viele ans Ufer?«

»Nicht lebend, glaube ich.« Owin warf die Überreste eines durchweichten Schuhs in eine Ecke. »Er kam an mir auf dem Kamm einer Welle vorbei, so konnte ich ihn packen, ehe er wieder seewärts getragen wurde.«

Sie sah auf und blickte ihn an, als sähe sie ihn zum ersten Mal, dabei begann sie, das Wasser aus dem Haar ihres Mannes zu wringen, das in der Wärme des Treibholzfeuers dampfte. »So? Du siehst – wie er – halbertrunken aus. Ach, und deine Schulter ist verletzt.«

Owin blickte prüfend an sich herab. Er hatte gemerkt, ohne darüber eigentlich nachzudenken, daß sein rechter Arm immer steifer wurde und weh tat und kaum mehr zu benutzen war; jetzt erst sah er, daß sein Hemd an dieser Seite völlig fortgerissen und seine ganze Schulter eine einzige große, schlimme Prellung war. »Das Meer hat mich auf einen Felsen geworfen.«

»So?« sagte sie noch einmal. »Es ist sicher schwieriger, das Leben eines Mannes zu retten, als beim Strand vorbeischlingernde Weinschläuche zu fangen.«

Kaum hatten sie Beornwulf zwischen die weichen Felldecken ins Kastenbett gebracht, als er seine Augen öffnete und ihm gewaltig übel wurde. Er lag da und starrte an die Holzdecke über seinem Bett, während sie das Erbrochene aufwischten; seine Augen schweiften leer ins Nichts, wie man dies oft bei frischgeöffneten Augen von jungen Hunden sieht. Und dann, ganz langsam, wich die Leere der Verwunderung, die goldenen Streifen seiner Augenbrauen zogen sich zusammen, bis sie fast über der Nase zusammenstießen, und stöhnend begann er mit einer Hand an die offene Wunde an seiner Schläfe zu tasten.

Athelis packte die Hand und preßte sie wieder zurück. »Nein, laß das in Ruhe; du wirst es nur schlimmer machen.«

»Mein Kopf tut weh«, murmelte er und drehte ihn ein wenig, ganz vorsichtig, auf dem knirschenden Strohkissen, um sich umzusehen. »Wo ist das Schiff?«

»Zu Feuerholz zerschlagen an den Seehundsfelsen«, sagte Owin.

Die blauen Augen wanderten zu Owin – immer noch lag die Stirn in Falten, aber nicht so verspannt wie zuvor – und hefteten sich auf Owins Gesicht. »Ja, jetzt erinnere ich mich. Donner und Hammer! Was für eine Heimkehr ... Und du warst da?«

»Ein Wrack ist ein Wrack. Die halbe Siedlung war da«, entgegnete Owin trocken.

Athelis, die feuchte Tücher brachte, um den Kopf ihres Herrn zu kühlen, sagte: »Er hat dein Leben gerettet, mein Gatte, und es scheint mir, daß er dabei beinahe sein eigenes verloren hätte.«

»Ah.« Beornwulf hob sich ein wenig, zuckte zusammen und wich dem feuchten Tuch aus. »Dann muß ich ihm danken. Für den schlimmsten Kopfschmerz, den ein Mann jemals hatte ... ohne daß sein Schädel in zwei Teile zersprungen wäre ... und auch für die Wärme meines eigenen Herzens und das Licht des Tages. –« Er fröstelte leicht. »Sogar mit reißendem Kopfschmerz ist es besser zu leben als ertrunken zu sein ... und von den Wellen zwischen den schwarzen Felsen am Seehundstrand hin- und hergeworfen zu werden.«

Er ließ sich von Athelis zurück aufs Kissen drücken und sie mit seinem aufgesprungenen Schädel machen, was sie wollte; aber die ganze Zeit, die er unter dem feuchten Umschlag lag, ruhten seine Augen auf Owin, der seine eigenen durchweichten Kleidungsfetzen in der Hitze des Feuers trocknen ließ. »Ich dachte mir damals schon gleich, daß ich mit meinem Goldstück ein gutes Geschäft gemacht hatte«, sagte er nach einer Weile, »aber das Geschäft scheint sogar noch besser gewesen zu sein, als ich dachte.« Seine Stimme wurde schläfrig, und kurz darauf dämmerte er zwischen zwei Schluck heißer Milch, die Athelis ihm einzuflößen versuchte, in den Schlaf hinüber.

Drei Männer überlebten den Schiffbruch. Um die beiden anderen kümmerte man sich in der Siedlung; sie wurden später auf ihren Weg geschickt. Beornwulf schlief einen Tag und eine Nacht lang fast durch und wachte am folgenden Tag recht erholt, bärenhungrig und mit einem Gesichtsausdruck auf, als habe er einen wichtigen Gedanken gefaßt. Er aß eine riesige Mahlzeit aus Haferbrot und Schafsmilchkäse, hartgekochten Enteneiern und geräucherter Makrele, befahl dann Goldauge herbei und ritt die alte Straße hinauf zu Haegel dem König in seiner Großen Halle.

In der Abenddämmerung kam er zurück; sie hörten die Hufe des Pferdes am Tor, und die Hunde bellten ein Willkommen. Owin ging mit der Laterne hinaus, um ihm Goldauge abzunehmen. Beornwulf übergab sie ihm wortlos, anscheinend in tiefe Gedanken versunken, und Owin führte das müde Tier zum Stall, band es an den gewohnten Ring und hängte die Laterne an den Haken am unteren Dachbalken. Er streifte ihr Zaumzeug ab und gab ihr einen Arm voll Heu und Bohnen, damit sie ruhig stehen blieb, solange er sie absatteln und abreiben würde. Mit dem Trinken sollte sie lieber noch warten, bis sie sich ein wenig abgekühlt hatte. Dann machte er den Bauchriemen los.

Als er sich mit dem weichgerittenen Sattel über dem Arm umdrehte, sah er Beornwulf im niedrigen Eingang unter dem Strohdach stehen, – tiefblau war der Himmel der Abenddämmerung hinter ihm.

»Ich war beim König, meinem Pflegebruder«, sagte

Beornwulf, »und jetzt, da das Geschäft, das mich zu ihm geführt hat, hinter mir liegt, habe ich Zeit, an meine eigene Angelegenheit zu denken – und deine.« Er zögerte, denn er war ein Mann, der nur schwer die richtigen Worte fand, die er suchte; Owin wartete indessen mit dem Sattel in den Armen auf das, was jetzt kommen würde. Schließlich sagte er: »Ich habe meine Schuld dir gegenüber nicht vergessen.«

»Schuld?« erwiderte Owin.

»Nun, nicht Schuld. Wenn ein Mann dir dein Leben rettet und dabei sein eigenes riskiert, das kann man nicht Schuld nennen und einfach so zurückzahlen, wie man einen geliehenen Pflugochsen oder eine geliehene Tagesration von Gedroschenem zurückgibt. Das ist ein freies Geschenk – aber vielleicht kann man es mit einem freien Geschenk erwidern ... Ein Leben für ein Leben. Würde dir Freiheit als dasselbe erscheinen wie Leben?«

Owin spürte, wie ihm der Atem in der Kehle stockte, und sein Herz fing an, wie wild unter seinen Rippen zu hämmern. »Ja«, sagte er.

»Dann geh morgen zu Brand in die Schmiede und bitte ihn, dir den Sklavenring abzunehmen. Er weiß Bescheid.«

Eine lange, lange Stille setzte ein. Dann sprach Owin sorgfältig: »Laß mich zu Brand gehen an dem Tag, an dem der Ruf des Königs kommt, Kriegsdienst zu leisten; dies wird dein Geschenk an mich sein! Und als Bezahlung für den Winter, in dem ich immer noch deinen Sklavenring getragen habe, gib mir an demselben Tag ein Schwert.«

Ihre Augen trafen sich, klar und in kühler Ruhe im Laternenschein. »Wem hast du zugehört?« fragte Beornwulf schließlich.

»Dem Harfner, der vor zwei Nächten in der Siedlung war.«

»Und was hat der Harfner gesagt?«

»Daß es in den Königreichen, die an Wessex grenzen, eine wachsende Unruhe gibt. Daß er das Sammeln der Raben schon vor der Schlacht von Wibbendune gerochen hat und daß er diesen Geruch jetzt wiedererkennt. Daß Ceawlin zu mächtig wird für die Sicherheit der kleineren Könige und daß Aethelbert zu Kent, der auch mächtig ist, ihn wenig liebt. Daß viele kleine Königreiche, die sich zusammentun, mehr Speere aufbringen können als ein großes Königreich, das allein dasteht. Ja, das hat er gesagt.«

»Und du hast diese Dinge zusammengezählt und daraus eine – eine zusammengezogene Kriegsmacht im Frühling gemacht?«

»Das Jahr schreitet schon zu weit voran für ein solches Vorhaben in diesem Herbst.«

Beornwulf sah ihn etwas verständnislos an, dabei zog er seine hellblonden Brauen über der Nasenwurzel zusammen: »Du bist kein Sachse, weshalb solltest du ein Schwert für einen sächsischen König führen?«

»Nein«, erwiderte Owin, »aber *gegen* einen. Ich bin Brite, und mein Vater und mein Bruder starben in Aquae Sulis. Ich hasse ebenso tief wie Aethelbert zu Kent und verspüre genausowenig Liebe für Ceawlin von Wessex wie er.«

Ein Weilchen noch stand Beornwulf im Eingang und beobachtete ihn. Dann nickte er, hob seine Hand und schlug sie mit offener Handfläche an den Türpfosten neben sich: »Gut. Viele Männer haben schon aus schlechteren Gründen gekämpft. So soll es denn sein, du sollst deine Freiheit und dein Schwert haben – ein gutes Schwert, das ich trug, bevor mein Vater starb, du sollst beides an dem Tag haben, an dem der Frühling kommt. Und jetzt mach die Stute fertig.«

Er drehte sich um und schritt über den Hof in die Dämmerung davon.

Owin hängte den Sattel sehr sorgfältig an seinen Platz, nahm, ohne hinzusehen, ein Häufchen Stroh und begann Goldauge abzureiben.

Es war Frühling, als der Kriegsaufruf kam: Ein Tag mit Wind, Sonne und dünn glitzerndem Regen, die Wolkenschatten huschten über den Sumpf. Der Bote von der Königshalle schrie es ihnen vom Hofgatter herüber, ohne erst abzusitzen, und ritt dann weiter auf die Siedlung zu.

Owin, der das Getrappel der Pferdehufe in der Ferne ersterben hörte, dachte, daß es genau so ein Tag gewesen war, als damals Kyndylans Aufruf kam. Er brachte zu Ende, was er gerade tat, und ging dann über den Dreimeterdeich zur Siedlung hinunter zu Brand dem Schmied.

Der Bote war schon weitergeritten, als er dort ankam, und der Ort pulsierte wie ein Stock wilder Bienen zur Zeit des Ausschwärmens. Ein paar Männer hatten sich schon um die feurige Dunkelheit der Esse oberhalb des Bootsstrands versammelt, und von drinnen erklang der Schlag des Hammers auf den Amboß. Die meisten der Männer, die dem Aufruf folgen würden, hatten ihre Waffen während des vergangenen Winters gerichtet und bereitgestellt, aber es gab doch noch immer viele Dinge zu erledigen – hier mußte eine Niete fester geklopft werden, dort eine Beule in einem Schild ausgehämmert werden. Die Schmiede war zudem ein Ort, an dem man sich treffen und alles mit kurzen, knappen Sätzen besprechen konnte, jetzt, wo es endlich soweit war. Owin wartete mit den anderen, bis er an der Reihe war, dann ging er in die vom Schein des Feuers erhellte Düsternis der Schmiede.

»Hier bin ich endlich«, sagte er zu dem hochgewachsenen, braunen Schmied.

Brand stand da und sah ihn an, die Hände in die Hüfte gestemmt, die gekräuselten Haare auf seiner Brust glühten rostrot im Schein des Schmiedefeuers. »An jedem Tag in diesem Winter hättest du kommen können«, meinte er mit seinem leisen, tiefen Brummen, »aber nein, du mußtest warten und warten und schließlich ausgerechnet an dem Tag zu mir kommen, an dem es so viel Arbeit vor meiner Tür gibt, um selbst Wieland den Schmied eine Woche lang zu beschäftigen.«

»Ich mußte warten, bis ich mir ein Schwert verdient hatte«, antwortete Owin.

»Ja, von dieser Geschichte habe ich gehört. Also komm und knie dich neben den Amboß.« Während er sprach, hatte sich der Schmied fortgewandt und durchstöberte seine kalten Meißel nach dem Werkzeug, das er brauchte. Der junge Horn, der die großen Schafsfellblasebalge fleißig trat, blickte grinsend auf und brachte das Feuer zum hellaufleuchtenden Lodern.

Owin kniete sich nieder, den Nacken an die Seite des Ambosses gedrückt, so daß ein Teil des eisernen Sklavenrings darauf lag. Die Berührung des Ambosses sengte seinen Hals, und der beißende Rauch vom heißen Metall reizte zum Niesen. »Halt still, wenn du nicht bis ans Ende deiner Tage einohrig herumlaufen willst«, sagte Brand der Schmied und beugte sich mit dem Meißel in der einen und einem Hammer in der anderen Hand über ihn.

Die Sache war schnell erledigt, obwohl sich sein Kopf wie haltlos auf den Schultern fühlte. Das rechte Ohr war, als ob es mit Wolle vollgestopft wäre. Alles war so schnell gegangen, daß er zunächst noch gar nicht recht begreifen konnte, daß er wieder frei war, nach fast acht Jahren. Er wußte, daß es so war, aber er konnte es nicht fassen. Er konnte überhaupt nichts empfinden außer einer Art tiefer Ruhe. Zwischen den Gestalten in der offenen Tür sah er Fischerboote, die auf den nassen Sand hinaufgezogen waren, er sah die jagenden Wolken über den Sümpfen und Möwen im Fluge vorbeihuschen. Dann wurde ihm klar, daß der Schmied in sein betäubtes Ohr brüllte, ob er denn vorhätte, noch den ganzen Tag zu knien. Er schüttelte vorsichtig seinen Kopf, als ob er befürchtete, er könnte womöglich hinunterfallen; dann stand er auf, lachte und rieb sich seinen Nacken. Die Männer im Eingang traten zur Seite, um ihn durchzulassen, sie riefen hinter ihm her, ein oder zwei von ihnen klopften ihm auf die Schulter, und der Klang ihrer Stimmen war freundlich; aber er hörte nicht, was sie sagten, doch grinste er sie dabei wie ein Irrer an.

Er machte sich auf den Weg zurück zum Hof, um sein Schwert von Beornwulf zu fordern.

Am Abend jagten sich die Neuigkeiten, die dem bloßen Aufruf auf den Fersen folgten, und zogen wie ein Feuersturm durch die Siedlungen. Ceawlins Neffen hatten die Flagge des Aufruhrs gehißt und Coel, den Ältesten von ihnen, zum König der Westsachsen erklärt.

Owin saß bis spät in die Nacht neben dem knisternden Feuer und putzte sein Schwert, das über seinen Knien lag.

Der Bund des Schwertes

»Wotan, du Vater aller kämpfenden Männer, höre den Schwur deiner Söhne zu der Zeit, da sich die Raben sammeln. Von dieser Stunde an bis zu der Zeit, wo der letzte Krieger wieder nach Hause kommt oder sein Blut dem Todesfeuer opfert, lassen wir jede andere Liebe und jeden anderen Haß beiseite und sind eine Gemeinschaft, eine Brüderschaft in Sieg oder Niederlage.«

Das war die Stimme von Haegel dem König; und die Stimmen der Kriegerschar brüllten als Antwort hinaus: »In Sieg oder Niederlage, Großer Vater, sind wir eine Brüderschaft.«

Und wieder erhob sich Haegels Stimme allein: »Auf euren Schild und die Klinge eures Schwerts – schwört's!«

Ein metallisches Geräusch entstand, als jede Hand sich an ihre Waffe legte, und wieder erscholl das tiefe Stimmengedonner: »Wir schwören!«

»Auf den Drachenbug von Aelles Kriegsboot – schwört!«

Und noch einmal die tiefstimmige Antwort: »Wir schwören.«

Seit Tagen schon hatten sie sich selbst von den weitesten Zipfeln des südsächsischen Landes her versammelt, allein, zu zweien und in kleinen Scharen unter ihren Anführern; fast von jedem Hof ein Vater oder ein Sohn oder ein jüngerer Bruder. Jetzt schon mußte die Menge, die sich mit Schilden auf den Schultern im weiten Vorhof des Königshauses und dem Eingang der Hohen Halle zugewandt stehend drängte, fast an zweitausend zählen.

Vor der dunklen Schwelle, wo sich die Priester hinter dem König versammelt hatten, stieg eine lange, dünne Rauchfahne kräuselnd zum erlöschenden Feuer des Sonnenuntergangs auf, der sich über ihren Köpfen wölbte, und der dumpfe Geruch von Blut und brennendem Pferdehaar trieb in die Gesichter der Krieger. Owin, der weit hinten stand zwischen den jungen und weniger bedeutenden Männern, traf eine dicke Schwade, und er spürte, wie Ekel seinen Magen aufrührte. Hier hatten sie auf dem heiligen Boden vor der Schwelle des Königs das Gottespferd an Freyr als Bittopfer um Gunst im bevorstehenden Krieg übergeben, den großen weißen Hengst, der Opfer war und Gott zugleich, der für sein Volk stirbt. »Gottheit sein kostet immer seinen Preis«, hatte Vadir gesagt in der Nacht, als das Silberfohlen geboren wurde. Jetzt konnte er Vadir sehen, weit vorne zwischen den Anführern und Verwandten des Königs und den Hofbauern, kleiner war er als die meisten Männer um ihn herum, aber an der Blondheit seines Haars und der Art, wie er dastand, die Schulter leicht angehoben, sein Gewicht auf das gesunde Bein verlagert, konnte man ihn klar erkennen; einen Augenblick lang stieg Haß in Owin auf und trieb jede Spur von Ekel aus ihm heraus. Das Pferd war vorher betäubt worden, hatte ihm jemand gesagt, sonst hätte man es gar nicht erst zum Opferplatz bringen können; und trotzdem bäumte es sich im Todesaugenblick auf, und die Männer, die die Seile hielten, wurden dabei geradewegs von den Füßen gehoben. Das Pferd wieherte schrill, nicht aus Angst oder Schmerz, sondern wie ein Hengst in der Schlacht schreit. Owin schloß die Augen und stieß zu irgendwelchen Göttern, die es hören würden, ein Dankgebet dafür aus, daß Teitri zum kentischen König gebracht worden war; wenigstens würde er nicht erfahren, wann die Stunde für Teitri schlagen würde.

Der Priester verspritzte mit Hilfe eines langen Zopfs aus Pferdehaar einen Saft, der rote Flecken machte, wo er hintraf. Das meiste davon traf die vorne stehenden Krieger, aber ein Tropfen platschte auf Owins Stirn wie ein schwerer Tropfen Gewitterregen. »Das ist Glück«, sagte ihm sein Nachbar, »das ist ein Zeichen der Gnade durch die Götter.«

Aber es war ein Zeichen, auf das er lieber verzichtet hätte, obwohl er sich nicht verriet und ihn nicht abwischte.

Sie zerrten den Kadaver des Weißen Hengstes weg, damit er den Hunden zum Fraß vorgeworfen werden konnte. Jetzt war er nur noch ein Kadaver, und irgendwo auf den Pferdeweiden des Königs war ein junger weißer Hengst in dem Augenblick zum Gottespferd geworden, in dem das alte gestorben war. Sie streuten Sand über das Blut auf der Schwelle des Königs, und die Zeremonie war vorbei.

Die dicht gedrängte Menge von Kriegern trieb auseinander und hielt auf die Feuerstellen zu, wo ganze Schafe und Ochsen gebraten wurden.

Owin nahm eine brutzelnde Scheibe Ochsenfleisch auf seine Messerspitze und zog sich an den Rand der Schar zurück, um sie zu essen; sein Rücken war gegen die niedrige Mauer eines Kälberpferchs gelehnt.

Über die wogende Stimmenmenge hinweg konnte er Haegels Leitbullen in seinem Stall über irgend etwas verärgert stampfen und brüllen hören.

Langsam verblaßte das Licht der weiten Himmelswölbung; die Dämmerung kroch über das ebene Land, im Vorhof des Königs strahlte der Feuerschein stärker und warf ein verworrenes Spiel von Grelle und Schatten über die hin- und hertreibenden Gestalten der Krieger und der Frauen, die das Bier brachten. Owin fühlte sich seltsam unbeteiligt an diesem Geschehen, der einzige, der hier nicht wurzeln konnte. Zwar hatte er den Kriegsschwur mit diesen Männern abgelegt, war mit ihnen verbunden und sie mit ihm, und dennoch blieb er von ihnen getrennt. Er war Brite, und sie waren Sachsen, und zwischen beiden lag eine Schlucht, wie sie nur zwischen zwei Welten liegen konnte. Dunkel war ihm bewußt, daß auch eine andere Schlucht zwischen ihnen lag. Sie hatten etwas, wofür sie kämpfen konnten; er hatte nur etwas, wogegen er kämpfen konnte. Es war ein merkwürdig trostloses Gefühl.

Nicht weit von der Mauer, an der er lehnte, stand ein

schulterhoher grober Stein, an dem seit hundert Jahren die Krieger des Königs ihre Waffen gewetzt hatten. Das Essen war im großen und ganzen vorüber, und eine Gruppe junger Krieger hatte sich um den Stein versammelt. Während Owin sein Messer mit einer Handvoll Gras säuberte, beobachtete er sie. Die Gruppe wechselte dauernd in der matter werdenden Dämmerung; Männer brachten Schwerter und Speerspitzen herbei, um sie zu schärfen, blieben eine Weile, lachend, prahlend und mit ihren Kameraden balgend, und gingen dann zurück zum einen oder anderen Feuer, um nach den Pferden zu sehen, die in langen Reihen angepflockt waren, oder um nach einem Mädchen zwischen den Gebäuden des Hofs zu suchen. Im Gefühl des Sonderlings löste sich Owin trotzig von seiner Mauer und schlenderte hinüber, um sich ihnen dennoch beizugesellen.

Als er sich in ihre Mitte drängte, traten sie zur Seite oder traten nicht zur Seite, genau wie sie es für irgendeinen anderen ihrer Kameraden getan hätten. Der Schein des nächstgelegenen Feuers erreichte sie kaum noch, sie standen schon in der Dunkelheit, und nur wenn sie sich bewegten, leuchteten im schwachen Flackern des Lichts der blanke Griff eines Dolchs oder eine Schulterschnalle oder die hellen Augen eines lachenden Mannes.

»Hört euch das Brüllen von Haegels Vieh an«, sagte einer. »Das klingt ganz so, als wollte es die Wurzeln dieser Welt zerreißen.«

»Es ist wütend«, sagte ein anderer, »wärst du nicht wütend, wenn wir ein Festmahl aus deinen Söhnen bereitet hätten?«

Ein Dritter klopfte auf seinen Bauch, rülpste glücklich und meinte: »Noch nie habe ich ein zarteres Stückchen Ochsenfleisch geschmeckt.«

Gelächter brach aus, und Owin, plötzlich aufgewärmt, lachte mit ihnen und spürte, wie seine Welt und die ihre ein wenig dichter aneinanderrückten. Es war lange her, seit er zuletzt als freier Mann unter freien Männern gelacht hatte.

Er brauchte sich seines Schwertes nicht zu schämen, als er an der Reihe war am Wetzstein. Es war eine schlichte, dienstbare Waffe mit einem Griff aus gelbem Lindenholz, der silbergrau und vom reichlichen Gebrauch schon abgegriffen war; das Gewicht war gut, und das Ding fühlte sich in seiner Hand lebendig an. Der Schmied, der es gemacht hatte, hatte auch die Schönheit über dem Nutzen nicht vergessen, denn außer der Schönheit der einem Schwert eigenen, sauberen Linien waren am Knauf noch vierblättrige, silberne Blumen eingelegt.

Er beugte sich vor und zog die Klinge gebogen über den Stein, dabei spürte er, wie das Eisen sich an dem Granit rieb. Die weißen Funken sprühten zu beiden Seiten; sie waren so hell wie Sternschnuppen in einer Winternacht. Der Kragen seines Hemds war beim Vorbeugen aufgeklappt. Ein untersetzter junger Mann neben ihm deutete mit seinem Finger auf Owins Nacken gerade oberhalb des Schulterblatts.

»Du – ich weiß nicht, wie du heißt. Was ist das?«

Owin war sich klar, daß der Sklavenring, den er fast acht Jahre lang getragen hatte, einen weißen Hautstreifen auf dem windgegerbten Braun seines Halses hinterlassen hatte. Er versteifte sich zunächst, dann zog er die Klinge noch einmal über den großen Schleifstein und jagte erneut einen Funkenflug in die Luft, damit es Licht zum Sehen gäbe:

»Wonach sieht es denn aus?«

»Es könnte das Zeichen eines königlichen Goldkragens sein, aber eher schon, glaube ich, das Zeichen von einem Sklavenring.«

»Es ist das Zeichen eines Sklavenrings«, entgegnete Owin ruhig und schärfte sein Schwert weiter. »Bis vor sieben Tagen war ich noch Sklave von Beornwulf, dem Pflegebruder des Königs«, und mit dem Kopf deutete er auf den offenen Eingang der Halle zu. Die jungen Sachsen drängten sich dichter um ihn herum, neugierig und zu jedem Spaß aufgelegt, wenn es Spaß geben würde, aber keineswegs unfreundlich.

»So – du bist also Brite? Das dachte ich mir schon, sobald du zu sprechen begannst«, meinte der untersetzte junge Mann. »Was machst du in den Reihen von Haegels Schildkriegern? Hast du jemals zuvor ein Schwert geführt?«

»Nur zur Übung, nicht im Krieg. Bei Aquae Sulis, wo der letzte unserer Prinzen fiel, da hatte ich nur mein Messer. Für die Jungen waren keine Schwerter übrig.«

»Ein großer Kampf war das, habe ich gehört!« Ein lachender Riese warf seinen großen Arm freundlich über Owins Schultern und schwang ihn herum, als ob er ihn den anderen präsentieren wollte. »Sie hätten uns Einon Hên gar nicht von den Bergen im Westen herunterzuschicken brauchen; seht nur, wir haben schon einen Briten in unserer Mitte, und zwar einen, der im Krieg gesäugt wurde.«

Seltsamerweise schienen sie nichts gegen ihn zu empfinden, so wie er war, und noch seltsamer war es, daß der Arm über seinen Schultern ihn nicht störte. So tief im sächsischen Gebiet waren die alten Feindseligkeiten möglicherweise abgetragen; vielleicht hatte das auch etwas zu tun mit dem Zusammenhalt gegen einen gemeinsamen Feind, gegen den Geruch der sich sammelnden Raben. Aber die Worte des riesigen Burschen erschreckten und verblüfften ihn: »Du sprichst in Rätseln, jedenfalls in Rätseln zu mir. Wer ist dieser Einon Hên?«

»Der britische Gesandte. Willst du mir etwa erzählen, daß du das nicht weißt?«

Owin holte tief Luft. »Nein«, antwortete er langsam, »das wußte ich nicht. Und ich verstehe es immer noch nicht.«

Verschiedene Stimmen antworteten ihm, wobei die eine den Faden der vorigen aufnahm. »Wußtest du nicht, daß die Briten mit uns einen Pakt gemacht haben? Ihre Schwerter gegen Ceawlin und im Austausch eine Grenze, die wir Sachsen nicht übertreten werden? Wo hast du nur deine Ohren? Den ganzen Abend machte es die Runde! Eine große Schar britischer Krieger versammelt sich hinter der Sabrina, heißt es. Zu jedem unserer sächsischen Könige haben sie einen ihrer großen Männer geschickt, um das brüderliche, gegenseitige Verstehen zu vertiefen. –«

Eine ganze Weile stand er still zwischen ihnen, dann sprach er mit einer Stimme, die so sorgfältig beherrscht war, daß sie nur ein wenig gewürgt klang: »Ihr spinnt euch das zusammen; ihr redet so, wie ein Harfner eine Geschichte erzählt an einem Winterabend.«

»Warum sollten wir das?« fragte der untersetzte junge Mann.

»Ich weiß es nicht. Vielleicht damit ich wie ein Narr dastehe.«

Der Riese schüttelte freundlich an seiner Schulter: »Geh nur und sieh selbst nach, wenn du uns nicht glaubst. Er wird auf dem Gastplatz sitzen.«

Und Owin schob sein Schwert zurück in die Scheide aus Wolfsfell und ging.

Männer drängten sich um den Eingang an der Veranda, sie reichten das Bierhorn von Hand zu Hand. Owin drückte sich zwischen ihnen hindurch, bis er an die Stelle kam, von wo aus er die Halle übersehen konnte. Der große, scheunenartige Raum flackerte von Feuer- und Fackelschein; Rauchwolken füllten ihn wie wilder Honig; und aus dem Dunkel des Vorhofs heraus konnte Owin, der auf der Schwelle stand, kaum etwas erkennen außer feuerumfluteten Schatten. Als sich seine Augen an den Fackelschein zu gewöhnen begannen, fing er an, Einzelheiten des Geschehens zu sehen und auf den dichtgedrängten Bänken einen Mann vom anderen zu unterscheiden. Auf halbem Wege standen in der Halle an den gegenüberliegenden Wänden zwei erhöhte Sessel, zwischen ihnen lag die gesamte Breite der Halle mit dem Feuerplatz. Auf dem Königssessel saß Haegel mit seinem Methorn auf den Knien, und sein kleiner Sohn Halfdean stand kerzengerade und mit tapferer Aufmerksamkeit auf der Stufe zu seinen Füßen. Owin blickte auf den gegenüberliegenden Gastplatz. Dort saß ein Mann mit dem schlangenumrankten Gastbecher des königlichen Hauses in den Händen; ein kleiner, ältlicher Mann, zwergisch wirkte er auf dem riesigen, geschnitzten Sessel, er sah aus wie ein Falke auf einem Adlerthron. Der Mann drehte seinen Kopf, um die Halle zu überblicken, und Owin konnte sehen, daß er nur ein Auge hatte; dies aber war ein glühendes Bernsteinauge und verstärkte noch den Eindruck, wie ein Falke zu sein; denn das lauernde Starren eines Raubvogels kann man immer nur seitwärts bei einem Auge sehen. Sein Umhang, den er zurückgeworfen hatte wegen der Hitze, war blau und rostrot gescheckt wie das Gefieder eines Eisvogels, und das graue Haar, das dicht von seiner Stirn nach hinten fiel, wurde von einem dünnen goldenen Kopfband gehalten, wie es die britischen Edlen noch immer in den Bergen trugen und wie sie es schon vor der Ankunft der Römer getragen hatten.

Es stimmte also.

Owin rührte sich nicht mehr von seiner Stelle an der Tür, bis das Singen und Geschichtenerzählen vorbei und die Hörner leergetrunken waren. Aber in all der Zeit sah er nicht die Halle des Königs im Feuerschein vor sich, sondern eine britische Kriegsschar, die sich jenseits der Sabrinafurten sammelte, und er hörte nicht die Stimme eines sächsischen Sängers, sondern den Ruf der britischen Kriegshörner, die jetzt wieder in den Bergen des Westens erklangen – aber er war nicht frei, ihrem Ruf zu folgen.

Schließlich begannen die Männer aufzustehen und sich zu recken, sie traten ihre Hunde zur Seite, um gemütlich ein bißchen in die frische Luft hinauszugehen, damit sich ihre Köpfe klärten, während drinnen die Kissen und Decken zum Schlafen ausgebreitet wurden. Da verließ Owin seinen Platz und schlüpfte einem Schatten gleich Beornwulf hinterher.

Kurz verlor er ihn in der Dunkelheit in der hin- und herwogenden Menge, und als er ihn wieder sah, stand er neben einem der Feuer mit einer Gruppe von Männern zusammen, die alle von der Seehundsinsel kamen. Owin hatte vorgehabt, eine Gelegenheit zu finden, bei der er ihm hätte allein gegenübertreten können; aber plötzlich konnte er nicht mehr warten, obwohl einer der anderen Männer Vadir war.

Rasch schritt er auf ihn zu: »Beornwulf –«

Der andere drehte sich um: »Owin! Ich fragte mich schon, ob ich wohl die ganze Kriegsschar durchsuchen müßte, um dich zu finden –« begann er.

Aber Owin schnitt ihm das Wort ab, ein bißchen atemlos. »Beornwulf, hast du davon gewußt?«

Es gab eine kurze Stille, dann sagte Beornwulf: »Du meinst von dem Pakt mit deinen Leuten?«

»Ja.«

»Nicht bis vor ein paar Stunden.«

Der Brite und der Sachse, – ihre Blicke trafen sich und hielten einander stand, beharrlich im Schein der sterbenden Feuer; und Owin wußte, daß der Sachse die Wahrheit sprach. Es war nicht Beornwulfs Schuld, daß die Neuigkeit ihn zu spät erreicht hatte. Er zuckte ein wenig mit den Achseln, es war nichts zu machen. »Wofür hast du mich gebraucht, Beornwulf?«

»Nicht für mich selbst, aber für den britischen Gesandten«, entgegnete Beornwulf. »Er ist ein alter Mann, und jemand sollte ihm helfen, damit er es angenehm hat, und seine Schlafdecke für ihn ausbreiten.«

Eifer sprang kurz in Owin auf und fiel dann in sich zusammen wie eine frisch entzündete Flamme. Brite, der er war, und in sächsischer Kriegsrüstung verpflichtet dem sächsischen Eid, wie konnte er diesem kleinwüchsigen, halbblinden Prinzen seiner eigenen Leute entgegentreten? »Hat er keine jungen Verwandten, ihm zu dienen? Keinen eigenen Waffenträger?«

Vadir, der zugesehen hatte mit eisiger Belustigung, die die dünnen Falten seines Gesichts tiefer grub, warf ein Wort ein: »Ich habe noch nicht oft davon gehört, daß eine Geisel ihren eigenen Hofstaat mitbringt.«

»Eine Geisel?« Owins Atem stockte. »Ich dachte –«, und dann brach er ab. Fast hätte er gesagt: »Ich dachte, dies sei ein Pakt zwischen Gleichgestellten«, aber er hätte sich eher die Zunge abgebissen, als so etwas zu Vadir Cedricson zu sagen.

Beornwulf sprach laut und ehe der andere etwas entgegnen konnte: »Einon Hên kommt als Gesandter, frei und ehrenvoll, und weil er ein tapferer Mann unter denen ist, die kürzlich noch seine Feinde waren, kommt er allein ... Gehe also und biete ihm deinen Dienst an; denn da du auch ein Brite bist, ist niemand so geeignet wie du in dieser sächsischen Kriegsschar.« Seine Hand kam unter seinem Umhang hervor und umfaßte damit für einen Augenblick Owins gespannte Schulter.

»Das ist eine Ehre, verstehst du das?«

»Sicher, eine sehr große Ehre«, murmelte Vadir und blickte zu den Sternen hinauf.

Aber Owin würdigte ihn keines Blicks, obwohl seine Hände bebend zu Fäusten geballt waren. »Ich verstehe«, sagte er.

In der verdunkelten Halle kniete Owin ein wenig später vor dem britischen Gesandten, der auf der ihm zugeteilten Bank gegen die Mauer gelehnt saß, und schnürte die Lederbänder der weichen Lederschuhe für ihn auf. Er hatte die Decken und das strohgefüllte Kissen für den alten Mann ausgebreitet, hatte ihm aus seiner Kleidung geholfen, denn die Nacht lag nun über der Halle, und die meisten Männer schliefen ausgezogen bis auf die Hosen mit einem Umhang über sich geworfen. »Beornwulf, der Pflegebruder des Königs, sagte mir, daß du hier seist ohne einen eigenen Waffenträger, der dir dienen könnte«, sagte er in seiner eigenen Sprache, die er schon so lange nicht mehr gebraucht hatte.

»Ah, man hat mir erzählt, daß einer meiner Landsleute unter den jungen Kriegern von Haegel sei.« Einon Hên lehnte sich vor und berührte Owins Hals mit einem knöchrigen Finger, viel sanfter, als es der Mann am Waffenstein getan hatte. »Und bis vor kurzem hast du einen Sklavenring getragen? Wurdest du im Kampf gefangengenommen?«

Owin schüttelte den Kopf. »O nein, ich habe mich selbst übergeben, ohne daß auch nur ein Schlag ausgeteilt worden war.«

»Wie kam das?« wollte Einon Hên wissen.

»Wir – eine Freundin und ich – wollten nach Gallien fliehen, aber sie wurde krank im Wald, bevor wir noch die Küste erreicht hatten. Sie war jünger als ich, damals ungefähr erst dreizehn, und sie – wäre gestorben, glaube ich. Sie brauchte Wärme und Pflege, und – sie brauchte Milch.« Er setzte sich auf seine Fersen zurück, hob seine Augen und blickte in das tiefgefurchte Gesicht des alten Mannes. »Es gab keine andere Möglichkeit für mich.«

Es kam ihm überhaupt nicht seltsam vor, so darüber zu sprechen. Erst, als er später darüber nachdachte, daß er so frei mit Einon Hên darüber geredet hatte, so offen wie mit niemandem mehr seit Onkel Widreth und ganz so, als seien sie zwei ganz allein in der großen Halle.

Einon Hên beugte sich noch etwas weiter vor auf der Bank, seine Hände waren auf die Knie gestützt, und so spähte er aus seinem einen Auge auf ihn herunter. Der grimmige, halbblinde Blick wurde weicher, und ein Lächeln voll unerwarteter Wärme vertiefte die Falten seines Gesichts: »Nein, es gab keine andere Möglichkeit für dich«, sagte er, und der lange knöcherige Finger, der Owins Hals berührt hatte, fühlte nun die weiße Narbe, die aus seinem Ärmel lief. »Wenn du auch nicht im Krieg gefangengenommen wurdest, so kennst du doch wohl den Kampf. Das hier sieht aus wie ein alter Speerstoß.«

»Ich war in der letzten Schlacht bei Aquae Sulis«, erwiderte Owin. »Mein Vater und mein Bruder sind dort gestorben, aber ich wurde am Kopf getreten, und die Schlacht ging an mir vorüber.« Er blickte geradewegs und unerschütterlich in das alte, einäugige Gesicht, er hatte Vadirs Hohn nicht vergessen. »Das ist wahr. Ich bin nicht fortgerannt.«

»Nein«, sagte Einon Hên. »Ich glaube dir, daß du nicht davongelaufen bist.«

Owin zog die weichen Lederschuhe von den Füßen des alten Mannes und warf sie unter die Bank. Als er sich erheben wollte, hielt Einon Hên ihn zurück. »Und jetzt bist du ein freier Mann, und unsere eigenen Leute ballen sich zusammen jenseits der Sabrinafurten. Wenn die verbündeten Scharen zusammenkommen werden, wirst du dann dein Schwert ins britische Lager hinübertragen?«

Owin war einen Moment lang still, dann sagte er schwermütig: »Ich wußte es nicht. Es ist zu spät. Ich habe den Eid der Brüderschaft mit den anderen abgelegt.« Noch eine Stille, und er fügte hinzu, als ob er beim Sprechen etwas erforschte und entdeckte: »Aber das ist es nicht allein. Hinterher, falls ich überlebe, werde ich zu meinem eigenen Volk gehen, aber jetzt noch nicht. Beornwulf gab mir ein Schwert, und vorhin nahm ich es zum Waffenstein im Vorhof wie auch die anderen jungen Krieger. Wir lachten über irgend etwas – ich weiß nicht mehr, was –, und einer von ihnen warf seinen Arm um meine Schultern. Ich vergaß es, ihn zu hassen, und obwohl er wußte, daß ich Brite bin, hat auch er mich nicht gehaßt ...« Seine Stimme fiel in die Stille, und noch immer kniend sah er zu Einon Hên, als ob er den alten Mann bitten wollte, etwas zu verstehen, was er selbst nicht verstand.

Der britische Gesandte nickte. »Ja, ja, das liegt im Bund. Im Bund des Schwertes ... Dem bin ich schon begegnet.«

Wotansborg

Am nächsten Morgen marschierte die südsächsische Kriegerschar vom Königshof fort; Haegel ritt mit den ihm vertrauten Begleitern voran. Die niedriger gestellten Männer, die kein Pferd besaßen, stapften in dem von den Reitern aufgewirbelten Staub mit den Packtieren und dem Rindervieh hinterher; Bogenschützen und Speerträger und dann die, deren Waffe das Schwert war, folgten. Die Pferde wurden nur unterwegs gebraucht, denn die Sachsen fochten nicht glücklich zu Pferde, und sowohl der König als auch Owin würden, wie alle anderen auch, Fußsoldaten sein, um die Schildmauer aufzubauen.

Auf dem offenen Land nördlich von Venta trafen sie nach dreitägigem Marsch auf der alten römischen Straße auf den aus östlichen Landen kommenden Teil der ihnen verbundenen sächsischen Kriegerschar. Die Männer von den Chiltern Bergen folgten Cuthgils, dem jüngsten von Ceawlins rebellischen Neffen: Sie bildeten die Kampfesstärke von all den kleinen Königtümern östlich der alten Bergroute, die sie den Icknield-Weg nannten; ein hoher Einsatz von Kriegshorden aus Kent, aber nirgendwo war die kentische Standarte zu sehen.

Haegel lachte, als er die Krieger aus Kent unter dem Nordkreidegebiet an jener Straße entlangziehen sah, die schon alt war, als die Legionen kamen. Er warf seinen Kopf zurück und erklärte lachend in den Rauch des Lagerfeuers hinein: »Solange Aethelbert ruhig in Cantiisburg sitzen darf und so tun kann, als wisse er von nichts, solange wird er wohl auch nicht allzu genau darauf achten, was die jungen Männer seiner Grenzhundertschaften anstellen.«

Von Zeit zu Zeit erhielten sie Nachrichten darüber, was

andernorts geschah. Ceawlin war in seiner Hauptstadt in Wilton. Seine Söhne, die die Grenzen von Surrey bis zum Rand des Aquae Sulis Gebiets schützten, hatten schon den Ansturm hinter sich, als Coel und Coelwulf mit ihren Männern aus den neuen westlichen Siedlungen wie Wölfe in einem Hungerwinter gegen sie anrannten. Sie hatten den ersten Schlag einstecken müssen und waren mit schweren Verlusten zurückgedrängt worden, dann erst hatte Ceawlin seine Mannen zusammengerufen und stieß nun nach Norden vor, um zu helfen.

Inzwischen kam die Nachricht, daß der Vater und die Söhne zusammengekommen waren und, da sie sich zahlenmäßig unterlegen wußten, sich auf die alte Bergfestung Wotansborg zurückgezogen hatten, um dort in der stärksten Befestigung im ganzen nördlichen Wessex auf ihre Feinde zu warten.

Diese Nachricht wurde verbreitet von Coel und Coelwulf mit ihren siegreichen Kriegshorden, die nunmehr vom Norden herunterzogen, um sich den Männern von Kent und Sussex und den Chiltern Bergen etwa fünfzig Meilen vor dem gewählten Treffpunkt anzuschließen. Jetzt war außer den britischen Truppen die ganze verbündete Kriegerschar zusammengekommen. In dieser Nacht brannte ein großes Feuer in der Mitte des Lagers, und Owin, eilig herbeibeordert, stand in dem grellen Flammenschein dem abschätzenden Prüfblick von fast einem Dutzend Männern gegenüber. Haegel kannte er und auch Einon Hên; die übrigen waren Fremde, aber er nahm an, weil er sie hereinreiten gesehen hatte, daß die beiden breitschultrigen jungen Männer mit den hitzigen Augen und den hochmütig gespitzten Bärten Coel und Coelwulf waren. Er erwiderte Blick auf Blick im Feuerschein, auf der Hut vor allem, was immer kommen mochte. Er wußte nicht, warum sie nach ihm ausgeschickt hatten, aber Einon Hên erklärte es jetzt in sächsischer Sprache, damit die anderen es verstehen konnten und keinen Verrat zu fürchten brauchten.

»Owin, unseren Leuten ist eine große Ehre zugekommen, obwohl – eine Ehre vielleicht, die uns teuer zu stehen kommen kann. Ceawlin und seine gesamte Kriegsschar haben Lager aufgeschlagen an einer Stelle, die die Sachsen Wotansborg nennen, um sich dort wartend unserer Ankunft zu stellen, so wie sich ein gejagter Eber stellt. Das ist ein altes Kriegslager unseres Volks, und wie bei den meisten dieser Art gibt es mehr als einen möglichen Weg hinein, aber der wichtigste ist an seiner südöstlichen Seite. Daher werden wir den großen Angriff auf sie von dieser Seite her beginnen; aber wenn der Kampf auf seinem Höhepunkt angelangt ist, werden die Briten sie von hinten überfallen und versuchen, durch die hinteren Tore durchzubrechen und so das Schwert und die Verwirrung ins Herz des Feindeslagers zu tragen. All das ist geplant, und der Dornenwald wird den Briten für einen Überraschungsangriff Deckung bis zum Fuß von Wotansborg geben; aber die Sache muß zeitlich so genau abgestimmt sein wie ein Speerwurf, wenn sie erfolgreich sein soll, und die Stunde der Raben konnte nicht früher festgelegt werden, als die beiden Hälften der verbündeten Kriegerschar zusammengekommen waren. Deshalb muß jetzt die Botschaft zum britischen Lager – das ist mehr als ein Zweitagesmarsch nordwestlich von Wotansborg –, und ein Mann muß sie dorthin bringen.«

Owin hörte ganz deutlich viele Geräusche vom Lager her, eine leise singende Gruppe von Männern um ein Feuer herum, das Wiehern unruhiger Pferde an den Pflockreihen. »Erkläre ich mich freiwillig bereit, oder ist das ein Befehl?« fragte er schließlich.

»Ich glaube, daß du dich freiwillig bereit erklärst. Du bist Brite; der einzige außer mir, der dies in diesem großen Lager von sich behaupten kann.«

Der alte Mann und der junge hielten ihre Blicke einen Moment lang in gemeinsamem Stolz aufeinander gerichtet.

Coel, der sich selbst schon König von Wessex nannte, warf den letzten Bissen seines Abendbrots dem Hund zu, der zu seinen Füßen kauerte, und beugte sich ruckartig in den Feuerschein vor. »Wir können einen Mann mit dir auf den Weg schicken, einen, der das Land kennt, oder zwei Männer oder drei, um sicherzugehen, daß du das britische Lager erreichst. – «

Owin spürte das Blut plötzlich heiß unter seiner Haut aufwallen und schnitt ihm mit beherrschter Stimme das Wort ab: »Warum nicht gleich die ganze Kriegerschar?«

»Du bist unverschämt, mein Freund«, Coel zog seine Brauen zusammen.

»Das war nicht meine Absicht, aber es ist mir noch nicht vorgekommen, daß meine Treue angezweifelt wurde.«

Coel starrte ihn eine ganze Weile unter seinen mißtrauisch gerunzelten Augenbrauen an, dann machte er eine kleine Handbewegung, als schraubte er etwas fest und warf es ins Feuer. »Für alles kommt einmal ein erstes Mal. Aber ich habe deine Treue nicht in Frage gestellt, weil Einon Hên dafür gebürgt hat. Ich wollte gerade sagen – wenn du nicht so vorschnell eingehakt und deine Federn gesträubt hättest –, daß wir deine Ankunft im britischen Lager sicherstellen und dir einen Mann mitschicken wollen, der dir den Weg zeigt. Die Sache ist erledigt und klar. Darüberhinaus aber wollte ich sagen: Die einzige Möglichkeit für uns, *völlig* gewiß zu sein, daß die Botschaft sicher angelangt ist, besteht darin, daß du hinterher zum sächsischen Lager zurückkehrst.« Seine Augen blickten scharf in Owins Gesicht, und der Brite wurde sich zum ersten Mal bewußt, wie schlau und durchtrieben sie waren. »Können wir sicher sein, daß du, nachdem du wieder zu deinem eigenen Volk gekommen bist, zurückkommen wirst zum Banner des Weißen Pferds?«

»Ich werde zurückkommen«, sagte Owin. Sein Blick fiel auf den britischen Gesandten. »Einon Hên weiß, daß ich zurückkehren werde.«

Einon Hên nickte. »Ich kam zu euch als ein Gesandter meines Volks, aber mehr als einmal habe ich über mich als von einer Geisel aus euren sächsischen Mündern sprechen hören.« Sein Blick schweifte mit einem Funken von Belustigung über die plötzlich verhärteten Gesichter. »O ja, vielleicht fehlt mir ein Auge, aber ich habe immer noch ein scharfes Gehör. Laßt mich euch daher in der Tat als eure Geisel anbieten für die Rückkehr meines Landsmanns.«

Wieder gab es eine Stille, und dann sagte Haegel von den Südsachsen laut und trotzig: »Das wird nicht vonnöten sein!«

Ein Gemurmel hob an unter den Männern um das Feuer; und Coel mit seinem scharfen Blick, der immer noch auf Owins Gesicht ruhte, sagte: »Nein, es wird nicht vonnöten sein. Wenn du das britische Lager erreichst, gehe zu Gerontius, dem Prinz von Powys, und sage ihm, daß die Zeit der Raben am Sonnenaufgang des vierten Morgens nach heute kommen wird – am Morgen von Thors Tag. Das ist alles; er kennt den Rest; und wenn er die Stellungen am Waldrand aufgebaut hat, wird er die Kriegshörner hören und den Lärm der Schlacht, um danach seinen eigenen Angriff einschätzen zu können.« Während er sprach, zog er einen Ring von seinem Finger und reichte ihn Owin; ein zartes Stück aus gewundenen Gold- und Silberdrähten, seltsam weiblich an der starken Hand dieses Mannes, aber Owin hatte schon oft zuvor die Zartheit der Arbeit von sächsischen Goldschmieden bemerkt. »Das ist das abgemachte Zeichen. Gib es Gerontius als Beweis, daß du wahr und wirklich von Coel von Wessex und der verbündeten Kriegerschar kommst; und bringe mir das mit ihm abgemachte Zeichen im Austausch zurück.«

Eine Stunde später ritten Owin und der Mann, der ihn führen sollte, aus dem sächsischen Lager hinaus. Sie waren zu Pferd, denn sie mußten rasch vorankommen. Seltsame Gefühle bewegten ihn, da er zu seinen eigenen Leuten ritt – ein Bote für die Sachsen.

Sie ritten durch die Nacht und ruhten tagsüber zwischen

Stechginsterbüschen in einem kleinen versteckten Tal, während die Pferde an den Fesseln gebunden grasten, und dann ritten sie weiter durch die zweite Nacht. Meistenteils war es offenes Tiefland, und der Sachse kannte es gut. Sie stießen auf keine Schwierigkeiten, und noch vor dem zweiten Sonnenaufgang gelangten sie ins britische Lager.

Kurz darauf sprach Owin, der seinen müden Führer bei den noch erschöpfteren Pferden gelassen hatte, mit einem hochgewachsenen Mann im Schutz eines Haselgebüschs. Auch dort brannte ein Feuer, und Gestalten standen oder gingen darum herum, Gestalten mit römischen oder keltischen Gesichtern; aber er war so müde, daß sie ihm wie Gesichter und Gestalten in einem Traum erschienen. Nur der hochgewachsene Mann, mit dem er sprach, erschien ihm als recht wirklich, ein sehr dunkler Mann mit einem Mantel aus britischem Tuch, der hastig über eine alte Legionärsbrustplatte geworfen schien; über seinen schwarzen Brauen war ein schmales goldenes Kopfband gebunden. Owin hörte seine eigene Stimme in britischer Sprache sprechen, als ob sie die Stimme eines Fremden wäre, und er bemerkte seltsam undeutlich, wie heiser sie klang.

Der Mann hörte mit leicht geneigtem Kopf zu. Als die Botschaft überbracht war, sagte er nur: »Welches Zeichen bringst du mir, daß du tatsächlich von Coel von den Westsachsen kommst?«

»Das abgemachte Zeichen«, entgegnete Owin und zog den Ring aus Gold- und Silberdraht von der Hand.

Gerontius nahm ihn und drehte ihn ganz langsam im Schein des flackernden Feuers. Owin beobachtete ihn. Er dachte, daß die letzte Schlacht vielleicht nicht verlorengegangen wäre, wenn der Prinz von Cymru mit den Prinzen von Glevum und Viroconium verbündet gewesen wäre. Doch selbst wenn es so gewesen wäre, hätte die Flut der Sachsen nur für kurze Zeit aufgehalten und nicht etwa abgewendet werden können. Der Pakt fiel ihm ein: Wenigstens würden nun die Berge des Westens von den Sachsen frei bleiben. Aber seine eigene Welt war mit Aquae Sulis gestorben, und es war schwer, ohne Bitterkeit zu urteilen.

Ein schwacher Wind erhob sich mit dem erwachenden Morgen, am Rand des Feuerscheins wogte und rührte sich etwas, so daß er zur Seite blickte, um zu sehen, was es war. Ein Speerschaft war aufrecht in den weichen Boden gesteckt worden, dort wo das Haselgebüsch begann, und eine große Schlachtfahne hing daran. Sie bewegte sich erst leise in der morgendlichen Brise und flatterte dann im Wind, und auf ihrer grünen Fläche sah er aus Flamme und Gold den Roten Drachen von Britannien.

Etwas erhob sich in Owins Herzen, während er sie betrachtete, ein Schmerz und ein Glanz zugleich, vermischt mit Bitterkeit, daß die alte Standarte in Gemeinschaft mit dem Weißen Pferd der sächsischen Horden in die Schlacht ziehen sollte, und vermischt mit Freude, weil er schon nicht mehr geglaubt hatte, den Roten Drachen der Briten, den Roten Drachen von Artus noch einmal im Wind eines Schlachtfeldes flattern sehen zu können.

Plötzlich wurde ihm bewußt, daß Gerontius sich von der Untersuchung des Rings zwischen seinen Fingern ab- und ihm beobachtend zugewandt hatte. Rasch fuhr sein Blick herum und traf die aufmerksamen Augen des Prinzen von Powys.

»Du bist ein Brite, nicht wahr; aber du bist nicht vom Stamme der Cymru?« fragte der Prinz von Powys.

Owin entgegnete: »Weil ich Brite bin, wurde ich ausgewählt, dir die Nachricht zu überbringen.«

»Das habe ich mir gleich gedacht, als ich dich sah. Du bist keiner unserer grauhaarigen Gesandten. Wie kommt es, daß du deinen Schild in der sächsischen Kriegerschar trägst?«

»Ganz einfach. Ich war ein Sklave eines sächsischen Herrn«, antwortete Owin. »In diesem Frühjahr, als der Kampfruf kam, gab er mir im Austausch für einen außergewöhnlichen Dienst meine Freiheit und ein Schwert.«

»Und so kommst du jetzt zu deinem eigenen Volk zurück?«

»Nur um die Nachricht zu übermitteln, die ich vom sächsischen Lager gebracht habe. Gib mir eine Mahlzeit und auch dem Mann, der als mein Führer mit mir hergeritten kam, laß uns ein paar Stunden ruhen und leihe uns dann frische Pferde, denn unsere eigenen sind so gut wie lahmgeritten. Zur Mittagszeit muß ich wieder fort.«

Die Augen des anderen hielten den seinen stand, fragend und ein wenig verächtlich. Gerontius zuckte die Achseln. »Der Sklavenring scheint sich tief eingefressen zu haben. Wenn du lieber mit dem Weißen Pferd als dem Roten Drachen in die Schlacht reitest . . .«

Verzweiflungsvoll stieß Owin aus: »Was würde ich nicht geben . . .«, und hielt inne, um genau herauszufinden, was er eigentlich geben würde, denn er benutzte nicht einfach leere Worte. Noch einmal blickte er zur zerfetzten Standarte hinüber, die im Morgenwind wehte und sich kräuselte. »Drei Finger meiner Schwerthand würde ich dafür geben – nachher – wenn ich mit meinem eigenen Volk in die Schlacht – in diese Schlacht – ziehen dürfte. Aber ich muß zurückkehren. Später, wenn ich frei bin und falls ich noch lebe, werde ich wieder zu meinem eigenen Volk kommen. Jetzt noch nicht.«

Als er das sagte, kam es ihm so vor, als werde er in zwei Hälften gerissen. Aber die Worte kamen so sicher über seine Lippen, daß etwas in ihnen oder vielleicht in seinem gequälten Gesicht den hochgewachsenen Mann mit dem Haarband über den Brauen zu überzeugen schien, denn als sich ihre Blicke wieder trafen, schien er freundlicher als zuvor.

»Es gibt Freiheiten und Freiheiten«, sagte der Prinz von Powys. »Ich nehme zurück, was ich über den Sklavenring gesagt habe. Und jemand muß ja zum sächsischen Lager zurückkehren, um mein Antwortzeichen Coel von Wessex zu übergeben.« Mit raschem Griff zog er die große Spange aus dem Mantelstoff über seiner Schulter und hielt sie Owin hin. »Hier, bringe sie dem König von Wessex und sage ihm, daß Gerontius und die Männer von Cymru an der vereinbarten Stelle sein werden, wenn die Raben ihre Schwingen ausbreiten werden. Nein, sieh sie dir erst an«, denn Owin war schon dabei, sie an sein Lederhemd zu stecken.

Er tat, wie ihm geheißen war, und sah, daß die Spange, die er in der Höhlung seiner Hand hielt und die in Goldspiralen und blutroter Emaille leuchtete und strahlte, einem Drachen nachgebildet war.

»Fast könnte man sagen, daß du das Schicksal Britanniens in deinen Händen hältst«, sprach Gerontius, Prinz von Powys. »Geh jetzt. Meine Leute werden sich um das Essen und andere Pferde kümmern. Mögest du die Schlacht überleben, um später mit deinem eigenen Volk kämpfen zu können!«

Zwei Tage später standen sich im ersten Morgenlicht, das über dem Hochland bei Wotansborg schimmerte, zwei große Kriegerscharen wartend gegenüber.

»Das ist ein passender Ort«, dachte Owin und blickte auf die Brombeerbüsche und das Farnkraut, zwischen denen sonst die Kiebitze riefen. Zum zwanzigsten Male hatte er schon die Hand von der Gürtelschnalle genommen, um prüfend zu fühlen, ob das Schwert auch wirklich lose in der Scheide steckte.

Es war lange nach Einbruch der Dunkelheit gewesen, als er und sein Begleiter in der Nacht zuvor ins Lager hineingeritten waren, und Wotansborg hatte gegen den westlichen Himmel wie eine hochaufragende, dunkle Masse gestanden. Er hatte Coel von Wessex am königlichen Feuer im Herzen des verbündeten Lagers gefunden, ihm die Drachenspange gegeben und die Nachricht von Gerontius übermittelt. Er erinnerte sich nicht mehr genau an alles, weil er zu erschöpft war, aber er wußte noch, daß Einon Hên dagewesen war, und er sah dessen kühnes Falkengesicht vor sich; zuerst hatte er gedacht, es spiegelte Zufriedenheit wider, jetzt aber dachte er, daß es eine seltsame Art von Hoffnung war, aber er wußte nicht worauf. Danach war die Erschöpfung wie eine Welle über ihm zusammengebrochen, und vermutlich hatte er so lange geschlafen, bis jemand ihn vor Tagesanbruch wachgerüttelt hatte. Es war kein langer Schlaf, aber er mußte wohl sehr tief gewesen sein. Sein Körper war noch ganz steif von den vielen Stunden im Sattel, aber sein Kopf und all seine Sinne fühlten sich, als seien sie in kaltem Wasser gewaschen worden, so daß er sich jedes Anblicks, Geräuschs und Geruchs haarscharf bewußt war – des Kreischens des Raben über den Köpfen, der prickelnden Stille der wartenden Kriegerschar, der Gestalt der Wolken, die sich tief im westlichen Himmel ballten – große, flachgedrückte Amboßwolken. »Donner, bevor es Abend wird«, dachte er ...

Gegen diese aufgetürmten Wolkenbänke erhob sich Wotansborg mit seiner Dreierkrone aus Erdwällen, die fast genauso alt waren wie der Berg, den sie umkränzten. Er konnte schon die schwarzen Gestalten der Männer an den Wällen und an den Torabsperrungen sehen. Während jetzt die ersten Sonnenstrahlen Lichtfunken von Axtklingen und Helmkränzen über die Ebene warfen, lagen die Kriegsscharen, die ihre Stellungen an den Flanken des Berges bezogen hatten, und die langgezogene Schlachtlinie der Verbündeten noch im Schatten.

Owin blickte die Schlachtenlinie entlang und konnte die Standarte des Weißen Pferds von Coel in der Mitte aufragen sehen; weiter hinten erkannte er links und rechts die geflügelten, bekrallten und schlangenschwänzigen Standarten, die sich in der schwachen Morgenbrise blähten und hoben und den kleineren Königen gehörten. Dicht vor ihm, wo Haegel mit seinen vertrauten Begleitern stand, fing sein Blick das Leuchten des neuen, scharlachroten Umhangs auf, den Athelis für ihren Herrn im vergangenen Winter gewoben hatte – scharlachrot wie der Rote Drache von Britannien, der nicht hier mit den sächsischen Standarten wehte, sondern im dunklen Wald auf seine Stunde wartete. Plötzlich wußte er, daß er wie die Männer rechts und links von ihm etwas hatte, wofür er kämpfen konnte, und nicht nur, wie er einmal gedacht hatte, etwas, wogegen er kämpfen konnte. Er war eins mit den Männern, die im Wald hinter Wotansborg kauerten und darauf warteten, in die Schlacht zu gehen um einer Grenze und der Freiheit eines Volkes in den Bergen des Westens willen. Und in dieser plötzlichen Gewißheit des Einsseins mit ihnen war er auch eins mit den sächsischen Kriegern an seinen Schultern.

Wenige Augenblicke später hörte er über den Geräuschen der Wartenden, dem beschleunigten Atmen und dem leisen Rasseln der Waffen das hohle Dröhnen der Kriegshörner.

Es wurde ein langer und blutiger Tag, und als er vorüber war, war Ceawlin nicht mehr König der Westsachsen, sondern ein Fuchs, den man durchs Gebüsch hetzte. Und Owin war noch weit von seiner Freiheit entfernt.

Noch wußte er das nicht; er dachte an seine Freiheit, als er neben dem kleinen Hochlandbach kniete und die klaffende Speerwunde im Handgelenk seines Speerarms wusch. Es war kein tiefer Schnitt, hatte aber viel geblutet. Er erinnerte sich an das stampfende, brüllende Ringen um den großen Torweg, das eine Ewigkeit lang hin- und herzubranden schien; dann an das plötzliche Durcheinander im Rücken des Feindes, und er hatte gewußt, daß dies der britische Angriff war. Und er sah noch einmal vor sich, wie die Männer hinter Coel und Haegel brüllend durchbrachen, auf die innere Verteidigungslinie zustürmten, und wie der Rote Drache mit ausgebreiteten Schwingen über der Schlacht zu schweben schien ...

Die Briten hatten sich ihre Grenze verdient. Und bald, spätestens am Ende des Sommers, würde er frei sein, um seine eigenen Leute aufzusuchen; frei, um Regina wiederzufinden. Während er sein Gelenk in das kalt spülende

Wasser hielt und die helle Strähne aus strömendem Blut dünner werden sah, kam es ihm in den Sinn, daß der Dornenwald nicht sehr weit von hier entfernt sein mußte ... Nein, er würde sie nicht suchen gehen, bevor er frei war – wirklich frei.

Er hörte eine Bewegung hinter sich und fuhr rasch herum. Blauschwarze Sturmwolken fegten über den ganzen Himmel, während kurze, heftige Windstöße aus allen Richtungen den Farn und die Brombeerbüsche bewegten. Auf der Uferbank, scharf abgehoben gegen den aufziehenden Sturm, stand Vadir der Hinker auf den Speer gelehnt, als sei dieser ein Stab. Er blickte auf Owin hinab. Dieser Mann hatte heute wie ein Held gekämpft; jetzt wirkte er, obgleich keine Wunde an ihm zu sehen war, sehr erschöpft, und sein Gesicht erschien fahl und verzerrt gegen die Düsternis, aber seine blassen Augen leuchteten wie immer. Owin fragte sich, wie lange er da wohl schon gestanden und ihn beobachtet hatte.

»Ah, hier bist du also«, sagte Vadir beiläufig. »Beornwulf fragt nach dir. Sie haben ihn mit den anderen Verwundeten an die innere Brustwehr in der Festung gebracht.«

»Er ist also verletzt?« fragte Owin blöd und erhob sich strauchelnd von den Knien auf seine Füße. »Schwer verletzt?«

Kaum merklich zuckte Vadir die Achseln. »Was die Wunde anbelangt, so ist es eine recht kleine Wunde. Schon komisch, wenn man sich vorstellt, was für ein kleiner Riß in der Haut eines Mannes genügt, um sein Leben davonlaufen zu lassen wie Wein aus einem löchrigen Schlauch.«

Und als der erste Donner entfernt grollte und in der Luft bebte, drehte er sich ohne ein weiteres Wort um und humpelte fort auf die Stelle zu, wo ihre Pferde angepflockt waren.

Wenig später kauerte Owin neben Beornwulf an der Brustwehr zwischen den Erdwällen und versuchte, ihn mit seinem Umhang, den er über ihn gebreitet hatte, vor den ersten dicken Regentropfen zu schützen. Er hatte die Wunde gesehen. Sie war recht klein, wie Vadir gesagt hatte, rund und dunkel, gleich unter dem Brustbein, an den Rändern zerfetzt, denn sie hatten versucht, den Widerhaken des Pfeils herauszuschneiden; sie blutete nicht einmal sehr stark, aber er wußte, daß sie innerlich blutete und daß man das nicht aufhalten konnte.

Und Beornwulf wußte das auch.

Er lag gegen den Fuß des Walls gelehnt, weil ihn das Atmen so weniger schmerzte. »Du – du hast ganz schön auf dich warten lassen«, sagte er.

»Ich kam gleich, nachdem Vadir es mir erzählt hatte.«

»Ach, Vadir.« Owin erschien es so, als sei der Name dieses Mannes irgendwie mit der Sache verbunden, um deretwegen Beornwulf ihn sprechen wollte. Aber erst einmal sprach er überhaupt nicht mehr, und zwischen ihnen und dem Lärm des Lagers hörte Owin das Platschen und Klatschen des Regens und weit weg das dunkle Grummeln des Donners in den Bergen. »Es wird dunkel«, sagte Beornwulf. »Ich kann dich nicht deutlich sehen.«

»Das ist der heranziehende Sturm.«

»Das vielleicht auch«, entgegnete Beornwulf mit einem bitteren Zug von Lachen auf seinen schmerzverzerrten Lippen. Er schien sich mit großer Anstrengung zusammenzunehmen, und als seine Stimme wieder zu hören war, war sie von äußerster Eindringlichkeit. »Owin, als ich mich letztes Jahr auf den Weg zum Hof in Kent machte, ließ ich alle Angelegenheiten von Beornhof in deinen Händen. Bevor es morgen wird, werde ich nach Walhall gehen – und – ich würde mit ruhigerem Herzen gehen, wenn ich Beornhof wieder in deiner Obhut wüßte.«

Owin war still; er war sich nicht sicher, was Beornwulf genau meinte, aber er wußte, daß alles bedroht war, worauf er gehofft hatte, alles, wovon er eben am Bach noch geträumt hatte.

»Es wird einem Haushalt schlecht ergehen, dem nur eine

Frau vorsteht – eine Frau und ein Junge; und du weißt, was für ein Junge Bryni ist – ein wilder junger Hengst, der in Schwierigkeiten kommen wird, wenn er seinen Kopf so früh schon durchsetzen darf.« Er schien sich im verzweifelten Verlangen aufrichten zu wollen, fiel aber zurück und hustete Blut. »Bleib bei ihm und seiner Mutter, bis er fünfzehn Jahre alt ist und ein Mann«, sagte er, sobald er wieder sprechen konnte. »Ich würde dich nicht bitten, wenn ich mich an jemanden in meiner Familie wenden könnte, aber du weißt – wie es mit mir steht, dem einzigen Sohn eines einzigen Sohns und – ich habe selbst auch wieder nur einen einzigen Sohn.«

Owin war immer noch still; er drehte sich ein wenig, um in die dunkle Ferne zu sehen, schlehenpurpurn war es jetzt unter den Sturmwolken, die von den Erdwällen der Festung fortstoben. Bryni war jetzt elf; das hieß vier Jahre. Noch vier Jahre, wo er doch dachte, gegen Ende des Sommers frei werden zu können. Das war zuviel verlangt – ganz gleich von wem. Außerdem war da noch Regina; aber es war gut möglich, daß sie seiner nicht mehr bedurfte, und Beornwulfs Augen klammerten sich an sein Gesicht wie die Augen eines kranken Hundes. Langsam wandte er seinen Kopf, als säße er steif auf seinen Schultern, und sah auf den sterbenden Sachsen hinab: »Gehe ruhigen Gemüts, Beornwulf; ich werde bei dem Jungen bleiben, bis er fünfzehn ist.«

Beornwulf stieß einen erleichterten Seufzer aus: »So nimm mein Schwert, wenn sie morgen die Scheiterhaufen für die Toten bauen, und gib es ihm, wenn die Zeit dafür gekommen ist. Es sollte mir in den Tod folgen, aber es hat eine gute Klinge, und der Junge wird ein Schwert brauchen... Für Helga ist schon angehalten worden; und Lilla wird in zwei oder drei Sommern zur Ehe gereift sein – ich hatte im Sinn, mit Brand dem Schmied zu vereinbaren, daß der junge Horn sie zur Frau haben sollte. Sage das ihrer Mutter. Edmund Weißfang schuldet mir noch etwas für seinen Anteil am Boot in der letzten Heringsfangzeit, aber – das weißt du ja ...« Er brach ab und fing wieder zu husten an. Owin beugte sich rasch vor und wischte das Blut aus seinem Bart – nach einer Weile sprach Beornwulf mühsam weiter: »Sei wachsam in allem – worin Vadirs Hand steckt. Nein, ich habe keine Veranlassung, – aber ich habe – ihm nie getraut, und – der Junge haßt ihn. Du weißt, warum. Eines Tages gibt es vielleicht – Unruhe zwischen den beiden ... Im übrigen – mach es – so gut du kannst mit dem Jungen, bis er – Mannesalter erreicht und – alles selbst in die Hände nehmen kann.«

»Ich verstehe«, sagte Owin rauh, weil seine Kehle trocken war. »Sei jetzt ruhig; kein Unheil wird auf Beornhof und die Leute von Beornhof fallen, wenn ich es verhindern kann.«

»Ich habe mir schon – schon immer gedacht, daß ich ein gutes Geschäft mit meinem Goldstück gemacht hatte«, sagte Beornwulf mit einem letzten Versuch, einen Scherz zu machen, und schloß seine Augen.

Der Regen goß jetzt in Strömen, und als Owin sich vorbeugte, um seinen Umhang weiter über den sterbenden Sachsen zu breiten, stieß der erste zackige Blitz vom Himmel zur Erde, und während der weißgleißende Schein noch vor seinen Augen hing, schüttelten sich Himmel und Erde aus im Krachen hohl hervorbrüllenden Donners.

Beornwulf öffnete noch einmal seine Augen. »Horch, wie Thors Hammer die Wolken entzweispaltet, so wie wir die Macht von Ceawlin und seinen Söhnen zerspalten haben«, sagte er; und der Klang seiner Stimme war der Klang des Triumphs, obgleich sein Atem aus der Kehle röchelte.

Beornwulf starb noch vor dem Morgen, und Owin nahm Beornwulfs Schwert, wie dieser ihn gebeten hatte, und weil er nicht des Raubs an Toten angeklagt werden wollte, brachte er es zu Haegel, um ihm zu zeigen, daß er es getan hatte.

Haegel stand da und beobachtete, wie sie die Scheiterhaufen für die Toten aus Dornen und Ginster über einem Stoß aus Eschenstämmen bauten; er nickte nur, als er das Schwert seines Pflegebruders sah, und sagte: »Ja, natürlich muß es der Junge bekommen. Sein Messer muß ihm wohl auf der Reise genügen«, und wandte sich ab mit dem Hinweis, das Ende des Haufens weniger hoch zu bauen.

Owin ging später mit einer Wallung heißen Ärgers im Herzen fort. Aber als er Beornwulf später mit den anderen Toten für den Scheiterhaufen bereitet liegen sah, befand sich doch ein Schwert zu dessen Füßen, das nach dem Verbrennen zur Asche gelegt werden würde; es war ein großes Schwert mit einem Griff, der aus verknäulten Schlangen gebildet war; er meinte es früher schon gesehen zu haben, und als er es näher betrachtete, da wußte er, daß es das Schwert des Königs war.

Als Owin Haegel von den Südsachsen wiedersah, trug dieser ein Schwert, das aus der gemeinsamen Kriegstruhe gezogen und noch schlichter als sein eigenes war, denn es waren nicht einmal silberne Blumen im Knauf eingelegt.

Das Brautrennen

Ceawlin war mit seinen Söhnen davongekommen, und eine Art jagender Krieg mit einem Scharmützel hier und einem Scharmützel dort zog sich bis in den späten Sommer hinein, bis die Zeit gekommen war, sich vom Kriegszug fortzuwenden und nach Hause zu gehen, um die Ernte einzubringen. Doch alle wußten, daß, ganz gleich wie viele Sommer man brauchen würde, um ihn schließlich zu stellen, die Sache schon vollbracht war. Coel und nicht Ceawlin trug jetzt die Krone von Wessex, und Aethelbert zu Kent war zu seiner Vergeltung gekommen.

An einem Tag von flimmernden Hitzeschleiern über den Kornfeldern, die für die Sichel reif waren, kehrten Haegel und seine Kriegerschar zum Hof des Königs bei Cissas Caester zurück. An jeder Siedlung hatten sich Krieger von ihnen getrennt, an jedem Pfad, der von der alten gepflasterten Straße abzweigte, seit sie die Grenze in ihr eigenes südsächsisches Land überschritten hatten; und als sie schließlich in den königlichen Hof einzogen, da zählten sie mit Ausnahme der Krieger vom Königshof selbst kaum mehr Männer als die vom Maenwald und von der Seehundsinsel.

Frauen und Hunde begrüßten sie. In der Nacht wurde ein Fest in Haegels Halle gefeiert, und die Männer sangen jubelnde Lieder zur hellen Musik der Harfe; nur ein paar Frauen weinten, und ein paar Hunde irrten zwischen den Kriegern umher und suchten nach ihren Herren, die nicht zurückgekehrt waren. Owin wurde des Festes müde, schon ehe es vorüber war. So ging er allein hinaus, um ein bißchen kühle Luft zu schnappen und nachzusehen, ob alles in Ordnung war mit seinem Pferd »Bachstelze« auf der großen Wiese unterhalb des Königshofs, wo die Pferde angepflockt waren. Auf dem Weg zurück zum Hof kam er durch den Apfelgarten; die Bäume des Königs waren schlanker und in besserem Zustand als die von Beornwulf, denn der Wind konnte sie nicht ganz so zerzausen wie auf der Seehundsinsel; und im hellen Mondschein schienen die reifen Äpfel silbrig zwischen den Blättern. Gleich am Gatter traf er Einon Hên, der gegen einen bemoosten Stamm lehnte und mit seinem scharfen Falkenauge in die Zweige starrte. »Im Laufe eines langen Lebens habe ich herausgefunden, daß nichts so wie die Luft, die durch die Apfelbäume weht, einem den Kopf vom Dunst des übermäßig genossenen Mets klären kann«, sagte der alte Gesandte, als er ihn sah. »So, du hast also auch genug von Haegels Methalle.«

»Die anderen scheinen Wurzeln in die Trinkbänke zu schlagen«, meinte Owin verstimmt und hielt neben ihm inne.

»Tja nun, die langen Märsche sind vorüber; wir können jetzt alle unsere muffigen Köpfe bis in den Morgen hinein gegen die Mauer des Schweinekobens lehnen und ausschlafen.«

»Ich nicht. Ich muß mich noch vor Sonnenaufgang auf den Weg machen. Die Morgenebbe beim Sonnenaufgang muß mir helfen, Bachstelze durch die Bucht zu bringen, denn wenn ich auf die anderen warte, kommt die Trauerbotschaft vielleicht noch verzerrt und hintenrum vor mir zum Beornhof.«

Einon Hên schwieg einen Moment lang und sagte dann: »Ja, eine schwere Last ist solch eine Nachricht.« Er stieß sich von dem Apfelbaumstamm los und wandte sich wieder dem Hof zu. Owin ging bedrückt neben ihm durch das hohe Gras. Sie waren fast zum Tor des Hofs gelangt, als Einon Hên wieder sprach: »Und so ist also die Sache vorüber, der Kriegseid ist abgegolten. In ein paar Tagen werde ich mich wieder nordwestlich wenden – meinen eigenen Bergen zu – und du?«

Owin erstarrte auf der Stelle. Er hatte Einon Hên nichts

von seinem Versprechen an Beornwulf erzählt; es war ihm unmöglich gewesen, darüber mit irgend jemandem zu sprechen, aber der alte Mann hatte sich nach ihm umgedreht, überrascht, daß er nicht antwortete. Er mußte antworten.

»Ich bleibe noch etwas länger auf Beornhof«, sagte er schließlich in einem Tonfall, als ob das alles nicht so wichtig wäre.

»Ach so? Ich dachte, dein Herz hinge daran, zu deinen eigenen Leuten zurückzukehren, sobald du frei bist.«

»Beornwulf war ein Mann ohne nahe Verwandte. Er . . . als er seine tödliche Verletzung hatte, bat er mich, bei seinem Sohn zu bleiben, bis er fünfzehn ist.«

»Da du sein Sklave warst«, sprach Einon Hên nach einer kurzen Pause in die Nacht hinein.

»Nein, so hat er nicht darum gebeten. Wenn es so gewesen wäre, hätte ich vielleicht ablehnen können.«

»Vielleicht«, entgegnete der alte Mann grüblerisch. »Und der Junge ist – wie alt?«

»Im Frühling ist er elf geworden.«

»So. Also fast vier Jahre.«

»Sie werden vorübergehen.«

»Ja, sie werden vorübergehen«, stimmte Einon Hên zu. »Ich werde an dich denken, während sie vorübergehen – dann und wann. Gott beschütze dich, Owin.«

Er wandte sich um und ging, seinen karierten Umhang mit Schwung um sich schlagend, durch das Hoftor.

Owin wandte sich in die Einsamkeit unter den Apfelbäumen zurück und schlenderte eine Weile hin und her. Dann ging auch er hinein und schloß sich den jungen Männern an, die nun in den vom Mondschein erleuchteten Vorhof hinausströmten und sich zum Schlafen niederlegten; er wickelte seinen Umhang um sich und schlief, mit dem Kopf an die Mauer des Schweinekobens gelehnt, ein.

Noch vor dem ersten Tageslicht war er wieder wach und auf dem Weg hinunter zu den Pferdepflöcken. Er versorgte Bachstelze und sattelte sie im schwindenden Licht des

Mondes. In der Dämmerung des frühen Morgens ritt er durch das Gatter des Königshofs hinaus und machte sich auf den Weg nach Süden, die alte, halbverwilderte Straße zur Seehundsinsel hinab.

Es hatte schweren Tau in der Nacht gegeben, und die Nässe sprühte beim Reiten auf wie Gischt. Aber nachdem sie die Bucht sicher durchquert hatten und er aus dem Wald und dann am Rande des vertrauten Intake-Flusses entlangritt, da war die Sonne aufgegangen, und die offene Ebene leuchtete lohfarben hinter dem blasseren Gold der Kornfelder.

Der morgendliche Rauch stieg blau über dem Haupthaus des Beornhofs auf, als Owin von der Straße abbog und darauf zuritt; auf dem Hof waren alle wach und geschäftig bei der Verrichtung ihrer morgendlichen Arbeit. Als er durch das Tor geritten kam, trug die Leibeigene Gunhilda eine Kanne Milch von der Weide herauf – in dieser Jahreszeit wurde im Freien gemolken –, und der Geruch von frischgebackenem Haferbrot drang ihm aus der Hoftür in die Nase. – Offensichtlich war die Nachricht noch nicht durchgedrungen. Es war seltsam, daß man sich dessen so sicher sein konnte, nur weil der Rauch vom Herd aufstieg und es Haferbrot zum Morgenmahl gab. Die Hunde lärmten um ihn herum, als er sich vom Sattel hinabschwang und die Zügel von Bachstelze über einen Pflock fallen ließ. Das Pferd war nicht scharf geritten worden, und es würde ihm nichts ausmachen, wenn es zunächst warten mußte, bis es Wasser bekäme und abgerieben würde.

Und dann stand Athelis in der Tür und sah ihn an mit verschmiertem Hafermehl auf der heißen Stirn; die Mädchen drängten sich hinter ihr, und Bryni rannte mit ein paar jungen Welpen an den Fersen ins frühe Sonnenlicht hinaus, während Gunhilda ungeschickt auf sie zuzulaufen begann, wobei die Milch über den Rand der Kanne schwappte.

»Owin! Du bist zurück, gerade rechtzeitig für die Ernte«, sagte Athelis und schob ein paar Haarsträhnen mit ihren mehligen Fingern unter ihr Kopftuch zurück. »Wir haben gehört, daß die Kriegerschar zur Königshalle zurückgekehrt ist. Hat dich der Herr vorausgeschickt, um uns die Ankunft anzukündigen?« Und dann wanderten ihre Augen an ihm vorüber und nahmen das Bild des reiterlos am Pflock stehenden Pferds in sich auf und kehrten mit einer unausgesprochenen Frage zu ihm zurück, und er sah, wie alle Farbe aus ihrem Gesicht wich.

»Laß uns hineingehen ins Haus«, sagte er. Er wußte nicht, warum, aber es kam ihm vor, als wäre es besser, im Haus mit ihr zu sprechen, – als ob das Dach und die Mauern ihre Trauer irgendwie schützen könnten.

Wortlos drehte sie sich um und ging zum Herd zurück, die anderen folgten ihr. Neben dem hochaufgerichteten Balken des Königspfostens wandte sie sich ihm wieder zu. »Ist er tot?«

Owin nickte. »Fast zwei Monate schon, an einem Ort namens Wotansborg, wo wir Ceawlins Macht brachen.«

»Was kümmert mich Ceawlins Macht?« sagte sie in ohnmächtiger Wut.

Sie sah alt aus – so alt wie letztes Jahr an jenem Tag, als sie den Herrn des Hauses dem äußeren Schein nach ertrunken nach Hause gebracht und ihn neben das Feuer gelegt hatten; – die Knochen ihres schmalen Gesichts stachen plötzlich so scharf hervor, daß es schien, als müßten sie durch die gespannte Haut schneiden. Aber er erkannte, daß sie nicht aufschreien würde, so wenig wie sie es letztes Jahr getan hatte. Später vielleicht, wenn sie allein war, würde sie schluchzen – er war dankbar dafür. »Fast gar nicht, daran zweifle ich nicht«, sagte er jetzt, auf ihre Frage antwortend, »aber Beornwulf hat es gekümmert.«

»Er wußte also vom Sieg? Er starb nicht auf der Stelle?«

»Er lebte den größten Teil der Nacht hindurch«, erzählte ihr Owin, »aber ich glaube nicht, daß er mehr gelitten hat, als seine Ahnen als gerechten Preis für den Eingang nach Walhalla ansehen.«

Die Leibeigene hatte zu schniefen und zu jammern angefangen, und Helga und Lilla drängten sich dicht an ihre Mutter, obwohl sie sie im Augenblick nicht wahrzunehmen schien. Aber Bryni stand abseits von den anderen, er blickte Owin ins Gesicht, und das Grün seiner Augen war vom Schwarz der Pupillen wie verschluckt. Mit leiser verhaltener Stimme fragte er: »Haben sie das Schwert meines Vaters mit ihm verbrannt?«

Das klang herzlos und bösartig, aber Owin, der Bryni kannte, wußte, daß es das nicht war. »Nein, er bat mich, es an mich zu nehmen, sobald die Scheiterhaufen für die Toten gebaut waren, und es dir zu übergeben, wenn du das Alter hierfür erlangt hast.«

»Gib es mir jetzt, nur – nur für heute.«

Owin zögerte einen Moment und holte dann die viel genutzte Waffe unter seinem Umhang hervor und gab sie ihm wortlos; eine kleine Weile stand der Junge da und sah sie im Feuerschein an, und dann, mit finster trotzigem Blick auf den Rest seiner Familie, auf diejenigen zumindest, die es etwa wagen sollten, ihm zu folgen, wandte er sich um und rannte mit dem dicht an sich gepreßten Schwert aus dem Haus hinaus. Ein Schluchzer platzte aus ihm heraus, ehe er noch ganz durch die Tür hindurch war, – und das war alles.

Die Brote auf dem Herd verkohlten, aber niemand bemerkte es.

Ein blasser und stiller Bryni brachte das Schwert zur Abendessenszeit zurück, und es wurde unten in die große Kiste gelegt, wo es warten sollte, bis er ein Mann war. Owin hängte sein Schwert und seinen zerbeulten Schild über seinen Schlafplatz, und das Leben des Hofs nahm ihn in sich auf, als hätte sich der Wind niemals erhoben und als wäre er nie mit Haegels Kriegerschar davongezogen. Aber seine Stellung im Leben von Beornhof war viel schwieriger geworden, als sie je zuvor gewesen war. Abgesehen davon, daß er nicht mehr das Gewicht des Sklavenrings um seinen

Hals trug, war er genau das, was er zuvor gewesen war, einer der Männer vom Hof wie Gyrth und Caedman. Und doch ruhte auf vielerlei Art die Last des Haushalts und des Hofs, der Beratung von Athelis und der Versuch, Bryni aus Schwierigkeiten herauszuhalten, so gewaltig auf seinen Schultern, als sei er der Herr des Hauses. Manchmal mußte er lachen, wenn er darüber nachdachte, aber Bitterkeit war diesem Lachen beigemischt. Das war ein seltsames Spiel des Geschicks, daß er, Owin, Sohn aus römischem und britischem Hause, sich die Sorge um eine sächsische Familie und einen sächsischen Hof aufbürdete; aber es gab nicht viel Zeit zum Nachdenken, außer nachts vielleicht, und dann war er meist zu müde.

Sie brachten die Ernte ein, und es wurde Zeit, die drei mageren Schweine herauszulassen, damit sie sich an Eicheln mästeten; dann kam die herbstliche Schlachtzeit, das Räuchern, Pökeln und Einsalzen. Dann lag der Winter über ihnen, die Deiche machten laufend Sorgen, und ein junger Hengst mußte eingeritten werden; und sobald Owin mal einen Tag nicht mit Gräbenschaufeln und Eindeichen verbringen mußte, nahm er die Hunde und manchmal Bryni und ging auf die Jagd nach frischem Fleisch. Wenn man nur von dem salzigen Zeug lebte, das zum Frühjahr sowieso madig wurde, würde man Skorbut bekommen, und wenn der Haushalt Skorbut bekäme, dann hätte er Beornwulfs Vertrauen enttäuscht.

Die Zeit der Lämmer kam und das Frühlingspflügen, und der frühe Sommer mit der Heuernte und dem heißen, stinkigen Geschäft des Schafscherens. Gelegentliche Kämpfe brachen wieder in Wessex aus, sobald der Winter vorbei war, aber nur zwischen Ceawlin und seiner Familie; Haegel rief seine Kriegerschar nicht wieder zusammen. Der Hafer wurde reif zum Ernten auf den Kornfeldern der Seehundsinsel, und das erste der vier Jahre, die Owin Beornwulf überlassen hatte, war vorbei.

Es dauerte immer lange, bis Neuigkeiten durch die Wälder hindurchsickerten und die Landzunge zwischen den hügeligen Ebenen und der Seehundsinsel erreichten, und so war es Herbst, als ein wandernder Harfner – es war immer ein Harfner oder ein Kaufmann, der Berichte von der Welt von einer Siedlung zur nächsten trug – davon erzählte, daß Ceawlin tot war und zwei seiner vier Söhne auch. Ceawlin, dessen Schatten wie der Schatten eines Riesen über Südbritannien lag, war in irgendeinem schon halbverlorenen Scharmützel gefallen; der Harfner wußte nicht einmal den Namen des Orts, sicher war nur, daß Ceawlin tot war.

Aber das letzte Küstenschiff, das im Windigen Hafen anlegte, bevor die Herbststürme die Seewege verschlossen, brachte neuere Nachrichten. Sie besagten, daß die beiden überlebenden Söhne von Ceawlin Frieden mit dem neuen König der Westsachsen geschlossen hatten und daß ihnen ein beachtliches Stück Land des alten Eroberungsgebiets ihres Vaters zugewiesen wurde, das sie ihm verwalten sollten. Aethelbert hatte die Gebiete von Norrey und Surrey als seinen Anteil an der Beute genommen; die Sache war vorüber, abgerechnet, abgemacht und abgeschlossen. Owin, der in der kleinen Schar stand, die sich um den berichtenden Schiffsmeister versammelt hatte, konnte sich des Gefühls nicht erwehren, daß Ceawlin und dessen beide mit ihm gestorbenen Söhne bei dieser undurchsichtigen und blutigen Angelegenheit noch die beste Figur abgegeben hatten. Es war bitter, dies zugeben zu müssen, und schlechtgelaunt ging er zum Hof zurück.

Noch ein Winter ging vorüber und noch einer, Owin begann schon, sich mit einem komischen Gemisch aus Freude und Bedauern umzusehen und zu denken: »Nur noch einmal werde ich das Schafscheren hier auf der Seehundsinsel mitmachen, nur noch einmal die Ernte einbringen und nur einen Winter noch um die Deiche kämpfen.« Und auch: »Wenn Beornwulf zurückkäme, würde er sehen, daß das Land und die Tiere in gutem Zustand sind – und daß dieser junge närrische Bryni seinen Hals noch nicht gebrochen hat, und auch sonst niemand.«

In diesem Sommer wurde Helga mit dem Enkel des alten Gamal Wittersohn, dem Vorsteher der Siedlung, vermählt, eine gute Partie für jedes Mädchen, und doch schien sie nicht sonderlich daran interessiert zu sein.

Nur die Leute der beiden Höfe erlebten, wie die Hände der beiden über dem Herd verbunden wurden, aber hinterher, als das Feiern begann, kam die halbe Seehundsinsel. Und weil sie das vorher wußte, hatte sich Athelis entsprechend vorbereitet. Bretter waren vor der Tür des Hauses aufgebockt und mit riesigen Haufen von Haferbrot, Schüsseln mit getrocknetem Fisch, Quark und Käse und goldtropfenden Honigwaben beladen, dazu kamen große Krüge mit würzigem Brautbier, dem das Fest seinen Namen verdankte. Es gab sogar Fleisch, denn Haegel der König hatte ihnen einen jungen Ochsen geschickt.

In all den drei Jahren, seit Haegel sein Schlangenschwert fortgegeben hatte, war er nicht einmal durch die Bucht gekommen. Athelis meinte, daß er seinen Pflegebruder vergessen habe, aber Owin dachte, daß er sich vielleicht zu gut an ihn erinnerte und daher die Seehundsinsel für ihn nicht mehr heimatlich war; und Fleisch hatte er ihnen schon vor diesem hier geschickt und Getreide vor zwei Wintern nach der Mißernte. Es war ein guter, junger Ochse mit reichlich Fett; als die kalten, gebratenen Keulen zu dem übrigen Essen hinausgelegt wurden, wußte Athelis, daß zur Schande kein Anlaß war. Denn sie hatte befürchtet, Schande könnte auf Beornwulfs Haus fallen, weil Owin sich geweigert hatte, das noch nicht schlachtreife Schwein zu schlachten.

Owin kam erst spät zu den anderen hinzu; eine der drei Kühe kalbte nämlich, und er wollte sie nicht gern allein lassen, bevor alles vorüber war. Jetzt stand er da mit einem Becher Brautbier in der Hand, lehnte mit einer Schulter gegen die Verandawand und sah dem vergnügten Treiben zu. Vielleicht weil er so müde war, fühlte er sich von dem Geschehen ausgeschlossen, wie damals im Vorhof des Königs, bevor er sein Schwert genommen und sich den jungen Kriegern am Waffenstein angeschlossen hatte. Nachher hatte er sich eins gefühlt mit diesen Kriegern, – aber das war etwas anderes. »Den Bund des Speers« hatte Einon Hên es genannt ...

Die Dämmerung war wie die langsam steigende Flut heraufgezogen, und schon schimmerte der aufsteigende Rauch vom Festfeuer silbrig im Licht des aufgehenden Monds. Braut und Bräutigam saßen nebeneinander auf einem Haufen Heu, und der Schein des Feuers leuchtete auf Helgas weiches Haar unter den geflochtenen Silberdrähten der Brautkrone, die ihre Großmutter und ihre Urgroßmutter schon vor ihr getragen hatten, und blitzte über die Klinge des Schwerts auf den Knien des jungen Wiermund – ein Mann brachte immer sein Schwert zur Hochzeit, obwohl er es jetzt nur noch selten brauchte. Irgendwo im Schatten flötete der alte Oswy zu dem Tanz, der gerade begonnen hatte; es war ein dünnes, süßes Flöten, das eher dem Mondlicht anzugehören schien als dem Feuer, und die jungen Männer und Mädchen ergriffen ihre Hände und drehten sich wie ein Rad um das Feuer herum, während die älteren Männer vor dem Haus herumstanden und die Frauen mit den Bierkrügen zwischen ihnen umhergingen.

Über das Flöten und das lachende, prahlende, polternde Stimmengewirr hinweg hörte Owin ein Wiehern von dem engen Pferch her, wo die Pferde angebunden waren. Vorhin schon hatten die Knaben und die jungen Männer sich im Rennen gemessen, so wie es gewöhnlich geschah, wenn ein Fest sie zusammenbrachte; und bald, recht bald schon, würde die Zeit für das Brautrennen gekommen sein, das, seit der erste Schiffsbug an der Küste angelaufen und die erste Hütte gebaut worden war, den wilden Abschluß jeder Hochzeit in den Siedlungen auf der Seehundsinsel bildete.

Mit langsam ausklingenden Tönen hörte das Pfeifen auf, und der Kreis der Tänzer brach auseinander. Sie verteilten sich jetzt über den ganzen Hof, drängten sich um die aufgebockten Bretter, und inmitten der anderen sah Owin Bryni und Horn wie gewöhnlich zusammen und Lilla zwischen ihnen. Padda, der Bootsbauer, der drei Kirschbäume auf seinem Hof hatte, hatte eine Schüssel voll von den kleinen Früchten, rosig rot auf der einen Seite, knochenblaß auf der anderen, als seinen Beitrag zur Hochzeit gebracht, und Athelis, die wußte, daß unter so vielen Leuten diese Früchte nicht lang reichen würden, hatte die Schale erst herausgestellt, als das richtige Essen weitgehend vorüber war. Das Tanzen war wild gewesen, und Lilla hatte ihre Haarspange verloren, so daß ihre rosa Ohrläppchen zu sehen waren, als sie ihre weichen schweren Zöpfe über ihre Schulter zurückwarf. Und diese Ohrläppchen brachten Horn offensichtlich auf einen Einfall, denn aus der Schale sammelte er Kirschen heraus, deren Stengel noch zusammensaßen, und hängte sie mit der stillen Konzentration, mit der er alles machte, über die Ohren des Mädchens, während Bryni lachend zuschaute.

Es wird Zeit, dachte Owin plötzlich, daß Athelis die Angelegenheit mit Brand dem Schmied regelt. Lilla hatte Horn immer genauso wie Bryni behandelt; aber als Owin ihnen gerade zusah, war er sich überhaupt nicht mehr sicher, ob auch Horn sie sah, wie Bryni es tat, und es kam ihm so vor, als sei selbst Lilla reif für einen Wandel. Ganz gewiß war, daß sie es sehr genoß, Kirschen über die Ohren gehängt zu bekommen.

Sie blickte zu Horn auf, lachte und schwang die Zipfel ihres blauen Gewandes im Takt, während sie gedankenverloren der Flöte zuhörte.

Plötzlich spürte Owin, daß noch andere Augen auf Lilla ruhten – und sie scharf beobachteten. Er drehte sich um und sah Vadir Cedricson gegen die Wand gelehnt, kaum mehr als eine Armlänge von ihm entfernt. Der Mond schien voll auf das schmale, verächtliche Gesicht des Mannes, und die blassen Augen, von plötzlich erwachendem Interesse ein wenig geweitet, waren gut zu sehen. In diesem Augenblick wußte Owin, daß Vadir Lilla zum ersten Mal so ansah, wie ein Mann eine Frau ansieht.

Befürchtungen regten sich in ihm. Immer schon hatte er Lilla lieber gemocht als ihre Schwester; sie war liebenswerter. Er wollte Horn für sie, weil er dachte, daß der Junge sie glücklich machen würde; er wünschte sich für sie nicht diesen Blick in den Augen von Vadir dem Hinker... Dann zuckte er die Achseln und schalt sich selbst einen Narren, weil er sich um das Mädchen sorgte, als sei er der graubärtige Vater und Hausvorstand; er lachte, leerte den Bierbecher in seiner Hand und ging, um ihn noch einmal aufzufüllen.

Währenddessen erklang der Ruf für das Brautrennen. Der Bräutigam war aufgesprungen, hatte sein Schwert in die Scheide gesteckt, und hinter ihm rannten alle unverheirateten Männer, die ein Pferd besaßen oder sich eins für diese Gelegenheit leihen konnten, los, rempelten sich gegenseitig an und jagten zur Rückseite des Hofs zu ihren Pferden. Und als Owin sich umsah, war Vadir verschwunden.

Die Mädchen drängten sich um Helga, zogen sie hoch und schoben und drängten sie, bis sie am Feuer stand. Rasch mußte sie sich von Lilla und ihrer Mutter verabschieden, und dann, als lautes Rufen hinter dem Hof hervorbrach, verstreuten sich die Mädchen und ließe sie mutterseelenallein und plötzlich recht verschreckt aussehend stehen, so verschreckt, als begriffe sie eben zum ersten Mal, worum es ging.

Aber fast im gleichen Augenblick hörten sie die Reiter am Gatter balgen, Stimmen, verhaltenes Gelächter und Hufgetrampel, und dann preschte aus dem Dunkel ein Reiter mit seinem Pferd um die hintere Hausecke in den Feuerschein hinein. Wiermund beugte sich vom Sattel herab, um Helgas Hand zu fassen und sie vor sich aufs Pferd hinaufzuziehen. »Rauf! Komm, rauf mit dir!« Sie setzte ihren Fuß auf seinen

Steigbügel und sprang, der junge Mann zog sie hoch, und beide lachten jetzt, dann lag sie über seinem Sattelknauf, und das Pferd, das er kaum gezügelt hatte, brach aus dem Feuerschein heraus und galoppierte durchs Hoftor hinaus – in der momentanen Stille hörten sie noch das Hufgetrappel über der Ebene auf die Siedlung zu verhallen.

Und dann, knapp hinter dem Bräutigam her, kamen alle anderen, drängelten um Platz am Gatter und in den schmalen Gassen zwischen den Nebengebäuden. Die Mädchen rannten kreischend zusammen und taten so, als hätten sie Angst. Hals an Hals kamen die ersten beiden Reiter um die Hausecke; einer übernahm die Führung, ein kleiner Mann auf einem schwarzen Pferd, dessen weißer Stirnfleck silbrig im Feuerschein glänzte, und Owins Herz zog sich zusammen, als er sah, daß es Vadir war.

Das angstvolle Schnauben des armen Tiers mißachtend, zog Vadir es in einer eng gestampften Kurve dicht um den Rand des Feuers herum, und tief hinuntergebeugt im vollen Galopp fing er Lilla und zog sie in einer einzigen schwungvollen Bewegung zu sich hinauf, und fort ritt er mit ihr ins Dunkle hinein.

Hinter ihm stob auf Bachstelze Horn, der nächste Reiter, heran, und weil er das Mädchen, das er wollte, verfehlt hatte, griff er sich das nächste aus der Menge und jagte aus dem Feuerschein hinaus. Eine kurze Zeit über wimmelte es im Vorhof von Reitern, man sah vorbeifliegende Schatten und hörte Gekreisch und Gelächter, da Mann für Mann sich ein Mädchen fing und auf das Tor zuhielt. Dann war der letzte von ihnen verschwunden, und der Vorhof schien sehr leer.

So war also die Braut zu ihrem neuen Heim davongetragen worden und zu ihrem neuen Leben, umgeben von einer fliegenden Reiterstaffel, und wenn der Kreis der Reiter dreimal um das Haus in Sonnenrichtung glückbringend herumgesprengt war, würden sie über die Ebene zurückrasen; einen letzten Trunk Bier aus dem Trinkhorn des Hausherrn gab es dann noch für den, der zuerst sein Mädchen am Hoftor absetzte.

Schon drängte sich der Rest der Hochzeitsgesellschaft zum Tor hinaus, um ihre Rückkehr zu beobachten, einige der Männer zogen lodernde Zweige als Fackeln aus dem Feuer. Owin befand sich plötzlich am Rande der Menschenmenge neben Bryni. »Hast du das gesehen?« Es klang, als ob Bryni durch zusammengebissene Zähne spräche, und als Owin sich ihm zuwandte, sah er im flackernden Licht, daß Brynis Gesicht hochrot war.

»Ja, ich habe es gesehen. Horn muß das nächste Mal eben rascher vom Start wegkommen.«

Brynis Hände waren zu Fäusten geballt. »Das Schwein! Das Schwein!«

»Ruhig jetzt«, sprach Owin rasch unter dem fröhlich sich erhebenden Gebrüll am Tor. »Jeder Mann, der im Brautrennen reitet, hat das gute Recht, sich jedes Mädchen zu fangen, das er will. Das weißt auch du.«

»Ich glaube nicht, daß er jemals vorher in einem Brautrennen geritten ist; solchen Spaß hat er immer verachtet«, stieß Bryni in stürmischer Wut hervor. »Ich schere mich nicht um seine Rechte, aber wenn er seine Klauen nicht von Lilla läßt, dann bringe ich ihn um.«

Owins Hand legte sich auf Brynis Schulter. Wenn irgendeiner der Hochzeitsgesellschaft dort hingesehen hätte – aber sie streckten alle ihre Köpfe nach der Ebene –, hätte das wie eine gelassene Geste ausgesehen; aber tatsächlich krallten sich Owins Finger in das Fleisch des Jungen, bis er sich duckte. »Hör mir gut zu, mein Junge, du hast gerade so viel Bier getrunken, wie Platz ist in deinem Körper. Heute nacht ist dieser Mann ein Gast auf deinem Hof, und wenn du dich nicht benehmen kannst, dann werde ich dich auf der Stelle nehmen und deinen hitzigen Kopf zum Abkühlen in einen Wassereimer stecken.«

Bryni atmete tief ein, es klang fast wie ein Schluchzen; aber als er wieder sprach, war seine Stimme schon ruhiger.

»Ich werde mich benehmen – aber in anderen Nächten des Jahres ist er nicht mein Gast.«

Owin atmete vorsichtig auf. Andere Nächte des Jahres waren eine andere Sache. Er ließ Brynis Schulter los und schob sich mit ihm zum Toreingang vor.

Jenseits des goldenen Scheins der Fackeln lag die Ebene weiß und still im Mondschein, leer bis zur dunklen Grenze des Eichengestrüpps hinter dem Deich; und während die Augen angestrengt hinausschauten und die Ohren hinauslauschten, ertönte aus der Stille ein schwach pulsierendes Geräusch, ein Rhythmus, so sanft wie schlagende Mottenflügel. »Da kommen sie!« schrie eine Frau, als sich eine dunkel bewegende Gestalt vom Eichengestrüpp löste und hinter dem Deich auf die Bretterbrücke zugejagt kam. Jetzt schrie jeder und winkte mit den Fackelstummeln, und durch das Aufbrüllen hindurch stürmte das Getrappel der Hufe heran. Jetzt hatte sich ein zweiter Reiter vom Gestrüpp abgelöst, dann ein Pulk von zweien oder dreien, aber der erste war schon über den Deich, und schnurgerade und rasch wie ein Pfeil hielt er auf die winkenden Fackeln am Tor zu.

Bryni kämpfte sich bis in die vorderen Reihen der Gesellschaft vor, und Owin hielt sich dicht hinter ihm. Er zweifelte keinen Moment daran, wer der erste Reiter sein würde, und konnte jetzt das schwarze Pferd auf sie zudonnern sehen, den Reiter vorgebeugt über das im gekrümmten Arm gehaltene Mädchen. »Es ist Vadir!« rief jemand. »Donner und Hammer! Seht nur, wie er reitet!« schrie eine Frau schrill heraus. »Ein Stolpern bei diesem Tempo, und er wird das Mädchen töten!« Aber ihre Worte wurden vom Geschrei, das die Männer jetzt erhoben, übertönt: »Vadir! Vadir Cedricson!«

Sie wichen zurück und stoben auseinander, während sie noch nach ihm riefen. Im gleichen Augenblick aber zügelte Vadir sein schwarzes Pferd in ihrer Mitte und brachte es auf seinen Hinterfüßen zum Stehen.

Bryni sprang vor und fing Lilla auf, die sich freigestrampelt hatte und vom Sattelknauf fiel; er zog sie so grob davon, daß sie stolperte und gefallen wäre, hätte Owin sie nicht aufhalten können. Sie kam ihm geisterhaft blaß vor, und als er sie hielt, spürte er ihr Zittern, aber sie sagte keinen Ton. Vadir lachte, saß locker auf seinem schwitzenden Pferd und sah zu dem Jungen herab: »Ein ungesitteter Bengel«, sagte er wie zu sich selbst. »Sklavensitten werden wohl leicht von denen angenommen, die Sklavengesellschaft suchen«, und er wandte sein Pferd in die Menge hinein, als schon weitere auf sie zugaloppiert kamen.

Owin packte erneut Bryni an der Schulter, denn der Junge wäre sonst hinter Vadir her und auf ihn losgegangen. »Laß sein!« murmelte er. »Das traf uns beide, und wenn ich eine Beleidigung einstecken kann, dann kannst du das auch.«

Inzwischen war Horn hereingekommen, und Reiter um Reiter gelangte in den Fackelschein und ließ ein atemloses, lachendes, zerzaustes Mädchen herab. Noch einmal schob sich die drängende Menge weiter, sie ging zum Vorhof zurück, und in ihrer Mitte konnte Owin Vadir auf seinem schwarzen Pferd sitzen sehen, hochmütig und ein wenig verächtlich auf seinen Preis wartend. Irgend jemand hatte Beornwulfs großes Trinkhorn mit den Kupfer- und Silberverzierungen gebracht und es in Lillas Hände gegeben, und sie trug es vorsichtig, denn es war bis zum Rand mit dem letzten Brautbier gefüllt, auch nahm Owin an, daß ihre Hände noch immer zitterten. Die Fackeln verglühten, und der Feuerschein, der durch das Hoftor drang, ließ Vadirs Gesicht wie eine höhnende Maske erscheinen. Als er sich vorbeugte, um das von Lilla ihm hingehaltene Horn zu nehmen, sagte er: »*Wass heil!* Ich trinke auf dich!« Er warf seinen Kopf zurück und leerte das Horn mit einem einzigen langen Zug, der die meisten Männer hätte nach Luft schnappen lassen; dann gab er es ihr zurück, wobei er absichtlich ihre Hände von den seinen berühren ließ. »Es war also doch ein Rennen, das zu reiten sich gelohnt hat.«

Und im nächsten Augenblick wendete er sein Pferd und

jagte ohne Wort oder Blick für sonst jemanden auf und davon.

Owin, der den Rhythmus des Hufschlags von Trab in Galopp fallen und in der Ferne verklingen hörte, sorgte sich darum, daß für niemanden sonst das Ende des Festes von einem Schatten getrübt werden würde, – niemanden außer Bryni und Horn und Lilla. Bryni, der um seinen Streit mit dem gehaßten Herrn von Widdas Ham gebracht worden war, suchte ihn nun mit Horn, der auch recht bereit dafür schien, als er mit finsterem Blick, der sein sonst so freundliches Gesicht verdüsterte, vom Pferd stieg. Lilla war verschwunden, und Owin fragte sich, ob sie immer noch zitterte. Was ihn selbst anbelangte – so verlangte er sich zum zweiten Mal an diesem Abend ab, bloß kein Narr zu sein.

Vadir

Drei Tage danach lichtete Owin Gestrüpp an dem die Insel abgrenzenden Streifen zur Küstenweide hin, als er Hufgetrappel in Richtung des Hofs zu hören meinte. Er fuhr mit seiner Arbeit fort, verfluchte die kleinen Stechfliegen im Eichengestrüpp und hörte bald darauf das Hufgetrappel wieder, dieses Mal in der Ferne verhallen. Wer es auch immer gewesen und ganz gleich, zu welchem Zweck er gekommen sein mochte, er war vorbei und seines Wegs gegangen; Owin arbeitete weiter, ohne mehr darüber nachzudenken.

Die Schatten der Eichen wuchsen langsam zum Meer hin, und bald würde es Zeit sein, zum Hof zurückzukehren, um rechtzeitig zum Abendessen dazusein. Einen Augenblick lang hielt er inne, reckte seinen Rücken, stand da und wischte sich den Schweiß aus den Augen. Es war doch zu blöd, daß er in diesem flachen Abendlicht selbst jetzt noch die Küstenweide nicht betrachten konnte, ohne einen weißen Hengst, mit dem salzigen Wind über Mähne und Schweif streichend, quer durchs Feld auf sich zutraben zu sehen.

In der tiefen Stille, die dem Rascheln und Schneiden bei seiner Arbeit gefolgt war, hörte er den leisen weichen Tritt eilender Füße. Zuerst dachte er, es wäre Bryni, aber es war nicht das freie weitausholende Laufen eines Jungen; das hier hatte eher einen leicht verhaltenen Klang und auch einen schleppenden, der ihn an Röcke denken ließ. Und als er sich rasch umdrehte, sah er Lilla, die sich unter den tiefhängenden Holunderzweigen duckte, auf sich zukommen, klein wirkte sie und verzweifelt; die Hunde rannten hinter ihr her.

Owin warf die Sense zur Seite und streckte seine Arme

aus, um sie aufzufangen, da sie gerade über eine Brombeerwurzel stolperte und vornüberfiel; im nächsten Augenblick lag sie schwer atmend an ihm. Er hielt sie ein Stückchen von sich fort und betrachtete sie. »Nur ruhig! Was ist los? – Sieh nur, es folgt dir doch überhaupt niemand.«

Sie schüttelte ihren Kopf und schien ihre Gedanken zu sammeln, dabei stand sie ganz ruhig in seinen Händen; ganz ruhig, außer daß sie immer noch schwer atmete, weil sie so schnell gelaufen war. Ihr Blick war auf sein Gesicht geheftet, aber sie antwortete nicht. »Was ist los, Lilla?« fragte er noch einmal.

Sie schluckte und sah hinab. »Nichts. Überhaupt nichts.«

»Irgend etwas muß es doch sein. Wie ein gehetzter Hase bist du ja.«

»Nein, ich – ach, aber du kannst mir ja nicht helfen. Ich weiß nicht, warum ich gekommen bin.«

»Wie wär's, wenn du tief Luft holst und mir sagst, was dir fehlt«, meinte Owin geduldig, als wäre sie noch genauso klein wie damals, als er zur Seehundsinsel gekommen war.

Sie sah langsam zu ihm auf mit ineinander verschränkten Händen. »Es geht um Vadir Cedricson.«

Owin spürte, wie sein Gesicht sich verhärtete. »Was hat Vadir Cedricson getan?«

»Gerade eben war er bei uns im Haus gewesen, und als er wieder fortgegangen war, rief mich meine Mutter und sagte . . . er kam und bat um meine Hand.«

»Und was hat deine Mutter zu ihm gesagt?«

»Sie hat ihm noch keine Antwort gegeben, aber in drei Tagen kommt er wieder; und sie wird ja sagen, ich weiß, daß sie das wird – und ich habe solche Angst vor ihm.«

Owin stand einen Moment lang still da und erinnerte sich an das Geschehen bei Helgas Hochzeit, erinnerte sich daran, wie Lilla lachte, als Horn ihr Kirschen an die Ohren hängte, und wie Vadir sich vom Sattel beugte, um sie sich fürs Brautrennen zu greifen. Warum nur in Gottes Namen hatte Athelis die Angelegenheit mit Brand dem Schmied nicht geregelt, ehe es hierzu kommen mußte? »Du solltest zu Bryni gehen«, sagte er, »er ist dein Bruder.«

»Bryni! Du kennst doch Bryni, er haßt Vadir sowieso schon. Wenn ich zu ihm gehe, wird er etwas Verrücktes tun. Ich traue mich nicht.«

»Aber was, meinst du, kann ich ausrichten?« fragte Owin.

»Nichts.« Ihre Stimme klang flach und hoffnungslos. »Das habe ich doch gesagt, oder? Ich rannte zu dir, weil du der erste Mensch warst, der mir in den Sinn kam; aber du kannst mir nicht helfen – niemand kann mir helfen.«

Sie wollte sich aus seinem Griff lösen, aber er sagte rasch: »Nein, warte – laß mich nachdenken, Lilla; ich brauche einen Augenblick zum Nachdenken.«

Und sie stand wieder ruhig da und blickte ihn an. Owin hatte seinen Griff lockergelassen und stand nun da, blickte stirnrunzelnd vor sich hin und kratzte an der alten Narbe, wie er es immer noch tat, wenn er angestrengt nachdachte. Schließlich holte er tief Luft. »Ich werde tun, was ich kann«, sagte er, »ich weiß nicht, ob ich überhaupt irgend etwas ausrichten kann, aber ich werde es versuchen . . . Du mußt jetzt heimgehen, Lilla.«

Als sie gegangen war, nahm er die Sense wieder auf und machte sich ruhig wieder an die Arbeit, die er zu Ende bringen wollte, bevor er zum Abendessen zum Hof hinaufging.

An diesem Abend kam es ihm so vor, als ob ein Gefühl von Spannung wie ein Schatten über dem Haus läge. Die Hausherrin sah blaß und vergrämt aus, sie schien wenig Geschmack an der guten Fischbrühe mit Kräutern und Hafermehl zu finden, während Lilla fast überhaupt nichts aus der gemeinsamen Schüssel schöpfte; beide hüteten sich davor, einander in die Augen zu blicken – nicht so, als ob es irgendwelchen Ärger unter ihnen gegeben hätte, dachte Owin, sondern vielmehr aus einer Art von düsterem Verständnis und Mitgefühl füreinander. Sogar Bryni, dem die Stimmungen anderer sonst nie bewußt wurden, sah sie mehr als einmal an, ohne auch nur einmal zu fragen, was fehlte; als sich dann sein Blick mit Owins über dem Herd kreuzte, zuckte er die Achsel, was eindeutig heißen sollte: »Frauen!«

An den heißen Sommerabenden blieb nach dem Abendessen niemand im Haus, sondern alle gingen wieder hinaus und beschäftigten sich. An den meisten Abenden wandte sich Athelis, die tagsüber kaum Zeit übrig hatte, der Pflege ihres kleinen Kräuterbeets unter den Apfelbäumen hinter dem Hof zu, das für sie Rast und Freude war.

An diesem besonderen Abend schob sie das so lange hinaus, daß Owin, der Pferdegeschirr im Schatten der Stallwand flickte und auf eine Gelegenheit wartete, mit ihr allein zu sprechen, schon zu befürchten begann, daß sie überhaupt nicht hinausgehen würde. Aber schließlich stand sie auf, ging in die Werkstatt und kam mit einer frisch angezündeten Laterne und ihrem Weidenkorb mit Gartengerät wieder heraus und verschwand um die hintere Ecke des Hauses.

Er ließ ihr ein wenig Zeit, stand dann auf, hängte das Pferdegeschirr an seinen gewohnten Platz und folgte ihr.

Sie hatte die Laterne an einen Zweig des Apfelbaums gehängt und band hochgewachsene, purpurne Schwarzwurzeln, die vom Wind abgerissen worden waren, wieder fest. Sie blickte auf, als sie Owins Schritte hörte, und es kam ihm vor, als wüßte sie ganz genau, warum er gekommen war. Er lehnte sich gegen den Zweig, an dem die Laterne hing. Er wußte nicht, wie er einen Anfang für die Sache finden sollte, die zu sagen er gekommen war. Wenn er nur einmal anfing, würde es schon gutgehen. »Herrin«, sagte er schließlich ganz unvermittelt. »Lilla kam vorhin zu mir gerannt. Sie sagte, daß Vadir Cedricson um sie angehalten habe.«

Athelis gab nicht einmal vor, sich weiterhin um das Anbinden der Schwarzwurzeln zu kümmern, sondern ließ die Zöpfe aus geflochtenem, trockenem Gras, die sie benutzte, in den Korb zurückfallen. »Sie hatte kein Recht, zu dir zu laufen mit ihren Sorgen.«

»Sie war viel zu verschreckt, um darüber nachzudenken,

was für Rechte sie hatte«, sagte Owin grob heraus. Und dann, als sie nichts entgegnete: »Sie hat mir erzählt, daß er in drei Tagen kommen wird, um deine Antwort zu erfahren, und daß du ja sagen wirst. Stimmt das?« Es klang anklagend, aber er wußte nicht, wie er sich sonst ausdrücken sollte.

Sie schwieg noch eine Weile, sagte aber schließlich: »Ja, es stimmt. Was bleibt mir anderes übrig?«

»Du hättest die Angelegenheit vor Jahren schon mit Brand dem Schmied regeln sollen. Du weißt doch, daß Beornwulf das so wollte.«

Sie warf ihre Hände empor. »Ich hätte sollen – ich hätte sollen. Aber ich tat es nicht. Ich glaube, ich wollte sie noch ein bißchen länger bei mir behalten. Und jetzt ist es zu spät. Was nützt es, mir zu erzählen, ich hätte dies tun sollen, ich hätte das tun sollen? Was kann ich nun tun, außer ja sagen? Es wird ihr schon recht gehen, wenn sie erst mit ihm verheiratet ist.«

»Wird es ihr? Ich bezweifle es. Aber vielleicht sehe ich Vadir Cedricson mit allzu düsteren Augen, vor allem, wenn ich mich daran erinnere, wie er seine Hunde meinen alten Hund töten ließ und wie er dabei nicht ohne Wohlbehagen zusah.«

Sie entgegnete rasch. »Damals war er jung, fast noch ein Junge; und Jungen sind oft grausamer als Männer.«

»Fünf- oder sechsundzwanzig Lenze hatte er damals schon gesehen, falls er den Lenz überhaupt jemals sah«, erwiderte Owin. »Dieser Mann ist verdreht, verdreht an Leib und Seele, und du weißt das auch.«

Sie sah ihn an, ihre Augen wurden in dem Laternenlicht ganz dunkel, und einen Augenblick lang fragte er sich, ob sie ihm wohl für seine Unverschämtheit einen Schlag ins Gesicht versetzen würde. Aber sie sagte nur: »Er ist mächtig, und wir haben keinen Mann, der uns mit seinem Schild schützt.«

»Der König würde kein Unheil über den Haushalt seines

Pflegebruders kommen lassen, wenn auch Vadir ein entfernter Verwandter von ihm sein mag; und Bryni wird im nächsten Frühjahr ein Mann sein.«

»Der König! Seit Wotansborg hat Haegel fast keinen Gedanken mehr an den Haushalt seines Pflegebruders verschwendet«, meinte Athelis bitter. »Und selbst, wenn es nicht so wäre, so gibt es doch Unrecht, über das selbst der König keine Macht hätte. Und was Bryni anbelangt, so weißt du am besten, wie ungezügelt und dickköpfig er ist. Ganz gleich, wann immer sie sich treffen, er ist immer am Rande eines Streits mit Vadir; aber wenn Vadir Lilla zur Frau nimmt, dann wird sogar Bryni es nicht wagen, sein Messer gegen den eigenen Verwandten zu ziehen – und auch Vadir wird dies nicht wagen.«

»Du glaubst also nicht, daß der Junge, wenn er erfährt, daß seine Schwester zur Heirat gezwungen wird, sein Messer gegen Vadir zücken würde, *bevor* sie Verwandte werden?« Er wußte, daß er grob und gemein war, erinnerte sich aber an die Worte, die er dem zehnjährigen Bryni gesagt hatte, als er zum ersten Mal die Drohung ausstieß, er werde Vadir töten. Aber er erinnerte sich auch an die Grausamkeit – Grausamkeit sogar gegenüber Dingen, die er liebte –, wie er dies in jener Nacht verspürt hatte, als Teitri geboren wurde; und jetzt kämpfte er für Lilla mit jeder Waffe, die ihm gelegen kam.

Athelis preßte verzweifelt ihre Hände zusammen. »Das weiß ich nicht«, flüsterte sie. »Es wird nicht geschehen, solange du hier bist. Du kannst mit ihm umgehen – einigermaßen. Du bist der einzige, der das kann, seit Beornwulf gestorben ist. Nach dem nächsten Frühjahr wirst du fort sein.«

Es gab eine lange Stille. Wie laut heute nacht die See donnerte, ein dröhnender Klang wie das Echo von Wellen in einer Muschelschale; und irgendwo im Herzen schien er sich an das Echo von Onkel Widreths Stimme zu erinnern . . .: »Nur, wenn man noch jung ist, ist da immer die

Hoffnung, daß eines Tages etwas geschehen wird; daß sich eines Tages ein sanfter Wind erheben wird...« Wie oft hatte ihn das bestärkt. Aber schließlich war es doch ein leerer Trost. Vor vier Jahren hatte er gedacht, daß der Wind sich erheben würde, aber er hatte sich gelegt über den Wiesen und Weiden; und er hatte doch so lange schon gewartet, so lange – auf seine Freiheit. Inzwischen war er nicht einmal mehr wirklich jung; seit er zum Mann geworden war, hatte er seine ganze Zeit bisher mit Warten verbracht. Das war zu viel, niemand konnte mehr von ihm erwarten; diese Leute waren die Feinde seines Volkes; Beornwulf hatte den vollen Wert für sein Goldstück erhalten. Ja, nur Beornwulf hatte nicht an den Wert seines Goldstücks gedacht in der Stunde seines Todes, sondern gebetet, wie ein Mann einen Freund bittet, dem er vertraut.

Langsam blickte er auf. »Wenn ich auf meine Freiheit weiter warte, wenn ich hier ausharre, bis du mir sagst, daß ich frei bin fortzugehen – würde das etwas bringen?«

Athelis legte ihre schmalen Hände vor ihr Gesicht; ließ sie dann wieder fallen und blickte ihn an: »Meinst du das ernst?«

»Ich hätte es wohl kaum angeboten, wenn ich es nicht ernst meinte«, sagte Owin grob.

»Natürlich, das war dumm von mir.« Sie hatte sich jetzt wieder fest in der Hand, auch ihre Stimme war ruhiger. »Owin, ich kann mit Brand dem Schmied jetzt nichts regeln, das würde Vadir auf der Stelle auf uns hetzen; das siehst du doch auch so, oder nicht?«

»Ja, das sehe ich ein.«

»Aber wenn du uns nicht verläßt, wenigstens – noch nicht gleich, dann werde ich Vadir sagen, daß er in einem Jahr erneut fragen soll. Ich werde sagen, daß Lilla zu jung ist. Mehr wage ich nicht zu versprechen, aber bevor dieses Jahr vorüber ist, werde ich ihre Hand nicht Vadir geben.«

Ein Jahr Aufschub; es war das Äußerste, was erreicht werden konnte, das wußte er. Na ja, vieles konnte in einem Jahr geschehen. Vadir könnte seine Meinung ändern – oder das Meer konnte eines Nachts über die Ebene brechen und sie alle fortspülen.

»In Ordnung«, sagte er. »Ich werde bleiben.«

Owin erfuhr nie, was wirklich geschah, als Vadir kam, um die Antwort zu erfahren. An diesem Tag arbeitete er am entferntesten Zipfel des Intake-Flusses. Als er aber am Abend auf dem Weg nach Hause zum Abendessen war, traf er Lilla, die auf ihn bei den frisch aufgerichteten Erbsenstapeln wartete. Sie war sehr eifrig mit ihrer abendlichen Suche nach Eiern beschäftigt, einer Arbeit, die nun ganz allein ihr zugefallen war, nachdem Helga verheiratet und nicht mehr zu Hause war; aber als Owin näher hinzukam, hörte sie damit auf, hängte ihren Eierkorb in ihren Ellbogen und sagte: »Er kam, und jetzt ist er fort, und ein Jahr lang wird er nicht wiederkommen.«

Owin nickte. »Das ist alles, was ich erreicht habe. Wenigstens ein wenig Zeit zum Atmen. Ich hätte gern mehr getan, Lilla, aber ein Jahr, das war das Äußerste, was ich tun konnte.«

Lilla starrte in den Eierkorb und ließ den Kopf, der in ein großes weißes Tuch gewickelt war, unter dem ihr Haar steckte, hängen; aber nach einer Weile blickte sie mit ihren ernsten blauen Augen zu ihm auf; nie zuvor hatte er bemerkt, wie blau diese Augen waren, nicht strahlend, sondern weich, von der Farbe der Glockenblumen: »Meine Mutter sagte, ich hätte kein Recht, mit meinen Sorgen zu dir zu kommen.«

»Ich würde mir darüber nicht zu viele Gedanken machen«, meinte Owin.

»Aber sie hatte recht damit. Wenn ich ein gutes Mädchen wäre und – tapfer und klug, dann würde ich jetzt zu Vadir gehen und ihm sagen, daß ich bereit bin, ihm schon jetzt meine Hand zu geben, und würde nicht zulassen, daß du weiterhin deine Freiheit für uns opferst. Aber ich bin kein gutes Mädchen, und ich bin *nicht* tapfer –«

Zu seiner Bestürzung sah Owin Tränen über ihre Wangen laufen. »Weine nicht«, sagte er rasch. »Bitte weine nicht, Lilla. Was mich betrifft – es wird mir nicht schaden, noch ein wenig länger zu warten; und was dich betrifft – sieh nur, du hast ein ganzes Jahr gewonnen. Alles mögliche kann in einem Jahr passieren.«

Lilla wischte mit dem Rücken ihrer freien Hand über ihre Augen. »Ich weine nicht, nicht richtig jedenfalls, und ich weiß nicht, für wen es ist... Aber, was auch immer geschieht – wenn auch überhaupt nichts geschieht und ich schließlich zu Vadir gehen muß, habe ich doch ein Jahr gewonnen – und ich werde nie, nie vergessen, daß du es mir geschenkt hast.«

Der helle, fröhliche Klang von jemandem, der zwischen den Zähnen pfiff, kam auf den Stapelhof zu, gerade als sie zu Ende gesprochen hatte, und mit hastiger, verhaltener Stimme fügte sie warnend hinzu: »Das ist Bryni«, dann wandte sie sich ein wenig ab, um ihr Gesicht zu verstecken. »Sieh mal, ist das nicht ein großes Ei?«

»Mit doppeltem Gelb, scheint mir«, entgegnete Owin.

Es war besser, viel besser, daß Bryni von all dem, was vorgefallen war, nichts erfuhr.

Die Königsjagd

Von nun an wurde Vadir Cedricson auf Beornhof nicht mehr gesehen, auch hörte niemand, außer den Vieren, die davon schon wußten, etwas von seiner Brautwerbung. Dazu war dieser Mann zu stolz.

So verstrichen die Monate, und der Herbst brachte die Wildgänse wieder nach Süden.

In diesem Winter wurden die Höfe und die Siedlungen am Maenwald von einem wilden Eber in Unruhe versetzt. Es geschah immer wieder, daß Wildschweine von den Wäldern des Landesinnern herunterkamen in das niedrige, verwilderte Gehölz zwischen den Sümpfen und zu einer Plage wurden, bis sie erlegt waren oder wieder ins Landesinnere vertrieben wurden. Aber dieser hier war ein königlicher Eber, größer, wilder und listiger als gewöhnliche Wildschweine. Er richtete Verwüstungen im bestellten Land an, riß Zäune nieder und spießte junge Bäume auf; er wurde zum Schrecken des Waldrands, wo jeder Mann ihm begegnen konnte, der in der Winterdämmerung mit einer Ladung Feuerholz auf dem Weg nach Hause war. Es war jetzt schon fürchterlich, es würde noch viel schlimmer werden, wenn der Frühling kam und das Getreide ausgesät war. Mehr als einmal hatten sich die Männer des Maenwalds zusammengeschlossen in dem Versuch, ihn zu erjagen, aber sie konnten nichts weiter vorzeigen als den Tod von zwei anderen Keilern.

Und dann kam die Nachricht zu den Siedlungen bis hin zur Spitze der Seehundsinsel, wo die Fischerhütten zwischen den Ruinen der kleinen römischen Küstenbehausungen kauerten, daß der König selbst kommen würde, um seinen Speer gegen den König der Eber zu versuchen. Jeder

Mann, der das wünschte, sollte mit ihm jagen und ihn an einem bestimmten Ort im Wald in der Morgendämmerung eines bestimmten Tags treffen.

Bryni brachte die Nachricht von der Siedlung zurück, wo er eine neue Pflugschar von Brand dem Schmied abgeholt hatte. Seine Augen leuchteten und strahlten tief blau, und seine sonnengebräunte Haut zeigte noch Flecken auf den Wangen vor Erregung. »Wir gehen auf die Jagd mit dem König!« verkündete er.

Owin, der ihm am Hoftor begegnet war, nickte ernst, als er die eifrig erzählte Geschichte hörte. »Kein Zweifel, daß der König jeden Treiber, den er kriegen kann, gut gebrauchen würde – obwohl es nicht *unser* Eber ist, hier, südlich der Bucht.«

»Das Vieh könnte in der Nacht seinen Weg jederzeit bis zur Spitze der Seehundsinsel finden, und dann wäre er unser Eber, ganz bestimmt«, widersprach Bryni, als ob die Ehre der Seehundsinsel auf dem Spiel stünde. »Und was die Treiber anbelangt –«, trotzig warf er seinen Kopf zurück, »ich bin der Sohn des Pflegebruders des Königs – auch wenn er das vergessen zu haben scheint. Geh du nur mit den Treibern und schreie und setze das Unterholz in Flammen, wenn du magst. *Ich* werde mit den Speerjägern gehen.«

Einen Augenblick lang betrachteten die beiden einander still; und dann, als er ein Lächeln um Owins Mundwinkel spielen sah, stieß der Junge ein aufgeregt lachendes Krähen aus: »Ach, du hast einen Scherz mit mir getrieben – du hast nie gedacht, daß ich mit den Treibern gehen würde.«

»Nein«, stimmte Owin zu, »ich habe nicht geglaubt, daß du mit den Treibern gehen würdest.«

Sie holten die alten Eberspeere hervor, und den ganzen Abend über saß Bryni am Feuer und polierte sie mit weißem Sand. Dabei pfiff er für sich selbst durch die Zähne in einer Art, wie sie nur ihm eigen war; es war eine ähnliche Sache, wie wenn Owin beim Denken seine alte Narbe kratzte.

Am vereinbarten Tag – drei Tage danach – machten sie sich auf den Weg, als es noch stockdunkel war, denn sie mußten eine Stunde gehen, bevor sie an den abgemachten Treffpunkt kamen. Drei oder vier Männer von der Siedlung schlossen sich ihnen bei der alten Furt an, und Hunna, der grimmig murrte, daß man ihn noch vor Tagesgrauen aus tiefem Schlaf weckte, brachte sein kleines Boot herüber und ruderte zweimal hinüber, bis alle am Festlandufer waren. Sie ließen ihn immer noch fluchend und murrend zurück und liefen auf den Resten der alten Regnumstraße weiter.

Bryni schritt vor den anderen her und pfiff durch seine Zähne. Dies war seine erste Eberjagd, und es war nur natürlich, daß er in toller Stimmung war – so wie er eben war, einer, der noch nie Magenschmerzen hatte; aber Owin hatte das Gefühl, daß er irgendeine Teufelei vorhabe, und fragte sich, ob er nicht doch hätte versuchen sollen, ihn mit den Treibern gehen zu lassen. Aber der Junge war ein guter Jäger, stark und geschickt, und einer von denen, die sich in den Geist des wilden Tieres hineinversetzen konnten und ganz instinktiv wußten, was das Wild tun würde. Und er könnte bei den Treibern ebenso rasch etwas Verrücktes anstellen wie bei den Speerjägern. Das einzige, was Owin tun konnte, war, ihn so gut wie möglich im Auge zu behalten. Jedenfalls nahm Vadir der Hinker nicht am königlichen Jagen teil – Krieg war eine Sache, aber einen wilden Eber zu Fuß viele Kilometer durch Sumpf und Wald aufzuspüren war eine andere für einen Mann mit einem Klumpfuß –, diese Gefahr schied also aus. Owin holte tief Luft, sein Herz schlug beim Ausblick auf das grausame Spiel an diesem Tage höher, beruhigte sich aber im weit ausgreifenden Gleichschritt beim Marsch zum Treffpunkt des Königs.

Ein paar Tage zuvor hatte es noch geschneit; halb getaut und dann wieder gefroren lagen kleine weiße Tümpel unter den Bäumen und in den Mulden an den Deichen entlang, die ihren Weg begrenzten. Man spürte das Gefühl von Frost und Reif unter den Füßen, aber in der Nachtluft lag der Geruch vom frischen Grün des kommenden Tauwetters. Die Männer schnupperten und sagten zueinander, daß dieser Duft an einem solchen Morgen nicht gerade schwer auf ihnen lag.

Als sie an den vereinbarten Sammelplatz kamen, leuchteten in der flachen Dämmerung kaltgelbe Lichtstreifen im Osten auf. Die ersten, die dort angekommen waren, hatten ein Feuer gemacht, um die Kälte zu vertreiben; Owin, Bryni und der Rest schlossen sich den um die Wärme kauernden Männern an; eine stattliche Anzahl war das schon, und weitere kamen ständig hinzu; die Hälfte aller Höfe vom Maenwald und auch ein paar von der Seehundsinsel schienen je einen Mann geschickt zu haben, um sich der Königsjagd anzuschließen. Sie drängten sich ums Feuer, sprachen und lachten; Männer, die sich monatelang nicht gesehen hatten, begrüßten einander, Neuigkeiten wurden ausgetauscht, die Schneiden ihrer Messer und Eberspeere abgetastet.

Langsam wurde es licht und lichter, und hoch gegen den Himmel konnte Owin die langen Reihen der Wildenten auf ihrem Morgenflug sehen; bald darauf hörte er ein gedämpftes, verhaltenes Hufgetrappel, dann eine fragende Stimme und ein rasches, tiefes Lachen – der König war angekommen.

Die Pferde wurden zu einem nahegelegenen Bauernhof gebracht, und Haegel mit seinen Begleitern trat ins Licht des Feuers am Wegesrand. Er trug ein ledernes Jagdgewand, alt und abgetragen, schmutzig aussehend mit vielen dunklen Flecken von mehr als einer wilden Jagd; er trug seine eigenen Speere selbst, seine Hunde drängelten sich um ihn. Er sah sich unter den Männern am Feuer um, rasch sie begutachtend, als ob er sehen wollte, was für eine Jagdgesellschaft sich auf seinen Ruf hin versammelt hatte. »Die Grüße des Morgens gelten euch, Freunde und Nachbarn«, sprach er. »Ich glaube, wir werden heute eine gute Jagd haben.« Er wandte sich den Anführern zu, die zu ihm vorgetreten waren, fragte sie über die Verteilung der Treiber und beriet mit ihnen die Pläne für den Tag, dabei stellte er rasche Fragen an den Mann, der die letzten Nachrichten über den Unterschlupf des Ebers während der Nacht gebracht hatte. »Drüben beim Schwarzen Wald, sagst du? Wenn er noch dort ist, können wir ihn möglicherweise irgendwo zwischen dem Ausläufer des Walds und Bremmas Deich stellen.«

Und so fing die Königsjagd an. Hunde und Männer strömten in einem langsam vorankommenden Haufen ostwärts auf den Schwarzen Wald zu, wo er zu den Meeressümpfen hin über Paggas Ham auslief. Der Schwarze Wald stand wie eine Insel im Meer der Sümpfe und war so schwarz wie sein Name, sogar jetzt im Licht des Wintermorgens; und als sie dicht vor ihm standen, machten sie alles bereit, um die Hunde loszulassen. Da kam ein Junge auf sie zugerannt und blickte beim Laufen immer hinter sich, dann rief er seine Geschichte, schon ehe er sie erreicht hatte. »Er ist immer noch da! In die Sümpfe wird er sich nicht schlagen, und die ganze Zeit über waren die Vögel still im Ausläufer des Walds, also kann er auch nicht in diese Richtung entkommen sein!«

Ein langes Warten setzte ein, derweil die Jäger des Königs – mit den großen Hunden immer noch an der Leine – nach der besten Lösung suchten. Und dann, weit drüben bei dem schmalen Gehölzstreifen, der den Schwarzen Wald mit dem Forst verband, gab ein Hund Laut. »Da! Garm hat ihn«, sagte der König. »Diesen hellen Klang in seinem Bellen erkenne ich jederzeit.«

Gleich hatten auch die anderen Hunde den Laut aufgenommen, und der Klang des Jagdhorns hallte über das verwilderte Gehölz und schreckte die Kiebitze von den Sümpfen auf. Die eben noch ruhig dahinziehende Jagdgesellschaft war angefeuert, und plötzlich rannten alle.

Jetzt befanden sie sich zwischen den Bäumen; die niedrig hängenden Zweige peitschten ihnen ins Gesicht und drehten ihnen die Speere, Stümpfe aus vermoderndem Holz brachten sie zum Stolpern, und Brombeerzweige krallten sich überall da, wo die Bäume sich ein wenig lichteten, wie leibhaftige Feinde an ihnen fest. Ringsum kläfften die Hunde, und der Klang des Jagdhorns schallte durch die vor ihnen liegenden Wälder. Jetzt schienen die Treiber näher heranzurücken; Owin konnte ihr Schreien in einem weit auseinandergezogenen, voranstürmenden Kreis, der sich immer mehr zusammenzog, hören; er vernahm dies alles, während er mit geducktem Kopf hinter der schmächtigen, fliegenden Gestalt Brynis herrannte.

Und dann, von einem keuchenden Atemzug zum nächsten, veränderte sich das ganze Bild, sie waren zum Ziel ihres Tagewerks vorgestoßen. Sie befanden sich am Rande einer Lichtung, wo eine große Eibe im Wintersturm heruntergekommen war und andere mit sich zu Fall gebracht hatte; am gegenüberliegenden Ende dieses offenen Platzes, mit dem Rücken zu den Kronen der niedergestürzten Bäume, stand der riesige schwarze Eber und schien auf sie zu warten.

Er sah fast gar nicht wie ein Wesen aus Fleisch und Blut aus, sondern so, als gehöre er zur dunklen Erde des Waldes und zu den dunklen gewaltigen Geistern des Waldes. Er stand da, und sein gebeugt gehaltener Kopf pendelte ein wenig hin und her; seine Augen waren rot wie die finster glühende Kohle eines ausgebrannten Feuers, und die großen gebogenen Stoßzähne glänzten in der Schwärze seines schmalen, bösen Gesichts. Gelblicher Schaum tropfte von seinem Maul und dampfte im Schnee, auf den er fiel.

Die Hunde sprangen, als sie von den Leinen gelassen wurden, kläffend vor Wut und Haß vorwärts; aus der dahintergelegenen Schwärze des Waldes drang das Rufen und das Geräusch der das Gebüsch niedertrampelnden Treiber, die den Kreis dichter und dichter schlossen. Um die Lichtung herum duckten sich die Jäger, jeder hatte das Ende seines Speers fest zwischen die Beine geklemmt. Owin stand direkt hinter Bryni in der zweiten Reihe und hielt wie die anderen auch seinen Speer bereit, falls der Eber durchbrechen sollte; er hatte aber auch sichergestellt, daß sein Messer lose in seinem Gürtel steckte, denn für einen Mann in der zweiten Reihe war es wahrscheinlicher, daß er so schnell wie möglich helfen mußte, die Bestie kampfunfähig zu machen, wenn der Mann in der ersten Reihe – in diesem Fall Bryni – in Schwierigkeiten geriet.

Die Hunde standen und liefen jetzt dicht um den Eber herum, kläfften die schwarze Teufelsmaske an, während dieser mit seinem Kopf ständig hin- und herpendelte. Über Brynis angespannte Schulter hinweg sah Owin die groben schwarzen Borsten auf dem Rücken und die Röte der bösen Augen, und er fing den beißenden Gestank in der winterlichen Luft auf. Der Eber stampfte ein paar Schritte voran, dann sprang Garm, der größte von den Eberhunden des Königs, wütend an seine Kehle; im selben Augenblick herrschte auf dem Schauplatz ein höllisches Durcheinander. Alle Hunde waren jetzt auf die Beute losgesprungen, bellten und kläfften, wenn sie nach Halt suchten, abgeschüttelt wurden und wieder ansprangen. Das waren jetzt nicht mehr Jagdhunde um einen Eber herum, sondern ein Gewirr aus Eber und Hunden, das sich langsam über die Lichtung wälzte.

Aber der Eber schüttelte die Hunde ab, je weiter er vorwärts kam. Garm verlor seinen Halt, sprang noch einmal hinein und verfehlte den Biß in die Kehle, hing einen Augenblick lang sich verbeißend in der mächtigen schwarzen Schulter, wurde aber wieder abgeschüttelt; ein großer, gescheckter Hund lag um sein Leben strampelnd in einem Fleck sich rötenden Schnees, und der Dämon des Waldes, der die Feinde, die sich an ihm festhielten und ihn zurückzuhalten versuchten, weit von sich warf, wurde schneller, ein mißförmiger, sich wälzender Ballen, der den wartenden Speerjägern wie eine Naturgewalt, ein auf sie krachender Erdrutsch vorkam. Er hielt auf die Mitte des großen Kreises der Männer zu, wo der König und seine engsten Herdgefährten auf ihre Speere gestützt warteten. Aber er erreichte sie nicht, denn als die Hunde davonflogen, richtete sich Bryni ein wenig hinter seinem festgeklemmten Speer auf, warf seinen Arm mit dem gellenden Ruf »Heiaah-aah-hee!« empor und schwang ihn über seinem Kopf wie ein Junge, der die Aufmerksamkeit eines Freundes drei Felder weiter weg erregen will.

Inmitten all dieses Aufruhrs hätte der Schrei kaum eine Wirkung getan, doch die plötzliche Bewegung fiel der großen Bestie ins Auge, und ihr Zorn, der sich bis zu diesem Augenblick noch auf die ganze Jagdgesellschaft bezogen hatte, richtete sich nun allein auf Bryni. Der Eber drehte sich blitzschnell um und lenkte seine geballte Angriffskraft auf den Jungen.

Owin meinte einen Augenblick lang, eine eisige geballte Hand in seinem Bauch zu spüren, und im nächsten Augenblick schon raste der riesige Eber auf Brynis Speerspitze zu. Vom Gewicht seines eigenen Angriffs vorwärtsgetrieben, stieß er so weit vor, daß er erst vom Griffknauf am Ende des Speers aufgehalten wurde; aber die tief hineingetriebene Speerklinge schien das Leben nicht getroffen zu haben; noch nicht jedenfalls. Für den Bruchteil einer Sekunde sah Owin, wie die Schulter des Jungen gespannt, verdreht und gezerrt wurde bei dem Kampf darum, den Speerknauf zwischen den Beinen festgeklemmt zu halten; aber dann war er herausgesprungen, und Bryni, der sich krampfhaft an dem Schaft festklammerte, wurde hin und her geschüttelt und geschlagen, wie eine Ratte, die von einem Hund geschüttelt wird.

»Halt fest, Bryni!« rief Owin. »Um Gottes willen *halt fest*!« Er sprang vor und fürchtete noch in diesem Augenblick, den Halt des Jungen gebrochen und den schwarzen Teufel über ihm zu sehen. Tief gebückt inmitten der wütenden Hunde tauchte er mit kurz zum Stoß gepacktem Speer hinein; andere Männer waren bei ihm, andere Klingen blitzten auf im Winterlicht, als er den Körper eines Hundes zur Seite wuchtete und seinen Speer in den Eber hineintrieb. Jetzt wurde auch er hin- und hergeschüttelt, der Schaft wand sich wie ein lebendes Ding in seinen Händen; sein Atem stockte, die Brust schien ihm zu bersten, und der Gestank des Ebers und des heißen Blutes klebten ihm dicht in seiner Kehle und erstickten ihn fast, die Welt drehte und schüttelte sich vor seinen Augen. Und dann war es plötzlich vorbei. Ob es seine eigene Klinge war oder die von einem der anderen Männer, die das Leben vernichtend getroffen hatten, erfuhr er nie; oder ob schließlich doch Brynis Speer seine Wirkung getan hatte? Die große Bestie bebte, sammelte nochmals ihre Kräfte zu einem letzten zuckenden Ausbruch von Haß und krachte dann zur Seite, wobei sie in ihrem Sturz den ganzen Wald zu erschüttern schien.

Owin rappelte sich langsam hoch und stand dann schwer atmend da, sein Speer steckte noch neben dem Brynis in der Eberbrust.

Zwei Hunde lagen tot daneben; bei anderen triefte Blut aus klaffenden Wunden in den Flanken. Auch Bryni stand auf, aschfahl unter der Bräune seiner Haut, aber lächelnd und mit strahlenden Augen. Ohne ein Wort setzte er seinen Fuß auf die Schulter des Ebers und beugte sich vor, um seinen Speer herauszuziehen.

Männer drängten sich überall um sie herum; sie peitschten die Hunde fort, allmählich verstummte das Bellen; einen Augenblick lang sprach niemand. Owin holte tief seufzend Atem, was ihn wegen der geprellten Rippen schmerzte; aber was er dem jungen Bryni zu sagen hatte, das würde er nicht vor den anderen Männern aussprechen.

Dann teilte sich die Menge, um jemanden durchzulassen, und da stand Haegel der König. Er blickte von dem blaßgesichtigen Jungen zu dem gräulichen Körper des riesigen schwarzen Ebers zu seinen Füßen. »Du junger *Narr*!« Seine Augen blickten finster, seine Stimme war rauh vor Zorn. »Donner und Hammer! Wenn du mein Sohn wärst, ich würde dir die Haut vom Rücken prügeln, daß man Schuhriemen daraus machen kann. Solche Tollkühnheit!

Wer brachte dir bei zu glauben, ein Kind wie du könnte den Königseber auf seinem Speer halten?«

Brynis Blässe wich einem feurigen Rot, aber er lächelte immer noch: »Niemand, König Haegel. Das habe ich mir selbst beigebracht. Es tut mir leid, wenn der König verärgert ist, weil ich seinen Eber erlegt habe.«

Haegel blickte auf den zweiten Speer hinab, der immer noch fest in dem schwarzen Kadaver steckte, und auf die Stichwunden, die von den Messern der anderen Männer stammten, und einen Augenblick lang fiel sein Blick auf Owin, und ein leichtes Lächeln zuckte um seinen bärtigen Mund. Aber der Junge hatte ohne Zweifel den ersten Speer beim Töten gestoßen. »Was das anbelangt, so hat der König andere Eber gejagt und kann einen abgeben«, entgegnete er, wobei der harte Klang des Zorns aus seiner Stimme gewichen war; und dann, mit abermals plötzlichem Wechsel des Tonfalls: »Wer bist du?«

»Ich bin Bryni, der Sohn von Beornwulf, dem Pflegebruder des Königs«, sprach Bryni. Und plötzlich wußte Owin, daß Bryni den Eber nicht nur aus der wilden Erregtheit des Augenblicks heraus auf sich gelenkt hatte, sondern vor allem, um in einer nach seinem Ermessen würdigen Art die Aufmerksamkeit des Königs zu erwecken.

Haegel warf den Kopf ein wenig zurück und blickte ziemlich lange mit zusammengekniffenen Augen in die großen strahlenden Augen des jungen Jägers: »So«, meinte er leise. »Du bist aber deinem Vater nicht sehr ähnlich, und ich habe dich seit vier Sommern nicht mehr gesehen.«

»Wie solltest du auch?« sagte Bryni herausfordernd. »Der König war gut; er hat Essen in der mageren Zeit geschickt und einen Ochsen; aber sein Schatten ist über unsere Türschwelle nicht mehr gefallen, seit mein Vater bei Wotansborg gefallen ist.«

Einer der anderen Männer unterbrach ärgerlich, aber der König befahl mit einer schnellen Handbewegung zu schweigen. Er stand da und zupfte an seinem Bart, in seinen

Augenwinkeln zuckte die Spur eines Lächelns. »Du möchtest es also mit dem König aufnehmen, genauso wie mit dem Königseber? Wenn Wagemut und Verwegenheit für etwas stehen, so wirst du einen guten Krieger abgeben, sollten sich die Raben wieder einmal zum Krieg versammeln müssen... Wie alt bist du, Bryni, Sohn des Beornwulf?«

»Vierzehn, mein Herr und König«, antwortete Bryni und fügte schnell hinzu, »aber ich werde fünfzehn sein, bevor noch der Schwarzdorn ausgeschlagen hat.«

»Das ist gut. Vielleicht werde ich schon nach dir schicken, bevor noch die Frucht des Schwarzdorns ausgereift ist. Aber nicht zum Krieg, dieses Mal nicht. Es gibt auch andere Gelegenheiten, für die ein König seine Hofschar um sich versammelt.« Sein in sich versunkener Blick hob sich ein wenig und traf in kühler Überlegtheit Owins Blick. »Und du, ich erinnere mich an dich, den britischen Speerträger unter meinen sächsischen Schildkriegern. Kannst du deine Muttersprache immer noch sprechen?«

»Ich habe sie nicht vergessen«, entgegnete Owin und hielt dies für eine seltsame Frage.

»Gut.« Haegel betrachtete ihn eine ganze Weile, als ob er ihn für seinen künftigen Bedarf in seinem Gedächtnis verwahrte. Dann wandte er seine Aufmerksamkeit wieder Bryni zu, streckte ein Bein vor und berührte den riesigen schwarzen Kadaver mit seinem Fuß. »Aber wir vergessen ja unser eigentliches Tagesgeschäft. Diese Bestie hier wartet darauf, ausgenommen zu werden, und danach – es ist deine Beute, was wirst du damit machen?«

»Ich werde dem König ein Geschenk damit machen«, sagte Bryni ohne jegliche Scheu.

Haegel lachte. »Ein wahrhaft edles Geschenk. Aber behalte die Stoßzähne und das Fell, damit kannst du deinen Kriegshelm schmücken.«

Er wandte sich um, reckte sich ein wenig und ging dorthin zurück, wo er seine Speere gelassen hatte.

Der ruhige Ort

Nach den stummen und verlassenen Städten Viroconium und Regnum, das die Sachsen Cissas Caester nannten, aber menschenleer seinen Geistern überlassen hatten, hatte Aethelberts Hauptstadt Owin restlos überrascht. Vielleicht war es das unkriegerische, auf Handel eingestellte Wesen dieses Königs von Kent, das ihn dazu bewegt hatte, seinen Wohnsitz in dieser alten Hauptstadt der Cantern und nicht auf irgendeinem königlichen Hof inmitten der Wealden-Wälder aufzuschlagen. Es schien, als habe er seinen Hof mitgebracht und ihn in das Leben eingefügt, das schon dagewesen war. Als Owin auf seinem Weg zurück vom Westtor eine Straße hinauf- und eine andere hinabschlenderte, hatte er den Eindruck, daß die Stadt einer Siedlung von Dohlennestern glich, die an den Simsen eines einst vornehmen Säulengangs entlang gebaut worden waren. Die Straßen und viele Mauern waren noch die Straßen und Mauern des römischen Durnovaria; die schilf- und farngedeckten Dächer und die Misthaufen, die die Straße blockierten, waren die Dächer und Misthaufen von Cantiisburg. Schweine suhlten sich in den Straßen. Ochsen muhten, und es gab tausenderlei verschiedene Gerüche, aber hauptsächlich waren es Erd- und Tiergerüche eines Bauernhofs.

Als Owin an einer Straßenecke stehenblieb, weil er im Moment nichts zu tun hatte, und die Leute von Aethelberts Hauptstadt bei ihren Tagesgeschäften an sich vorbeiziehen sah, blickte er im Geist über die letzten Wochen zurück zu dem Tag, an dem der Aufruf des Königs gekommen war. Es war besser, darüber nachzudenken als über die Sache, die heute morgen geschehen war.

Das Seltsame war gewesen – jedenfalls war es ihm damals seltsam vorgekommen –, daß der Aufruf ihm, Owin, und ebenso Bryni gegolten hatte. »Dem britischen Speerträger unter meinen Schildkriegern, wissend, daß er seine Muttersprache nicht vergessen hat«, hatte der Bote gesagt und damit die Worte des Königs wiedergegeben, die er auswendig wußte. Owin war dies ein Rätsel gewesen, besonders da sie aufgefordert worden waren, außer ihren Schwertern keine Waffen mitzubringen, und es sich nicht um einen Krieg handeln konnte. Der König hatte ja auch deutlich gesagt, daß es nicht wegen eines Kriegs war, »nicht zum Krieg, dieses Mal nicht. Es gibt auch andere Gelegenheiten, für die ein König seine Hofschar um sich versammelt.«

Der Grund für den Aufruf klang dann schließlich ganz einfach, als er ihnen drei Tage später in der Königshalle vorgetragen worden war. Haegel selbst hatte einen Aufruf von Aethelbert von Kent erhalten – und er mußte spätestens schon bei der Eberjagd gegen Ende des Winters gewußt haben, daß dieser Aufruf kommen würde. Der Hohe König hatte nach den geringeren Königen ausgeschickt, die ihm als ihrem Oberherrn verpflichtet waren, und sie um eine Ratsversammlung in Cantiisburg zur Sommersonnenwende gebeten. Es mußte sich also um Fragen der Gesetzgebung handeln oder um Stammesgrenzen, auf die man sich einigen mußte; Owin war sich ganz und gar nicht über die wahren Hintergründe klar, nicht einmal jetzt, und wohl auch sonst niemand war sich darüber klar, so vermutete er. Die Prinzen des verbündeten britischen Königreichs würden da sein, obwohl sie Aethelbert als Oberherrn nicht verpflichtet waren; da aber Haegel von den Südsachsen einen Briten unter seinen Kriegern hatte, der ihm verdeutlichen konnte, was sie sprachen, und ihm vielleicht auch helfen konnte, ihre Art des Denkens zu verstehen, würde es nützlich sein, ihn dabeizuhaben.

Als sich Haegel mit dreien seiner Räte, einer kleinen Leibwache aus Verwandten und Begleitern einschließlich Vadirs und Brynis, der sich jetzt schon mit der gestelzten Prahlerei eines Helden in einer Unzahl von Schlachten aufspielte, nach Kent einschiffte, gehörte Owin also auch dazu. Das schien schon lange her; sie waren in stürmisches Wetter geraten, und die Zeit zwischen dem Ablegen und der Ankunft unter den Ruinen römischer Leuchttürme zu Dubris verschwammen in seinem Gedächtnis im grünlichen Schleier der Seekrankheit. In Dubris warteten Pferde auf sie, und nach einer Pause über Nacht, während der Fußboden von Owins Unterkunft immer noch wie im steilen Anschwellen der Wellen auf- und abzuwogen schien, machten sie sich auf den Weg, die große, zweispurige, aber fast schon verfallene Legionsstraße entlang, die pfeilgerade durch den Großen Wald auf Cantiisburg zuführte. Dieses letzte Wegstück der Reise dauerte noch zwei Tage, denn die Straßen waren wahrlich nicht mehr, was sie einst waren, als noch die Legionen über sie marschierten; doch gestern kurz vor Sonnenuntergang waren sie in Aethelberts Hauptstadt eingeritten.

Coel von Wessex und sein Bruder Coelwulf waren mit ihren Anführern und Helden schon da, und Redwald von den Ostangeln kam noch spät in der Nacht hereingeritten; er hatte einen eigenen Harfner in seinem Zug. Ganz Cantiisburg erdröhnte von der Menge der Menschen, die hier zusammenkamen, und das Dröhnen würde noch lauter und stärker werden, wenn erst alle angekommen waren. Und dann, dachte Owin und schlenderte ruhig weiter, würde die Ratsversammlung beginnen, und wenn Haegel ihn wirklich brauchte, könnte es vielleicht etwas für ihn zu tun geben. Er war es nicht gewohnt, seine Hände in den Schoß zu legen, und fühlte sich so unbeschäftigt ziemlich verloren.

Weil er sonst nichts weiter zu tun hatte, war er vor das Westtor hinausgewandert, um sich die Pferdestallungen des Königs anzusehen. Wenigstens war das der Grund, den er sich selbst eingeredet hatte, denn falls er sich selbst gegenüber ganz ehrlich gewesen wäre, hätte er sich eingestehen müssen, daß er mit der Hoffnung dorthin ging, vielleicht doch einen Blick auf Teitri werfen zu können. Laß ihn also fort sein.

Nun, er hatte einen Blick auf einen weißen Hengst werfen können, der zwischen seinen Stuten herumlief; er war so weit entfernt, daß es irgendein weißer Hengst hätte gewesen sein können, wenn Owin nicht in seinem Herzen – weniger durch seine Augen – gewußt hätte, daß dies Teitri war. Er fragte sich, ob er seinen alten Küstenvogelpfiff die Weide hinunterschicken sollte und ob sich Teitri wohl überhaupt noch an irgend etwas erinnern würde; aber er wußte, daß er dies nicht ausprobieren durfte.

»Drei Gottespferde hatte ich während meiner Jahre hier in meiner Obhut«, sagte der Pferdemeister, der sich neben ihm auf den Zaun lehnte; es war ein rotgesichtiger Mann, dessen rasselnde Stimme das Ohr verletzte, »aber noch keinen Hengst wie diesen hier. Wenn er hier nicht noch einen Mann tötet, ehe er zu Freyr zurückkehrt, dann verstehe ich nichts vom Ausdruck in Pferdeaugen. Er kam aus südsächsischem Land zu uns her.«

»Ich weiß«, sagte Owin fast flüsternd. »Ich habe ihn früher schon einmal gesehen.«

Er spürte, noch bevor er einen Schatten neben sich sah, daß Vadir der Hinker hinter ihm stand, und sein Blick strich auch die lange Pferdeweide hinunter und folgte der fliegenden Gestalt wie einem weißen, im Wind tanzenden Flaggentuch. Auch er hatte also nicht vergessen . . .

Vadir sah sich um. Seine kalt strahlenden Augen trafen sich einen Augenblick lang mit Owins Blick und strichen dann an ihm vorüber und zum Pferdemeister hin, und er sagte mit seiner seidenweichen Stimme: »Unser Freund hier hat dir noch nicht alles gesagt. Er war es, der das Gottespferd zur Welt gebracht hat, und er gab ihm die für es erlaubte Ausbildung. Bevor es zu seiner Größe und seiner Schrecklichkeit heranwuchs, kam das Gottespferd auf sein Pfeifen zu ihm – wie ein kleiner Hund. Zweifellos hat er sich gefragt, ob das alte Pfeifen es wohl immer noch herbeirufen würde – wenn es nicht eine Entweihung wäre, einen Gott herbeizupfeifen.«

Owin kam es vor, als sei etwas Kostbares und unendlich Persönliches aus seiner schützenden Hülle freigerissen worden, als ob er nackt hochgehalten und einer spöttischen Menge gezeigt würde. Vadir hatte gewollt, daß er sich so fühlte. Verflucht! Owin wandte sich wortlos von den beiden Männern ab, er traute sich selbst nicht zu, etwas zu erwidern, er wollte nur weg – weg!

Immer noch wütend und elend, ging er um eine Straßenecke herum, sprang zur Seite, um einem quietschenden Schwein auszuweichen, das seinen Weg kreuzte, und hätte dabei fast einen ihm entgegenkommenden Mann gerempelt. Im letzten Augenblick konnte er ihm seitlich ausweichen, wobei er sah, daß es ein kleiner alter Mann und sein Haar grau war. »Entschuldigung, Väterchen«, sagte er und wäre weitergegangen, aber im selben Augenblick packte eine Hand seine Schulter mit unerwarteter Kraft und schwenkte ihn herum, und er sah in ein leuchtendes Bernsteinauge, das hinter einer großen krummen Nase hervorloderte. »Es scheint, meine Erinnerung ist besser als deine«, sagte der alte Mann, »denn ich habe meinen britischen Waffenträger im sächsischen Lager nicht vergessen!«

Owin stand da und blickte zu ihm in ungläubigem Entzücken und mit dem seltsamen Gefühl, irgendwie gerettet worden zu sein, denn das Gesicht des Fremden verwandelte sich vor seinen Augen zu dem Gesicht von Einon Hên. Er hob die Hand und bedeckte damit die auf seiner Schulter liegende Hand des alten Mannes. »Einon Hên, im Namen aller Winde des Himmels! Ich hätte nicht erwartet, dich in Cantiisburg zu finden, und ich hatte an ganz etwas anderes gedacht.«

»Das muß ein Gedanke gewesen sein, der dich sehr stark gefesselt hat«, sprach Einon Hên, »denn ich habe kein Gesicht, das leicht vergessen werden könnte.«

»Ich dachte an ein Fohlen, das ich vor langer Zeit zur Welt kommen sah«, entgegnete Owin. »Sind also die Prinzen von Cymru schon angekommen?«

»Noch nicht. Auch ist die Zeit noch nicht gekommen, da ich meinen Weg in meine eigenen Berge zurück suchen kann. Seit dem Bündnis hat es sich bewährt, daß unser Volk einen Gesandten bei den Sachsen hat. Fast drei Jahre schon habe ich denen von Cymru hier an diesem Ort gedient, – es tut gut, einmal wieder eine britische Stimme zu hören.«

»Mir auch«, sagte Owin. »Mir auch, Einon Hên.« Die vorbeieilenden Leute rempelten sie an, zwei Hunde hatten einen Kampf begonnen, und ein Kind, das von dem Schwein umgeworfen worden war, heulte in einem Hauseingang ganz jämmerlich. Owin hob seine Stimme, um den Krach und Lärm zu übertönen: »Gibt es hier einen ruhigen Ort, wo wir reden können? Darf ich dich begleiten?«

Der alte Gesandte blickte ihn eine kurze Weile lang an, still im Lärm der schmalen Straße: »Es gibt einen ruhigen Ort – einen einzigen ruhigen Ort in ganz Cantiisburg.« Sein Gesicht belebte sich zu einem Lächeln. »Ich war gerade auf meinem Weg dorthin, und es würde mich freuen, wenn du mit mir kommst.«

Sie gingen eine Straße hinauf und eine andere hinunter, Einon Hên zeigte den Weg, und Owin folgte ihm. Dicht neben dem alten Palast, wo Aethelbert seine Halle hatte, kamen sie durch einen zerbröckelnden Torweg von der Straße in einen kleinen Hof, der im fleckigen Schatten eines Maulbeerbaums lag. Eine Tür stand in der hinteren Mauer zwischen den zerbrochenen Säulen einer alten Säulenhalle offen, und Stille schien über dem ganzen Platz zu liegen, fühlbar wie die Schatten der Maulbeerbaumblätter.

»Was für ein Ort ist dies?« fragte Owin unf blickte sich um.

»Die Kirche vom heiligen Martin. Komm.« Der alte Mann sagte das, als sei es ganz natürlich, und auch der Jüngere, der ihm über die Schwelle hineinfolgte, nahm es als etwas ganz Natürliches hin, daß es eine christliche Kirche hier inmitten des jütischen Cantiisburg gab – eine christliche Kirche, die nicht in Trümmern lag, sondern noch benutzt wurde; denn als sie hineintraten, kam ihnen der Duft von Weihrauch entgegen und mischte sich mit dem Geruch des Alters und der Schatten des Gemäuers, und weit hinten jenseits des Kerzenschimmers knieten die Gestalten von drei Frauen vor einem Priester.

Einon Hên zögerte, als ob er nicht erwartet hätte, die drei dort zu sehen. »Meine Herrin betet spät, oder der Tag ist noch jünger, als ich dachte«, murmelte er. »Laß uns hier warten.« Und so ging er leise die beiden Stufen hinunter, wandte sich gleich bei der Tür seitlich in den Schatten hinein und zog Owin hinter sich her.

Während Owin so mit dem alten Mann an der Seite stand, sah er sich um. Die Kirche war sehr klein und so schmucklos wie eine kleine weiße Scheune, nur hatte schon vor langer Zeit jemand an eine Wand den heiligen Martin gemalt, wie er seinen halben Mantel dem christlichen Bettler gab. Die Farben waren in dem aufgeplatzten Putz verblaßt, aber das weiche Blaßrosa des Mantels dieses Heiligen, das einst das Scharlachrot eines Kriegers gewesen war, schien immer noch von einem inneren Feuer zu glühen. Das Gemurmel der Gebete in lateinischer Sprache drang in der Stille zu ihm herüber. Das war das erste Mal seit jenem Sommer, in dem seine Welt zerbrochen war, daß er ein christliches Gebetshaus erlebte. Auf der Stelle fiel ihm das graue, steinerne Predigerkreuz in den Bergen ein und das tief zufriedene Summen der Bienen inmitten der blühenden Glockenheide abseits der Stille des Gottesdienstes; er erinnerte sich wie seit Jahren nicht mehr an Priscus und Priscilla, die ihren Mantel mit ihm geteilt hätten ... Langsam kamen die wunden und heißen Stellen seines Herzens in ihm zur Ruhe.

Eine schwache Bewegung des alten Mannes neben ihm brachte ihn zur Gegenwart zurück. Der Priester war gegangen, und er sah, daß die Frauen aufgestanden waren und auf die Tür zukamen, wobei zwei von ihnen ein wenig auf dem ihnen gebührenden Platz hinter der dritten zurückblieben. Als er die dritte Frau anblickte, wußte Owin, wer sie war, denn er hatte sie in der vergangenen Nacht von seinem Platz aus am anderen Ende der Hohen Königshalle gesehen. Ihr Platz war so hoch gewesen wie seiner niedrig, und viele Frauen waren um sie versammelt, und ihr Haupt war von einem goldenen Königinnenreif geschmückt. Jetzt trug sie ein schlichtes Kleid, und ihr Kopftuch wurde von einem Band aus blauer Seide gehalten. Eine Frau mit einem Gesicht wie ein Pferd, aber ein sehr edles Pferd.

Sie war am Fuße der Stufen, als sie sie im Schatten des Eingangs stehen sah; sie hielt inne und wandte sich ihnen mit ausgestreckten Händen zu. »Ah, Einon Hên! Gott gegrüßt seist du!«, und ihre Stimme ließ Owin ganz vergessen, daß sie wie ein Pferd aussah. Es war eine wunderschöne Stimme, tief und samten wohltuend.

»Gott gegrüßt seist du, Herrin«, sagte der alte Mann und beugte seinen Kopf.

»Und dieser? Du hast uns einen Freund mitgebracht?«

»Ich habe einen Freund mitgebracht. Er ist ein Brite wie ich auch, und er heißt Owin.«

»Owin«, sprach die Frau mit ihrer tiefen Stimme. »Wenn dies mein Haus wäre, so würde ich dir das freudigste Willkommen in ihm bereiten, so wie ich es für Einon Hên vor Jahren schon getan hätte. Aber es ist Gottes Haus, und so ist es sicherlich an Ihm, dich willkommen zu heißen.« Ihr ganzes Gesicht strahlte vor Freude, und plötzlich streckte sie die Arme zu ihnen und den Frauen neben sich aus, als ob sie alle umarmen wollte: »Seht nur, wir sind eine wachsende Gemeinschaft! Jetzt sind wir schon sechs zusammen mit dem guten Bischof Lindhard – und bald, so bald schon werden wir sicherlich eine große Zahl sein!«

Und wie eine Mutter lächelte sie sie an, raffte die schleifenden Röcke ihres Kleids zusammen und ging dann die Stufen hinauf, ihre Frauen hinter sich. Sie hörten die

Schritte der drei über den Hof gehen, eine Tür, die Owin hinter dem Maulbeerbaum nicht bemerkt hatte, öffnete sich und wurde wieder geschlossen.

Jetzt waren sie allein in der leeren Kirche, die Altarkerzen waren erloschen, und Owin sagte: »Ich wußte nicht, daß die Königin eine Christin ist.«

»Das ist sie, und sie war schon immer ganz frei, ihrem eigenen Glauben zu folgen hier an Aethelberts Hof. Als Aethelbert um eine fränkische Prinzessin anhielt, daß sie seine Königin werde, war dies Teil des Bündnisses.«

»Und was hat sie gemeint, als sie sagte, daß wir bald schon eine große Zahl sein würden? Ich habe keine Anzeichen dafür gefunden, daß die Jüten und Sachsen ihrer eigenen Götter müde wären.«

Einon Hên gab unmittelbar keine Antwort. Er blickte immer noch der Königin nach, sehr freundlich, wie ein Mann einem Kind hinterhersehen würde, das er sehr gern mochte. »Arme, einfache Frau«, sprach er, dann ging er voran in die kleine Kirche hinein und auf den Altar zu.

Nachdem sie ein Morgengebet gesprochen hatten, gingen sie wieder hinaus in den Hof, setzten sich auf den erhöhten Mauerrand am Fuß des Maulbeerbaums und blieben in geselligem Stillschweigen, als ob sie ihr ganzes Leben lang beste Freunde gewesen wären. Bald bemerkte Owin, daß der alte Mann ihn fragend anblickte. »Wenn du schon nicht erwartet hattest, mich hier in Cantiisburg zu treffen«, begann Einon Hên, »so hätte ich erst recht nicht gedacht, dich zu sehen. Habe ich mich verzählt? Die ganze Zeit über schien mir doch so, als sei in diesem Frühjahr die Zeit für deine Freiheit gekommen.«

»Nein, du hast dich nicht verzählt«, antwortete Owin. »Der Junge ist fünfzehn geworden, noch bevor der Schwarzdorn in Blüte stand.«

»So bist du jetzt also frei?« Diese Frage wurde so leise gestellt, daß Owin sie hätte überhören können, wenn er dies gewollt hätte.

»Noch nicht«, sagte er. Er saß recht ruhig da und blickte auf seine rauhen braunen Hände hinab, die auf den Knien lagen; und dann merkte er, daß er dabei war, Einon Hên die ganze Geschichte zu erzählen über Lilla und Vadir Cedricson und sein Versprechen an ihre Mutter Athelis, noch ein Jahr zu bleiben. »Ich weiß nicht, ob es irgend etwas gebracht hat. Das Jahr ist jetzt fast herum – er könnte inzwischen schon wieder angefragt haben; aber er ist mit dem König hierher gesegelt. Wer weiß, was geschehen wird, *wenn* er wieder anfragt und – wer weiß, wann ich meine Freiheit erleben werde. So lange habe ich darauf gewartet, daß mein Herz manchmal ganz krank wird vor Sehnsucht; und wenn sie dann dasein wird – falls sie dasein wird –, so frage ich mich manchmal, ob ich überhaupt wissen werde, was ich mit ihr anstellen soll.« Plötzlich drehte er sich dem alten Mann neben sich zu und streckte ihm seine Hände mit seltsam flehendem Ausdruck entgegen, als ob er befürchtete, der andere würde ihn beschuldigen, sich so lange von seinem eigenen Volk abgewandt zu haben. »Aber was konnte ich sonst tun?«

Einon Hên blieb eine ganze Weile still und betrachtete ihn nachdenklich aus seinem einen, funkelnden Falkenauge, und die Stille schien den Hof ganz zu erfüllen. »Du hättest das Vertrauen von Beornwulf brechen und dir die Freiheit nehmen können, die dir rechtmäßig zustand«, fuhr er fort, während er sich vorlehnte und die Hände auf die Knie stützte. »Owin, ist es dir niemals so vorgekommen, als geschähe etwas Seltsames zwischen den Menschen der britischen und denen der sächsischen Art? Drei Generationen ist es her, seit Artus gestorben ist, und die Jahre seither waren verloren und dunkel und sehr blutig, so daß es beim Zurückblicken so scheint, als starre man durch Nacht und Sturm, um den letzten Schimmer vom Licht einer weit entfernt liegenden Laterne zu erheischen. Du, der du im letzten Kampf bei Aquae Sulis dabei warst, hast das letzte Licht verlöschen sehen. Und doch erinnere ich mich, wie wir einst, du und ich, vom Bündnis des Speers gesprochen haben; ich glaube, daß es noch andere Arten von Bündnissen gibt, solche, die fester binden, solche, die sich verändern und wachsen und stärker werden...« Er hatte das Spiel der Sonnenflecken im Staub beobachtet, wie es von den Maulbeerbaumblättern verursacht wurde; aber er wandte seinen Kopf abrupt Owin zu und fesselte ihn mit seinem Blick. »Und da wendet sich dieser Beornwulf dir zu, dir, einem Briten, als er zum letzten Mal und in größter Not einen Freund braucht. Und vier Jahre deines Lebens lang und vielleicht noch länger hast du dir die Last eines sächsischen Haushalts aufgebürdet, und da sitzt du nun und fragst mich, wie du mich früher schon einmal gefragt hast: ›Aber was konnte ich sonst tun?‹ – Und weißt du, ich finde, daß dies eine Sache ist, die mehr verheißt als jeder Vertrag zwischen Aethelbert und den Prinzen von Cymru. Es scheint mir so zu sein, daß, wer jetzt vorwärts blickt, vielleicht einen anderen Lichtschimmer entdeckt – weit in der Ferne.«

Owin blickte ihn an, runzelte die Stirn ein wenig, kratzte an der alten Narbe und suchte nach der genauen Bedeutung dieser Worte und wartete, was Einon Hên wohl noch sagen würde. Aber die Stille zog sich dahin, und der alte Mann betrachtete wieder die Sonnenflecken im Staub; es gab nichts weiter, was noch mit Worten hätte ausgedrückt werden können. Owin kehrte zu der immer noch unbeantworteten Frage zurück, die er anfangs gestellt hatte. »Was hat sie gemeint – die Königin –, als sie sagte, jetzt seien wir schon sechs, und bald würden wir eine große Zahl sein?« Denn bestimmt hatte sie dabei etwas im Sinn; das war mehr gewesen als nur ein frommer Wunsch.

Einon Hên hob einen Fuß und trat mit großer Sorgfalt und Genauigkeit auf einen Sonnenfleck, als erwartete er, daß er wie ein gelbes Blatt unterm Fuß kleben bleiben würde. »Ich habe keine Ahnung«, sagte er.

Und Owin wußte nun wenigstens, daß er sich fürs erste damit zufriedengeben mußte.

Die Tage verstrichen, die Versammlung hatte sich unterdessen vervollständigt. Der Rat der Alten traf sich in Aethelberts großer Methalle, während die jungen Männer, sich selbst überlassen, Wettläufe veranstalteten, sich Pferde für Rennen liehen und sich langweilten. Einen Tag lang traf sich der Rat, dann noch einen und einen dritten, und das Reden und Erörtern zog sich in die Länge an dem großen Tisch, an dessen Kopfende der schlanke, gebückte Mann saß mit Augen, in die man nicht sehen konnte, und dieser Mann war Aethelbert von Kent. Aber wenig schien erreicht zu werden, und Owin, der hinter Haegels Platz stand und seinen Blick von Coel von Wessex über Redwald von den Westangeln, über die Prinzen von Gwent und Powys zu Einon Hên auf dessen Platz neben dem Hohen König schweifen ließ, hatte das starke Gefühl, daß all diese verschwommenen Fragen über Gesetze und Grenzen nur ein Vorwand waren, um die Herrscher zu einem anderen Zweck zusammenzubringen. Und er fragte sich, was für ein Zweck dies wohl sein könnte. Nicht Krieg: eine Handvoll Könige, jeder mit seiner Leibwache hinter sich, bildete keine Kriegsschar.

Abends, wenn das Tagesgeschäft erledigt war, wurde Aethelberts Methalle wieder ihrem eigentlichen Zweck zugeführt, und die Könige und Alten schmausten auf den langen Bänken, während die jungen Männer sich um das große Feuer im Vorhof versammelten und auf eigene Faust Spaß hatten, viel tranken und miteinander wie Welpen balgten oder sich um den Verandaeingang drängten, damit sie die Lieder und Erzählungen des Harfners hören konnten, der zu Aethelberts Füßen saß.

Am dritten Abend – Owin sollte ihn nie vergessen – fing es in der Dämmerung zu regnen an; und so drängten sie sich alle ins hintere Ende der Halle, füllten die Bettlersbank und hockten sich mit den Hunden um das hinterste der drei langen Feuer. Der Geruch von nasser Erde drang durch den Eingang und vermischte sich mit dem beizenden Holzrauch und den Gerüchen der Männer und Hunde und des Mets. Ingwy, Aethelberts Harfner, hatte seine Harfe aufgenommen, als danach gerufen wurde, und sich in die große Erzählung von Beowa, dem Sonnenhelden, gestürzt und wie dieser den Winterunhold gefällt hatte. In der Halle, die laut erfüllt gewesen war von Stimmen und Gelächter, war es nun ganz still, so daß man zuhören konnte, denn es war die beliebteste Erzählung, die die Leute von Hengest über die Nordmeere mit sich gebracht hatten. Nur von Zeit zu Zeit, wenn die Erregung und die Herrlichkeit einen Höhepunkt erreichten, fielen die Männer in den schwingenden Rhythmus ein, den Ingwy auf seiner Harfe – wie ein Schwertschmied eine helle Klinge auf dem Amboß – anschlug, indem sie mit ihren Fäusten oder Bierhörnern auf ihre Knie trommelten.

Sogar Owin, dessen Ohr auf die sächsische Art des Geschichtenerzählens und der Musik nicht eingestellt war, fühlte, wie sein Herz rascher schlug und sich sein Haar in seinem Nacken aufstellte, wenn der Höhepunkt der Geschichte heranrückte und der Winterunhold immer näher durch die Dunkelheit gepoltert kam.

Ingwy bewirkte einen gräulichen Zusammenprall von Tönen aus seiner Harfe, um die Ankunft des Ungeheuers anzukündigen – und im selben Augenblick, als ob die alte Geschichte es herbeibeschworen habe, erschien in dem offenen Eingang von Aethelberts Methalle ein riesiges, ungestaltes Ding.

Die Hunde sprangen bellend auf, ein Zucken lief die Halle entlang, Männerhände griffen zu ihren Waffen. Von einem Wort zum nächsten verstummte der Harfner, und einen gespannten Atemzug lang hielt eine tiefe Stille, die bis ins Knochenmark prickelte, die Große Halle in Bann.

Und dann schritt das Etwas durch den Eingang hinein in den Schein der Feuer und Fackeln, und ein stürmisch brausendes Gelächter erhob sich und schallte bis in den Giebel hinauf, als die Männer auf den gedrängt vollen Bänken bemerkten, daß der vermeintliche Unhold einer zwielichtigen Welt nur ein großgewachsener Mann in einem Wolfsfellumhang war, mit einer Kapuze, die er zum Schutz vor dem Regen weit nach vorne in die Stirn gezogen hatte.

Weitere Männer zeichneten sich hinter ihm im Dunkel der Veranda ab. Er schritt tiefer in die Halle hinein; Tropfen, die von seinem nassen Umhang spritzten, zischten in den Feuern, an denen er vorbeikam, und Hunde umschnupperten seine Fersen. Er kniete zu den Füßen des Hohen Königs nieder, bückte sich ein wenig steif wie ein Mann, der lange im Sattel gesessen hatte. Und Aethelbert beugte sich aus seinem großen, erhöhten Sessel vor, seine Hände ruhten auf den sich schlängelnden Drachenhäuptern an den Handknäufen des Sessels, und sah mit seinem seltsam verschleierten Blick auf ihn herab. »Edwulf der Küstenwächter – du siehst mir ganz so aus, als brächtest du Neuigkeiten irgendeiner Art. Was gibt es?«

Der Küstenwächter war ein Mann mit einem Stiernacken und der Stimme eines Stiers, und seine Antwort schallte klar bis in die letzte Ecke der Halle hinein. »König Aethelbert, ich bringe die Nachricht, daß eine Gruppe von heiligen Männern, von Christen aus den Frankenländern, an der Küste bei Ebbesfleet gelandet ist. Es sind ihrer nicht mehr als zwei Dutzend, unbewaffnet und anscheinend harmlos, so haben wir sie an Land kommen lassen. Ihr Anführer schickt dir Grüße im Namen ihres Gottes und ihres Heiligen Vaters zu Romburg, und er bittet um deine Erlaubnis, vor dich treten zu dürfen.«

»So.« Aethelbert senkte seinen Kopf, und Owin schien es so, als habe der König schon gewußt, was der Mann zu sagen hatte. »Und dieser Anführer, was ist es für einer? Mit welchem Namen wird er gerufen?«

»Ein schlanker, stolzer Mann mit kalten Augen«, erwiderte der Küstenwächter. »Er fordert viel von sich nach meiner Schätzung. Er heißt Augustin.«

Morgenwind

Am frühen Morgen hatte Nebel über den Sümpfen gelegen, jetzt aber war er wie fortgeweht, und die Ebene lag blaß und klar unter dem hohen Gewölbe des Himmels. Die zerbröckelnden Wehrmauern der alten Küstenfestung ragten steil auf, immer noch stolz und drohend gegen die sich windenden Wasserwege, die die Tanatus-Insel vom Festland abschneiden.

Owin stand mit Bryni und den übrigen Kriegern im Halbkreis um den hohen schwarzen Eichenholz-Sessel, in dem der Hohe König saß; inmitten der Öde der Sümpfe thronte er, als säße er auf dem Hohen Sessel in seiner eigenen Halle. Sie hatten den Sessel auf Eselsrücken dorthin bringen müssen, und das hatte den Männern, die dafür verantwortlich waren, mehr Sorgen bereitet als fast alles andere, was das Lager betraf. Aber da Aethelbert nun einmal beschlossen hatte, sein erstes Treffen mit den heiligen Männern hier abzuhalten, dicht an dem Ort, wo sie angekommen waren, bevor er ihnen erlauben würde, weiter ins Königreich hereinzukommen, und da er nun auch festgelegt hatte, daß das Treffen im Freien stattfinden müsse, denn dort würde es schwieriger für sie sein, mit irgendeinem Zauber auf ihn einzuwirken, konnte an der Sache nicht mehr gerüttelt werden. Aber eines hatte ihnen doch noch mehr Schwierigkeiten bereitet auf der Straße von Cantiisburg hierher, und das war Freyrs Pferd, das nach Aethelberts Bestimmung ebenfalls zum Treffpunkt gebracht werden mußte, damit er die Kraft seiner Götter um sich hatte, falls er sie brauchte. Owin konnte Teitri jetzt hören, wie er wiehernd und trampelnd in einem Ausbruch von wildem Zorn gegen seine Pflockleine schlug; seit dem Morgen auf dem Pferdehof war er nicht mehr in der Nähe des weißen Hengstes gewesen, aber er kannte doch Teitris Wiehern unter allen anderen Pferden des Lagers heraus.

Er sah über die wartende Gestalt des Hohen Königs hinaus zu den mächtigen grauen Mauern der Festung hin. Sein Volk hatte sie Rutupiae genannt; jetzt hatte sie keinen Namen, jetzt war es bloß die Römerburg. Wieviel sie schon gesehen hatte, diese alte Festung: die ersten einfallenden Seewölfe, die letzten römischen Truppen in Britannien; und jetzt . . .?

Ein schwacher Klang von Gesang, den der Morgenwind hertrug, drang an sein Ohr; die wartenden Sachsen bebten in der Erwartung darauf, antworten zu dürfen. Hinter dem alten Landtor bewegte sich etwas, Owin sah poliertes Metall aufblitzen. Langsam schlängelte sich durch die Tore der verfallenen Festung eine lange Reihe von Gestalten, die in ihren schwarz-weißen Gewändern fast wie Elstern aussahen. Sie hatten in der Festung gewohnt, seit sie auf den König warteten. An ihrer Spitze ging ein Mann, der ein hohes Silberkreuz trug, und hinter ihm noch einer, dieser trug ein hochgehaltenes Bild oder eine Art von Standarte. Die Farben darauf schienen selbst auf diese Ferne hin wie Edelsteine; und wieder dahinter ging ein sehr hochgewachsener Mann, der alle übrigen anführte und die Haltung eines Kaisers hatte. »Ein schlanker, stolzer Mann mit kalten Augen, er fordert viel von sich«, hatte der Küstenwächter gesagt; und selbst wenn er den letzten Platz in der Reihe der Mönche eingenommen hätte, Owin hätte gewußt, daß dies Augustin der Anführer war.

Der Gesang schwoll lauter an, als die Gruppe über die Brücke und den Damm schritt und über die gepflasterte Straße langsam näherkam. Aus dem Steigen und Fallen des Gesangs nahmen die Worte allmählich Gestalt an. Die erhabenen Worte aus der Litanei: »*Kyrie eleison*«, hörte Owin, »*Kyrie eleison . . .*«

Er sah, wie Aethelbert den Bischof Lindhard, den Vertrauten der Königin, der neben ihm in goldenem Chorhemd und weißer und grüner Dalmatika stand, herbeiwinkte und ihm eine Frage stellte. Er sah den Bischof seinen Kopf schütteln und mit leiser Stimme eine Antwort geben, und er wußte so klar, als hätte er den Wortwechsel selbst mitgehört, daß der König gefragt hatte: »Der Gesang – ist das ein Zauber?«

Wie er so inmitten der sächsischen Krieger stand, hatte Owin ganz plötzlich ein seltsames Gefühl; er spürte, wie ein Weinen in seiner Brust aufstieg. Sein Glaube hatte ihm viel bedeutet, als er ein Junge gewesen war; dieser Glaube war fest verbunden mit den Briten, die mit dem Schwert in der Hand den hereinströmenden barbarischen Horden trotzten; aber später war er verblichen, – wie auch die Erinnerung an Regina verblichen war. Nur ein einziges Mal hatte er kraftvoll gebetet, seit er ein Mann geworden war, und das war zu Silvanus an dem Tag, an dem er Hund begrub. Aber jetzt schien es ihm, als geschähe etwas Herrliches und Strahlendes; er verspürte großes Staunen in sich, und die Schatten der Wolken über dem Sumpf waren Schatten von gewaltigen Schwingen.

Der vorderste der Mönche, der das Kreuz trug, hatte die Stelle erreicht, wo Aethelbert von Kent, mit seinen Königen und seinem Rat um sich versammelt, saß, und stand so mit gespreizten Beinen auf der Straße nach Britannien. Der Gesang war verstummt. Der Kreuzträger ging nach links, der Träger des Bildes Christi im Glorienschein nach rechts, und der schlanke Mann trat zwischen sie mit segnend erhobener Hand. Dann schritt er vorwärts auf die Fußbank von Aethelberts Thron zu, ohne auf Bischof Lindhard zu warten, der vorgetreten war, um ihn zum König zu führen.

Eine ganze Weile lang rührte sich nichts außer jener Seidenfahne mit dem goldbestickten Bild, die im Meereswind flatterte. Die zwei Männer blickten einander an, Auge in Auge; Augustin kniete nicht nieder. Endlich erhob sich

Aethelbert, um dem anderen die Freundschaft des Gastgebers auf seinem Gebiet zu erweisen.

Während Owin das folgende Geschehen betrachtete, entglitt ihm wieder der beflügelnde Augenblick von vorhin, und die Schatten, die über die Ebene trieben, waren nur wieder die Schatten von Wolken.

Augustin hatte begonnen, in klarem, gemessenem Latein zu sprechen, und Bischof Lindhard übersetzte zugleich. Augustins Stimme war kräftig und stark wie eine Schwertklinge, aber nicht so geschmeidig. Die Mönche hatten sich in einem großen Halbkreis hinter ihn gestellt, genau wie die kentischen Krieger hinter dem König von Kent standen, und die weißen Jagdhunde schnupperten mißtrauisch am Saum von Augustins Kutte, während er sprach.

»Gegrüßt von Gott seist du, und der Friede Gottes ruhe auf dir, König Aethelbert. Wir sind von unserem Heiligen Vater in Rom zu dir gekommen, vom gesegneten Gregor selbst, um dir sein Wort und seinen Gottesgruß zu bringen...« Es war eine freundliche und lange Rede. Owin erinnerte sich noch genügend des Lateins, um das meiste davon verstehen und auf Bischof Lindhards holprige Übersetzung verzichten zu können. Augustin erzählte, wie Jahre zuvor der Heilige Vater – damals selbst nur ein einfacher Mönch – auf einem Sklavenmarkt in Rom einigen anglischen Jungen begegnet war, die von Piraten fortgeschleppt worden waren. Als er gehört habe, sie kämen von einem Volk, das Gott den Herrn nicht kannte und auch nicht seinen Sohn, habe er in seinem Herzen seither den Vorsatz getragen, sie in die Gemeinschaft der Gläubigen aufzunehmen.

Es war eine anrührende Geschichte, und doch gelang es ihr nicht, Owin zu rühren.

»An dieser Küste hier sind wir alle Juten«, sagte Aethelbert und zupfte dabei seinen Bart, und Bischof Lindhard übersetzte ihn ebenso, wie er den fremden Mönch übersetzt hatte.

Augustin neigte den Kopf ein wenig. »Ja, Juten und Angeln und Sachsen, ihr bedürft alle gleichermaßen jener Freude, die wir euch bringen möchten. Wir kommen zu euch und nicht zu den Angeln um eurer Königin Bertha willen, da wir wissen, daß sie unseres Glaubens ist und frei, an Aethelberts Hof den Gottesdienst in ihrer Weise zu begehen. Weil das so ist, schien es uns und dem Heiligen Vater, der uns geschickt hat, daß dies der richtige Ort für unseren Aufbruch ist.«

Aethelbert hörte zu und zupfte sich immer noch den Bart, und Owin wußte schon, daß seine Augen zusammengekniffen auf dem Gesicht des Fremden ruhen würden. »Es ist Wahrheit in dem, was du sagst«, stimmte er zu, als Bischof Lindhard wieder übersetzt hatte. »Und auch aus einem anderen Grund habt ihr vermutlich eine weise Wahl getroffen: Fünf Könige stehen heute hier mit mir, fünf Könige und die Prinzen von Wales aus dem fernen Westen.« (Er benutzte das sächsische Wort, und Bischof Lindhard stolperte darüber, denn es gab dafür nichts Entsprechendes im Lateinischen, bis Einon Hên aus der Gruppe um des Königs Thron hervortrat und die britische Bedeutung nannte: »Die Prinzen von Cymru, dem Land der Brüder«.) »Fünf Könige und die Prinzen von Wales aus dem fernen Westen«, sagte Aethelbert von Kent, »und es gibt keinen Herrn der Angeln und auch nicht der Sachsen, die sich solchen Ansehens rühmen können.«

Augustin beugte seinen Kopf zur Seite, und Owin erschien es so, als läge eine Spur von Spott in der Art, in der er das tat. »Groß und mächtig ist das königliche Geschlecht der Oiscings. Auch das wußten wir in Rom, Hoher König Aethelbert.«

»Und so schien es denn diesem Heiligen Vater von euch, daß ein starker König mit einer Königin, die schon euren Glaubens ist, den Schild seines Schutzes über euch ausbreiten könnte; seinen Arm ausstrecken könnte, um euch bei der Arbeit zu helfen, die euch am Herzen liegt?« Aethelberts Stimme wurde plötzlich so schneidend wie das Bellen eines Fuchses in einer frostklaren Nacht. »Nun denn, Heiliger Mann, was willst du von mir?«

»Fürs erste nicht mehr als dein Wohlwollen«, entgegnete Augustin. »Gib uns die Freiheit, dein Königreich zu betreten, und gib uns ein kleines Fleckchen Land, auf dem wir eine Kirche errichten können, und heiße die willkommen, die sich uns in unserem Glauben in Christus anschließen.«

Irgendwo dicht hinter Owin knurrte ein Mann hinter dem Rand seines Schilds seinem Nachbarn zu: »Sollen wir unsere eigenen Götter verlassen, die gut genug waren für unsere Väter und die uns zum Sieg geführt haben? Sollen wir mit der Mütze in der Hand nun zu diesem Gott gelaufen kommen, dem die Briten gehuldigt haben und der einfach zusah und sie in ihr verhängnisvolles Schicksal laufen ließ? Und all das, bloß weil ein Priester mit rasiertem Kopf das so sagt?«

Und sein Freund entgegnete mit unterdrücktem Lachen: »Es gibt keine Erklärung für die seltsamen Vorstellungen, die Leute haben können: Fünfzehn Jahre lang dachte mein Großvater, daß er ein Eschenbaum sei und sich nicht hinsetzen könnte!«

Augustin hörte das Lachen, und sein stolzer Blick fuhr sich leicht verfinsternd zu der Stelle hin, woher es gekommen war. Zum ersten Mal schloß er die Männer, die hinter dem König standen, in seine Rede ein, und zum ersten Mal verspürte Owin die Macht des fremden Mönches und dessen Ausstrahlung. »Es wird viele geben, die zuerst nur lachen, aber wir, meine Brüder und ich, sind gekommen, um das Licht der Liebe zu Christus in diesem Land Britannien wieder zu entfachen, wo es so gänzlich im Dunkel zugrunde gegangen ist; und obwohl wir nichts weiter als einen Anfang zu machen versuchen, denkt daran, daß ein Funke, der auf Bauholz fällt, auch nur ein kleiner Anfang ist und doch ein Feuer entfachen kann, das die Halle eines Königs zu erleuchten und zu erwärmen vermag!«

»Das Licht der Liebe zu Christus in diesem Land Britannien, wo es so gänzlich im Dunkel zugrunde gegangen ist.« Unter denen, die um den Hohen König herumstanden, warfen sich die Prinzen von Gwent und Powys Blicke zu. Owin erinnerte sich wieder an den grauen Finger des Predigerkreuzes und den kleinen Priester, der mit heiligem Feuer beseelt schien, und an Priscilla mit ihrer mutausstrahlenden Sonntagshalskette aus blauen Perlen; und er dachte: »Dies ist ein großer Mann, und er liebt Gott, aber er hat kein Feingefühl und keine Demut.« Kurz zuvor war noch Freude in ihm gewesen über die strahlende Herrlichkeit; jetzt fühlte er sich elend.

Augustin sprach immer noch vom Glauben und von dem Herrn, dem er diente, während die Juten und Sachsen miteinander tuschelten. Aber Owin hörte nicht mehr mit vollem Herzen zu; etwas hatte die leuchtende Ausstrahlung beschmutzt, und in ihm wuchs die Sicherheit, daß an all dem hier wirklich nicht mehr dran war, als sich an der Oberfläche zeigte.

Der fremde Mönch hatte seine Rede beendet, und Aethelbert sprach: »Ich habe dir zugehört und vernommen, was du zu sagen hattest und worum du bitten wolltest. Ich verstehe wenig von dem, was du zu sagen hattest. Ich verstehe nicht deine drei Götter in Einem, und auch verstehe ich nicht, wie dieser Gott von dir besser sein soll als unser Wotan und unser Thor mit dem Hammer und Freyr, der unsere Tiere zur Welt und unser Getreide zur Ernte bringt. Aber zu dem, worum du bitten wolltest: um der Dame Bertha, meiner Königin, willen, die trauern und zweifellos mir mein Leben zur Qual machen würde, wenn ich euch fortschickte, dürft ihr nach Cantiisburg kommen und eure Kirche dort bauen und alle die willkommen heißen, die Narren genug sind, zu euch zu kommen im Glauben an euren Weißen Christus. Und ich werde wenn nötig meine Priester davon zurückhalten, euch umzubringen.«

Augustin schien ein Stück zu wachsen, als die Worte des

Königs übersetzt wurden; er warf seinen Kopf zurück, und seine Hände reckten sich in die Höhe mit einer Geste, die zugleich Triumph und Flehen auszudrücken schien; einen Augenblick lang ruhte ein Licht auf seinem Gesicht, das nicht das kühle Tageslicht der Sümpfe war. Mit großer Stimme rief er aus: »Dank sei Dir, Gott, unserem Herrn!« Und hinter ihm stimmten die Mönche den Freudengesang an, den der Heldenbischof Germanus zweihundert Jahre zuvor zum Kriegsruf gegen die Seewölfe von eben dieser Küste erhoben hatte: »Halleluja!«

Später wurden die Töpfe mit gekochten Rüben geöffnet und die geschlachteten und am Grill gebratenen Schafe und Ochsen hergeschleppt, und Aethelbert von Kent schmauste mit seinen Gästen, während die Schatten der Giebelzelte und der Hütten aus zusammengeflochtenen Zweigen sich kühl über das Weideland ausdehnten.

Owin, der nicht in der richtigen Stimmung zum Feiern war, wurde müde, schon bevor der Met mehr als einmal die Runde gemacht hatte. Er warf den Hammelknochen, an dem er nagte, dem nächsten Hund zu, stand von seinem Platz an einem der Feuer auf und wandte sich den Dünen und den grauen Trümmern der alten Festung zu. Bryni, der mit der Spitze seines Messers das heiße Mark aus einem Ochsenknochen herausgrub, grinste ihn an, als er vorbeiging, und schaute ihm nach – aber niemand rief ihn zurück; er war schon immer so etwas wie ein einsamer Wolf gewesen.

Das Sumpfland hinter sich lassend, hörte er die Stimmen und die Musik von der Harfe langsam verklingen, bis es nicht mehr war als ein schwaches, summendes Geräusch in seinen Ohren. Er überquerte den Damm, ging an der wie ein Waldbuckel aussehenden Rutupiae-Insel entlang und dann hinab im weichen Sand auf die Stelle zu, die einst der Hafen gewesen war. Jetzt war da nichts mehr außer hier und da einer Planke aus verrottetem Bauholz, die aus dem hereingetriebenen Sand herausragte und anzeigte, wo einst geschäftige Stege und Anlegestellen gewesen waren. Auch war da noch eine langgestreckte Kante aus bearbeitetem Stein unterhalb des Fluttors, sie mußte die Grenze der Hauptmole gebildet haben. Das Wasser, das einst tief genug war, um Kriegsgaleeren und große Soldatentransportschiffe des Caesarenreichs einzulassen, war zurückgedrängt und selbst jetzt bei hoher Flut ganz flach, da die Hafenöffnung wegen der hereindrängenden Sandmassen mehr und mehr verschlammte.

Und dort, unterhalb des Kamms einer lang-gebogenen Düne, fand er Einon Hên einsam dasitzend, die große krumme Nase dem Meer zugestreckt. Er zögerte, war bereits dabei, sich wortlos umzuwenden, als er in dem goldenen Auge des alten Mannes die Spur eines Lächelns sah. Der junge Mann setzte sich neben ihn und wußte, daß er willkommen war.

»Den ganzen Tag lang und so viele Tage zuvor schon habe ich darum gerungen, mir eine Brücke zwischen zwei Welten zu bauen. Aber die Sachsen werden die Art unseres Volkes nie verstehen, und Rom wird es auch nicht, und ich bin sehr erschöpft«, sprach Einon Hên nach einer Zeit vertrauter Stille.

»Ich glaube, deine Vorstellung wäre, daß Sachsen und Briten dichter aneinander heranrückten«, sagte Owin stumpfsinnig und blickte über den nassen Sand.

»Ja, dichter schon. Aber es wird immer eine Kluft zwischen ihnen geben, und die ist immer noch ziemlich breit.«

Eine weitere, längere Stille folgte. Schließlich sagte Owin: »Die Sache, die heute geschehen ist, – war es wohl, die die Königin meinte, als sie sagte, daß wir bald eine große Zahl sein würden?«

Der alte Mann sah sich rasch zu ihm um: »Es ist der Anfang von dem, was sie meinte.«

»Und Aethelbert wußte es? Vielleicht hat er selbst nach diesen Männern geschickt?«

»Glaubst du das?«

»Glaubst du es nicht?«

»Ich – ich glaube ja, doch«, sagte Einon Hên danach sehr ruhig.

»Einon Hên, was liegt hinter dem, was wir heute gesehen haben?«

Der Gesandte hatte begonnen mit seinem knöchrigen Zeigefinger sorgsam Muster in den Dünenhang zu zeichnen, aber der lose Sand rann in die gezogenen Linien zurück und füllte sie wieder auf. »Ich weiß es nicht«, entgegnete er schließlich, »aber ich lese die Zeichen so: Ich glaube, die Sache hat sich von zwei Seiten entwickelt wie die Pfeiler einer Wölbung, und das, was wir heute gesehen haben, war der Schlußstein, wo die beiden Seiten zusammenkommen... Vor langer Zeit, sogar noch vor der Zeit von Artus, brach Rom in sich zusammen, und als es sich wieder aus der Asche erhob, hatte sich alles geändert. Die Macht der Legionen war auf ewig vergangen, und an ihre Stelle trat eine andere Art von Macht, die Macht unseres christlichen Glaubens. Alle Provinzen des westlichen Caesarenreichs waren verloren, aber sie können zurückerobert werden – zu einer anderen Art von Reich; nur, jetzt muß die Arbeit von der Kirche geleistet werden und nicht von den Legionen. Dies also ist die erste Seite. Und die andere Seite – erinnere dich zurück, vor vier Jahren bei Wotansborg. Aethelbert von Kent hat seinen Feind aus dem Weg geräumt, er ist der oberste König der ganzen südlichen Hälfte von Britannien, mit Ausnahme der Teile, die jenseits der Sabrina liegen, und durch seine Königin ist er mit dem fränkischen Königreich verbunden, dem großen christlichen Königreich von Clovis. Er ist ein weiser Mann, und er sieht, daß für einen Herrscher wie ihn sehr viel zu gewinnen ist, wenn ein Teil dieses neuen Reichs christlichen Glaubens wird. Also – vielleicht – sendet er eine Nachricht nach Rom, die sagt: ›Kommt, und ich werde zu eurem Glauben bekehrt werden und mein Volk mit mir bringen.‹ Und Rom schickt zurück: ›Mit Freuden kommen wir.«Er zeichnete zwei schwungvolle Linien in den Sand und steckte den knöchrigen Finger mit peinlich genauer Sorgfalt genau in die Stelle, wo sie sich trafen. »Die Wölbung ist vollendet, und was die Menschen darauf errichten werden, daß weiß nur Gott.«

Owin betrachtete eine rötliche, zerfledderte Mohnblume dicht an seinem Fuß, wie sie langsam im schwachen Meereswind schwankte. »Da er die abgemachte Zeit ihrer Ankunft kennt, versammelt Aethelbert die ihm untergebenen Könige unter dem Vorwand eines Ratschlusses in seinen Grenzen, damit er seine Macht vor diesen Abgesandten aus Rom würdig vorzeigen kann. Ich habe nie so recht an diese Ratsversammlung geglaubt.«

»Nicht?«

»Nein. Aber wenn es so ist, wie du sagst – «, Owin sprach langsam und dachte die Sache beim Sprechen zu Ende: »Wenn es so ist, wie du sagst, warum hat er sie dann so widerwillig empfangen? Warum fiel er nicht in Verzückung und war auf der Stelle bekehrt?«

»Weil er kein Dummkopf ist. Er kann doch nicht wissen, wie seine Könige und Anführer diesen Glauben an Christus aufnehmen werden, und er kann es sich nicht leisten, ihn anzunehmen, während sie mit unverminderter Stärke an Freyr und Wotan festhalten. Er muß der Sache Zeit lassen zu wirken. Er ist ein geduldiger Mann; er hat mehr als zwanzig Jahre auf seine Rache für Wibbendune gewartet. Wenn er einigermaßen sicher sein kann, daß es gefahrlos ist, vielleicht in einem Jahr, vielleicht auch erst später, wird er das Flehen der Königin erhören und einen Sinneswandel erdulden und zu Augustin gehen, um sich taufen zu lassen.«

Die Stille, die jetzt zwischen ihnen lag, war noch länger als zuvor. So lange zog sie sich hin, daß das Abendlicht schon hinter den Sümpfen verschwand, als Einon Hên mit seinem einen leuchtenden Auge seinem Gefährten zuzwinkerte und sagte: »Mein Freund, du schaust aus, als hättest du den Geschmack von Schlehe im Mund.« Owin lachte kläglich: »Der Geschmack der eigenen Narrheit ist genauso bitter. Heute morgen dachte ich nur für die Zeit eines Flügelschlags, daß – daß etwas Wunderbares geschehe. Und die ganze übrige Zeit war alles nichts weiter als ein Stück Staatskunst, das uns vorgespielt wurde.«

Einon Hên sagte sehr ruhig: »Aber sogar ein Stück Staatskunst mag doch dieses ›etwas Wunderbare‹ in deinem Herzen halten.«

Und Owin blickte ihn an und erinnerte sich, daß dies ein Mann war, der zweifellos ebenso Gefühl und Augenmaß für die Staatskunst besaß, wie er einst Gefühl und Augenmaß für das Schwert gehabt hatte, als er noch jung war.

»Vor ein paar Tagen haben wir miteinander gesprochen – erinnerst du dich? – vom Zurückschauen durch Sturm und Finsternis der vergangenen Jahre, um nur den letzten Schimmer vom Licht einer weit entfernt liegenden Laterne zu erhaschen; und ich habe dann etwas zu dir gesagt, glaube ich, von der Hoffnung auf ein anderes Licht weit vor uns. Wir beiden Briten, wir haben für die Dauer der Leben wenigstens zweier Männer allein dagestanden, abgeschnitten von all dem, wofür Rom einst stand, und von all dem, wofür wir einst zu sterben bereit waren. Und heute haben wir wieder an jene Zeiten der Langen Wanderschaft angeknüpft, in denen die Sachsen noch nicht alles in der Hand hatten – es ist bisher zwar nur ein leichter Händedruck und sehr zaghaft noch, er wird sich jedoch festigen, sowohl über den Weg der Staatskunst als auch über jeden Mann und jede Frau, die kommen werden zu Augustin und der christlichen Kirche, – und sie werden kommen, wenn auch die Zeit für die große Zahl, von der die Königin sprach, noch lange nicht da ist –!« Er wandte sich von den Mustern, die er in den Sand gezeichnet hatte, ab und saß einige Augenblicke lang ganz und gar reglos da, den Kopf erhoben, und die Brise vom Meer her spielte im grauen Haar an seinen Schläfen. »Noch bricht der Tag nicht an, aber der Morgenwind, glaube ich, erhebt sich schon.«

Freyrs Pferd

Es dämmerte, als Owin über den Kamm der Dünen zurückging, und dünner Nebel begann vom Boden aufzudampfen. Er sah das rote Flammen der Lagerfeuer über dem Sumpfland, und der Klang von Stimmen und Harfenmusik drang ihm entgegen; und doch konnte er noch das leise, langgezogene Summen der Flut jenseits der Dünen hören, wenn er zwischen den Ginsterzweigen innehielt.

»Noch bricht der Tag nicht an, aber ich glaube, der Morgenwind hat sich erhoben.« Die Stimme des alten Gesandten klang in seinem Ohr nach, genauso wie die von Onkel Widreth nachgeklungen hatte. Und plötzlich kam ihm der Gedanke, daß diese beiden alten Männer einander gemocht hätten, wenn sie sich jemals begegnet wären. »Noch bricht der Tag nicht an, aber der Morgenwind erhebt sich schon«, und dann wieder »Aber sogar ein Stück Staatskunst mag doch dieses ›etwas Wunderbare‹ in deinem Herzen halten« ... Die kläglich unglückliche Stimmung der letzten Stunden war ganz von ihm abgefallen, und er fühlte sich ruhig, so wie man Erleichterung nach einem Schmerz verspürt; und er fühlte noch etwas anderes: Tief in ihm, fast noch unterhalb der Schwelle seines Bewußtseins, lag das Gefühl von Veränderung, wie die Veränderung, die der Wind zum Ende des Winters brachte. Seit jenem letzen Widerstand bei Aquae Sulis hatte er sich am Ende von etwas Großem gefühlt. Und nun, als er zwischen den Ginsterbüschen an den Dünen in der Dämmerung stand, wußte er auf einmal ganz genau, daß er an einem Anfang war.

Ohne sich seiner eigenen Bewegung klar bewußt zu sein, ging er weiter auf die Lagerfeuer zu.

Das königliche Feuer brannte vor Aethelberts großem

Giebelzelt in der Mitte des Lagers. Der Hohe König saß in seinem Thronstuhl, die weißen Jagdhunde zu seinen Füßen und seine Könige, Ratsherren und die heiligen Männer in ihren schwarzen Gewändern um ihn herum, während sein Harfner Ingwy neben den Flammen kniete und zu seiner Harfe die hohen und weit entrückten Taten von Scyld, dem Vater seines Volkes, als die Welt noch jung war, besang.

Die jungen Männer, die sich um die kleineren Feuer scharten, ergingen sich in eigenen und laut polternden Vergnügen. Auch sie hatten eine Harfe, die einem aus ihrer Runde gehörte, und sie reichten sie von Hand zu Hand, wie sie die Metbecher in der Runde weiterreichten. Laut schlugen sie auf ihr den Rhythmus ihrer Gedanken und stellten sich gegenseitig – was sie als Sachsen besonders liebten – lange und ausgeklügelte Rätsel.

Ein wuschelköpfiger junger Mann mit einer lauten, fröhlichen Stimme hielt, als Owin dazukam, gerade die Harfe und war dabei, sein Rätsel einem Kreis von lachenden Zuhörern mit viel Schwung und Feuer vorzutragen:

Weiß ist meine Kehle, falbengrau mein Kopf,
Falbengrau auch meine Flanken und meine Füße flink;
Bin gewappnet zum Kampf! Die Borsten auf dem Rücken
Richten sich wie die des Ebers auf. Durchs grüne Gras
Mit meinen spitzen Zehenkrallen trete ich –

»Ein Dachs!« rief jemand. »Es ist ein Dachs!«

»Ein Dachskopf ist doch nicht gelb wie ein Falbe, der ist doch gestreift«, wandte ein anderer ein, »schwarz und weiß gestreift wie die heiligen Männer dort drüben am Königsfeuer.«

»Ich sage trotzdem, es ist ein Dachs, – oder nicht, Osric?«

»Wirklich, du denkst zu scharf«, sagte Osric grinsend. »Paß nur auf, daß du dich nicht schneidest!«

Bryni, der neben ihm gesessen hatte und träge übers Feuer hinüber auf ein paar dunkelhaarige Briten aus der

Leibwache von Gerontius starrte, sprang plötzlich auf und streckte seine Hand nach der Harfe aus, denn er war an der Reihe. »Ich habe mir ein ganz listiges Rätsel ausgedacht, – hört zu!« Seine Augen strahlten sehr hell, seine Stimme klang voller und erheblich lauter als gewöhnlich.

Geschmeidiger denn Schwalben im Pfeilflug durch die Luft,
Mächtig beflügelt und doch kein Vogel bin ich,
Ein Schlachthemd trag ich, vielgeschuppt und glänzend,
Doch in grünen Tiefen unterm Schaum hat kein Fisch mich
gelaicht
Flammen atme ich –

Vadir Cedricson gähnte und bemühte sich nicht, es zu verbergen. »Falls du zur Ehre unserer Fremden aus dem Westen singst, vergiß nicht, deinen Drachen rot zu färben.«

Bryni brach mitten im Wort ab und funkelte zurück: »Du hast gesprochen, Vadir Cedricson?«

Der andere lächelte: »Ich sagte, falls du zur Ehre der Fremden aus dem Westen singst, dann sollst du nicht vergessen, deinen Drachen rot zu färben!«

»Bist du denn sicher, daß ich das nicht vorhatte?«

Vadir zog seine blassen Brauen hoch: »Mein Großvater hat es nie getan, wenn ich mich recht erinnere. Und er hat dieses Rätsel wenigstens zwanzig Mal im Jahr nach dem Abendessen gestellt.«

»Das ist eine Lüge, denn ich habe es mir selbst ausgedacht seit dem Abendessen!«

»Hättest du es dir vor dem Abendessen ausgedacht, dann würdest du dich vielleicht noch daran erinnern, woher du es hast.«

»Ich bin also betrunken, bin ich das?« fauchte Bryni wütend und warf die Harfe zur Seite, so daß sie im Gewirr ihrer gerissenen Saiten liegenblieb. »Also gut, – ich werde so betrunken sein wie eine Regentonne bei Mondaufgang, wenn ich will, aber *du* wirst mich nicht betrunken nennen!«

»Nein?« fragte Vadir mit einer Stimme so weich wie Samt.
»Nein!« brüllte Bryni.
Der Streit war voll ausgebrochen, noch ehe Owin sich der Situation ganz bewußt wurde. Jetzt fuhr er hinein: »Sei kein Dummkopf, Bryni, du *bist* betrunken, und er ist es auch. Also laß es sein.« Aber der Junge schien ihn nicht zu hören; scharlachrot brannte das Blut in seinen Wangen, und seine Augen blitzten. »Niemand hat Bryni Beornwulfsohn zu sagen, wann er betrunken ist, nicht einmal sein nächster Verwandter; und ich danke allen Göttern im hohen Walhall, daß du kein Verwandter von mir bist, Vadir.«

Vadir erhob sich langsam, er konnte sich recht schnell bewegen, wenn er wollte, trotz seines lahmen Fußes, aber eben jetzt wollte er nicht. Langsamkeit stachelt die Wut noch mehr an. Er war genauso betrunken wie Bryni, aber er zeigte es weniger, und er konnte allemal den Jungen zum Wahnsinn treiben.

Doch jetzt sagte er – vielleicht zum ersten Mal in seinem Leben – etwas, das er nicht hatte sagen wollen; Owin, der ihn beobachtete, war sich dessen ziemlich sicher. »Noch nicht«, sagte Vadir Cedricson.

Während diese Worte noch in der Luft hingen, – in der erstarrten Stille, die um das Feuer herrschte –, flackerten seine blassen Augen, als ob er die beiden Worte zurücknehmen würde, wenn er nur könnte. Aber eben der Stolz, der ihn vor seiner Umwelt verbergen ließ, daß er auf das von ihm begehrte Mädchen ein ganzes Jahr wartete, dieser Stolz verbot ihm, zu verleugnen, was er soeben ausgesprochen hatte.

In der Stille trat Bryni mit einem großen, drohenden Schritt auf ihn zu: »Und was ist es, bitteschön, was du damit meinst?«

Weich und treffend überlegt erzählte Vadir es ihm.

»Auch das ist eine Lüge!« sagte Bryni, als er fertig war.

»Nein, nur etwas, was die Frauen dir vielleicht nicht anzuvertrauen wagten.«

»Da wirst du lange warten müssen, ehe Lilla an deinen Herd kommen wird, Vadir.«

»Ach, ich denke nicht. Letztes Jahr hielt ihre Mutter sie für zu jung, aber zur Zeit des Herbstschlachtens – «

Bis eben war es nicht mehr als ein Kampf mit Worten gewesen. Jetzt aber, ganz plötzlich, wurde es tödlich. Brynis Hitzigkeit verwandelte sich in Eiseskälte. Durch zusammengebissene Zähne sprach er: »Der Schlachtmonat ist eine gute Wahl, Vadir. Aber auch Männer können sterben wie das Vieh. Glaubst du, ich würde dir Lilla lassen, du krummer, kleiner Mann?«

Die Stille um das Feuer herum wurde knisternde Atemlosigkeit, und in dieser Atemlosigkeit sah Owin den Teufel aus Vadirs Augen blicken. Er sagte nichts, stieß aber so rasch wie eine zubeißende Natter vor, und im Feuerschein blitzte etwas in seiner Hand, die eben noch leer gewesen war. Im selben Augenblick hatte Bryni sein Messer herausgezogen, und sie trafen aufeinander. Klinge klirrte an Klinge, Funken flogen auf. Dann war Owin von hinten herangesprungen, hatte das Gelenk der Messerhand von Bryni gepackt und zog es nach unten, während andere Männer auf Vadir zugesprungen waren. So wurden die beiden von allen getrennt.

»Laß es fallen!« befahl Owin. »Laß es fallen, Bryni! Vergiß nicht, wo du bist!«

Denn es gab keine Vergebung dafür, seine Waffe bei solch einer Versammlung zu zücken.

Alles war vorüber. Bryni stand keuchend da, Blut tropfte von einem flachen Riß in seinem Oberarm. Vadir stand still und ohne Widerstand im Griff der Männer an seiner Seite; er atmete durch die Nase, wobei die Nasenflügel sich heftig weiteten und bebten wie die Nüstern eines Pferdes, und seine Augen funkelten aus den halbgeschlossenen Lidern; aber er hatte sich wieder ganz unter Kontrolle. Ruhig sagte er – und seine Worte fielen sanft und mit tödlicher Kälte in das Schweigen – : »Hierfür wirst du mit deinem Herzblut bezahlen.«

»Aber nicht hier und nicht jetzt«, fiel ein riesiger Mann aus Aethelberts Gefolge ein, dessen Größe allein seinen Worten in dieser Runde Gewicht zu geben schien. »Das festliche Feuer des Hohen Königs ist nicht der Ort, an dem man Blutschuld auf sich lädt.«

Owin warf ihm rasch einen dankbaren Blick zu. Stimmen erhoben sich wieder unter den Männern ums Feuer herum, die Stille fiel von ihnen ab, und der Met in ihren Adern flackerte wieder auf. In ihrer Stimmung waren sie für alles, was Aufregung versprach, und so drängten sie sich um die beiden, die mit gesträubten Haaren in ihrer Mitte standen. Dann kam einer der Briten hinzu, der nur schlecht und recht die sächsische Sprache beherrschte: »In meinem Stamm, wenn Streit entsteht zu einer Zeit, an einem Ort wie hier, wo nicht erlaubt ist, die Klinge zu ziehen, da haben wir andere Art zu handeln!«

Sofort wollte ein Dutzend Stimmen mehr darüber wissen. »Und was für eine Art ist das? Los, erzähl es uns, –« dabei lösten Vadir und auch Bryni den verbissen starrenden Blick voneinander und wandten sich ihm zu.

»Deren Streit es ist, die ziehen Lose«, sagte der Brite, »der kürzeren Halm von Mais zieht, wird freigesprochen; der längeren Halm von Mais zieht, muß eigenes Leben in einem gewählten Wagnis aufs Spiel setzen, vor dem nächsten Sonnenaufgang, oder er muß sich von den Männern, die seine Brüder gewesen waren, Feigling nennen lassen.« Er schaute ringsum in die vom züngelnden Feuerschein erhellten Gesichter. »Es ist alter Brauch und ein guter dazu. Wenn die Sache vorbei ist, ist sie vorbei. Es ist dann kein Platz mehr für eine Blutsfehde.«

Owin fühlte sich plötzlich übel; aber die anderen drängten sich so gierig wie junge Hunde, die etwas wittern, vor, und Bryni, dessen Augen plötzlich in strahlendstem Grün funkelten, schrie auf: »Gut, worauf warten wir noch? Wir haben keine Maishalme griffbereit, aber Grasstengel werden sicherlich genauso gut sein.«

»Also, hier.« Osric, der das Rätsel vom Dachs gestellt hatte, beugte sich ohne Zögern vor und rupfte ein halbes Dutzend Halme aus dem niedergetrampelten Gras neben dem Feuer. Er reichte die Grashalme dem dunklen Briten hinüber, der sie sorgfältig in seiner geschlossenen Faust ordnete, so daß nur die Spitzen zwischen seinem Daumen und Zeigefinger hervorstaken; er hielt sie so in den Feuerschein.

»Nun, zieht.«

Bryni zog zuerst, sah kaum hin dabei und hielt dann einen Grasstengel empor, der etwa dreifingerbreit unter der fedrigbraunen Spitze endete. Dann humpelte Vadir einen Schritt vorwärts und wählte seinen Halm mit großer Sorgfalt; auch er hielt ihn hoch. Mit tiefer Erleichterung sah Owin, daß dieser fast doppelt so lang war wie Brynis. »Vadir hat es!« erscholl der Schrei. »Vadir ist es!« Bryni schrie voller Widerwillen auf und warf seinen Grashalm in den Wind, der ihn in die Flammen des Feuers trieb; Vadir stand da und sah sich mit einem seltsamen Lächeln auf seinen schmalen Lippen um, dabei hielt er den Grashalm gerade so, als sei er eine Blume.

In diesem Augenblick hörten sie über das rasche An- und Abschwellen der Stimmen hinweg das wütende Wiehern des Gottespferdes.

Vadir warf seinen Kopf zurück und lachte wild und tollkühn: »So. Mir fällt ein Wagnis zu, und es ist mir höchst willkommen; aber ich werde mir ein eignes wählen. Brüder, Freyrs Pferd werde ich reiten, das noch nie zuvor einen sterblichen Mann auf seinem Rücken gespürt hat.«

Zum zweiten Mal an diesem Abend fiel eine tiefe Stille über die Männer um das Feuer. Sie war noch ergreifender als zuvor, sogar Bryni schwieg. Owin betrachtete Vadir, der wie immer ein wenig schräg dastand, mit strahlenden Augen und den Furchen von wildem Gelächter um seinen Mund, und Owin zollte in seinem Inneren der wahnsinnigen Tollkühnheit dieses Mannes, den er haßte, seine Anerkennung. Denn dies war eine schreckliche Sache, die er da auf sich nahm; nicht nur, daß er seine großartige Reitkunst gegen einen geradezu wilden Hengst messen wollte, er nahm es auch gegen seine Götter auf, wenn er überhaupt an irgendwelche Götter glaubte. Wenn Vadir nicht betrunken gewesen wäre, hätte sicherlich auch er ein solches Wagnis nicht herausgefordert.

»So soll es also sein«, sprach Aethelberts Mann, während der dunkle Brite seine Faust öffnete und die restlichen Grashalme in die Flammen treiben ließ. »Und dein Blut wird nicht die Hände von irgendeinem unter uns besudeln, sondern deinen Kopf allein.«

Die Stille verlor sich im Aufruhr der Stimmen. Männer zogen brennende Zweige aus dem Feuer, die als Fackeln dienen sollten; im Zuge der Feuerfackeln begannen sie, Vadir mit sich forttragend, zum hinteren Teil des Lagers zu strömen.

Freyrs Pferd war mit einer starken, flachsenen Leine an einen uralten Dornbaum, wie sie hier und da auf den kleinen Erhebungen im Sumpf wuchsen, angebunden. Er stand angespannt wachsam da, seinen Kopf hatte es ihnen zugewandt, als ob es auf sie wartete. Er stampfte und schnaubte in Richtung auf die Fackeln zu, warf seinen Kopf, so daß seine Mähne wie der Kamm einer brechenden Welle emporflog; aber es hatte keine Angst. In seinem ganzen stolzen Leben hatte es niemals – außer einmal – vor irgend etwas Angst gehabt; und Owin, der sich an das zitternde graue Fohlen, das er zur Welt gebracht hatte, erinnerte, fühlte im Anblick seiner Schönheit einen Stich in seinem Herzen.

Neugierig waren seine Ohren gespitzt, seine Augen strahlten im Fackelschein, der seine weiße Schönheit vergoldete, als die jungen Männer hereindrängten; und wieder kratzte er mit seinem runden Huf im Boden, warf seinen Kopf zurück und wieherte Herausforderungen zu ihnen hinüber.

Vadir sagte: »Zurück, ihr Idioten, wenn ihr eure Gehirne nicht zerschmettert haben wollt. Holt mir lieber etwas Lecksalz.«

Einer der Männer lief zurück zu den Kochfeuern und kam mit einer Handvoll gräulichem Salz an. Vadir streckte seine Hand danach aus und humpelte dann, ohne noch einen Blick auf die Männer um ihn herum zu werfen, allein voran.

»Eine Peitsche«, sagte jemand ruhig aus der Dunkelheit zwischen den Fackeln heraus, – es war seltsam, wie ruhig alle geworden waren. »Du wirst eine Peitsche brauchen.«

»Der Knauf meines Messers wird mir gleiche Dienste tun, wenn ich eine Hand frei habe«, sagte Vadir, noch immer ohne sich umzusehen. Er blieb in Armlänge vom Hengst entfernt stehen, der ihn fast mit einer Art von spöttischem Interesse betrachtete, und er streckte das Salz auf seiner Handfläche zu ihm hin. Freyrs Pferd reckte seinen Kopf vor, schnupperte an der Hand des Mannes und tauchte sein Maul ins Salz. Männer hatten ihm öfter schon Lecksalz gebracht, und er kannte den Klang ihrer Stimmen in seinen Ohren und erinnerte sich vielleicht sogar noch schwach an eine Zeit, in der er noch nicht so furchtbar gewesen war und Männer es noch gewagt hatten, ihre Hände über seine Stirn zu streichen, wie dieser Mann es jetzt tat.

»Laß es sein, Vadir«, schrie jemand schneidend aus. »Du hast doch keine Chance!«

Aber falls Vadir ihn überhaupt hörte, so beachtete er ihn nicht.

Er bewegte sich jetzt langsam, ruhig zur Seite des Pferdes, es umgab ihn eine Fremdheit, eine Art von Frohlocken, die Haltung eines Mannes, der von Angesicht zu Angesicht einer Sache gegenübersteht, auf die er sein Leben lang gewartet hatte. »Kommt her, zwei von euch, und haltet ihn«, befahl er kühl, »und seid bereit, die Leine durchzuschneiden, wenn ich es euch sage.«

Nach einem Augenblick des Zögerns traten ein Sachse

und dann ein Brite zu ihm hinaus und packten den weißen Hengst an Mähne und Halteleine, und obwohl das Tier anfing zu schnauben und sich aufzubäumen, gelang Vadir ein perfekter Sprung zum Aufsitzen. Er schien die bebenden weißen Schultern kaum mit seinen Händen zu berühren und saß im nächsten Augenblick rittlings auf dem Pferd. »Jetzt!« Es klang wie ein Schrei des Triumphs.

Eine Klinge blitzte im Fackelschein auf, einmal, zweimal, und die Halteleine sprang auseinander. Die beiden Männer sprangen zurück und rannten um ihr Leben, als Freyrs Hengst sich freischüttelte.

Das hatte er noch nie erlebt, dieses Ding, diese Qual auf seinem Rücken. Angst saß in seinem Nacken, – so wie es ihm noch nie geschehen war, nicht einmal in dem Winter seiner Abrichtung; aber mehr noch als Angst war es wilde Wut. Mit brüllendem Zorn bäumte er sich auf und auf, bis es den zusehenden Männern so vorkam, als wären die Sterne im grünen Sommerhimmel nichts weiter als die Funken, die aus seinen stampfenden Hufen stoben; dann donnerte er mit den Hufen auf den Boden, wirbelte und bukkelte, Mähne und Schweif flogen wie weißer Schaum, da er es herunterzuschleudern, zu zerbrechen und ins Nichts zu stampfen versuchte, dieses Etwas, das sich auf seinem Rücken festkrallte, als ob es ein Teil seiner selbst wäre.

Vadir klammerte sich fest, als wäre er tatsächlich ein Teil von Freyrs Pferd, mit zusammengepreßten Knien und den Händen fest in den Strähnen der fliegenden Mähne verwikkelt. Die zusehenden Männer hätten ihn zum Sieg brüllend angefeuert, wenn sie nicht eine Art von Scheu zurückgehalten hätte, und so jagte die wilde Erregung wie ein geräuschloser Wind durch sie hindurch. Freyrs Pferd bäumte sich auf und donnerte wieder herab, der Boden erbebte unter seinen Hufen, und der Schrei der Wut schien die Nacht entzwei zu reißen. Der wirbelnde Kampf von Mann und Pferd trug sich an ein und derselben Stelle zu. Mehr als einmal wäre das Pferd des Gottes aus dem von Fackeln erhellten

Kreis ausgebrochen und in die Nacht davongedonnert, hätten nicht die erbarmungslosen Hände in seiner Mähne und an seinem Kopfgeschirr seinen Kopf höher und höher hinaufgeschraubt, so daß er nur noch im Kreis auf seinen Hinterfüßen herumschwingen konnte.

Später fragte sich Owin, warum Vadir den Hengst nicht hatte rennen lassen und seiner eigenen Reitkunst nicht zugetraut hatte, so lange auf ihm auszuhalten, bis er sich ausgetobt hätte und die Erschöpfung dem Reiter Meisterschaft über den Hengst gegeben hätte. Vielleicht hatte Vadir den Entschluß gefaßt, daß er und nicht sein Pferd diesen Moment bestimmen sollte. Wenn das so war, dann verhielt er zu lange. Plötzlich, so unvermittelt, daß zum ersten Mal in seinem Leben Vadir nicht auf etwas vorbereitet war, wirbelte der Hengst herum und donnerte auf den Dornenbaum zu.

Die niedrig herabhängenden Zweige schienen ihm entgegenzustoßen. Owin hörte des Tieres schrecklichen Triumphschrei und einen gellend scharfen, menschlichen Schrei, der aufs abscheulichste kurz abgeschnitten war; und Freyrs Pferd stürzte dann reiterlos weiter, stampfte und dröhnte, schwang herum und stieß auf etwas zu, das regungslos am Boden lag.

In seinem Bewußtsein selbst überrascht, bemerkte Owin plötzlich, daß er rannte und sich vorwärts warf, um zwischen Vadir und die trampelnden Hufe zu kommen. Ringsum hörte er das Aufbrüllen von Stimmen, Männer rückten mit flammenden Fackeln dichter heran. Aus ihrer Mitte heraus hatte er sich ans kurze Ende der gekappten Leine am Dornenbaum geworfen und sich daran gehängt. Falls er jetzt seinen Halt verlor und unter die mörderischen Hufe fiel, so würde er nicht nur zertrampelt werden, sondern zu roten Lappen zerfetzt. Er wußte das, und er wußte auch, daß er so hin- und hergeschleudert und geschüttelt wie jetzt nicht lange aushalten konnte. Seine einzige Hoffnung war die, daß er durch die mordende Wut des großen wilden Hengstes hindurch vielleicht zum Herzen von Freyrs Pferd durchdringen und die Erinnerung wecken konnte; fast aller Atem war schon von ihm gewichen, doch legte er die ganze Kraft seines Körpers und der Liebe, die er für den langbeinigen Hengst empfunden hatte, in den Namen des Fohlens, den er immer und immer wieder hinausschrie: »Teitri! Teitri!«

Er sah den wilden weißen Kopf über sich aufgebäumt, teuflisch gegen die Dunkelheit, und dann war Bryni neben ihm mit der wahnwitzigsten aller Waffen in den Armen, ausgerechnet einem zusammengeballten Umhang, und als der große Kopf mit flammenden Augen und gebleckten Zähnen auf Owins gezerrte Schulter niederstieß, warf Bryni das Bündel in das aufgerissene Maul des Pferdes.

Der Stoff, der sein Maul klaffen ließ und ihn halb erstickte, zwang den Hengst zu einem Moment des Innehaltens und brach damit den Bann seiner Wut.

Er schrie erneut auf, ging hoch in seiner sich aufbäumenden, halben Drehung, schwang benommen auf den Hinterbeinen hin und her; er schüttelte seinen Kopf, zerfetzte den dicken Stoff und schleuderte ihn zur Seite. Aber das Feuer seines entsetzlichen Rasens schien zu verlöschen, und auf einmal war es so, als dringe die bekannte Stimme, die seinen Fohlennamen schrie, zu ihm. Langsam kamen die großen, peitschenden Vorderhufe herunter, Freyrs Pferd bäumte sich zum letzten Mal bebend auf und blieb dann still stehen.

Das Tier zitterte von der Mähne bis zum Schwanz, sein milchiges Fell war schwarz vom Schweiß, das Weiß in seinen Augen funkelte wild im Feuerschein, und sein Atem schnaubte durch die Nüstern, die mit Blut verkrustet zu sein schienen. Aber die Ohren, die bösartig zurückgespitzt gewesen waren, drehten sich nun nach vorn, um den Klang der nur schwach erinnerten Stimme einzufangen.

»Teitri! Geh zurück! Ja, ja, geh zurück, mein kühnes Herz, du!« Owin rang um Atem, sprach keuchend zu dem bebenden Hengst in britischer Sprache, wie er mit ihm auch gesprochen hatte, als er noch ein Fohlen gewesen war. »Ruhig, nur ruhig jetzt, und zurück – zurück mit dir, sage ich!« Und in der ganzen Zeit – jetzt auch mit der Hand auf dem Nasenrücken des Tieres, drängte er es fort von dem Mann, der so still unter den tiefhängenden Dornenzweigen lag.

Plötzlich, wie ein Kind, das sehr müde ist, ließ das Gottespferd seinen Kopf sinken und rieb seine Stirn an Owins schwer atmender Brust.

Danach war alles rasch vorüber. Jemand hatte eine der Stuten des Gottespferdes gebracht, um es fortzubringen, und Owin sah seinem Weggang zu. Er wandte sich dann zurück, um sich den Männern um Vadir Cedricson anzuschließen. Er war tot. Allem Aussehen nach war sein Genick von den Zweigen gebrochen worden, er mußte schon tot gewesen sein, bevor er auf den Boden prallte. Auch Bryni war da und kniete neben Vadirs Körper, nicht mehr betrunken wie eine Regentonne, sondern nüchtern wie ein kalter Stein. »Ich habe immer schon gesagt, ich würde ihn töten, oder nicht? Und in einer Weise habe ich das jetzt wohl auch getan«, sagte er und blickte zu Owin mit einem Gesicht, das fast so weiß war wie das des toten Mannes.

»Freyr war es, der ihn getötet hat«, sagte ein anderer Mann, und es gab zustimmendes Gemurmel.

Aber Owin hörte ihn nicht: »Du und ich sicherlich ebenso wie Teitri; aber vor allem er sich selbst.«

Plötzlich war er sich einer Stimme bewußt, die Fragen stellte mit dem Klang eines Fuchsbellens, und anderer Stimmen, die die Fragen beantworteten. Aber das schien alles weit weg und bedeutungslos zu sein, hinter einer Grenze, und sogar Bryni war jetzt außerhalb; er war ganz allein mit dem zerbrochenen Körper seines Feindes. Mit stechender Schärfe sah er das tote weiße Gesicht, hörte er den Wind vom Meer in den Dornbüschen und roch das Salz in der Luft und die Süße von zertrampelten Sumpfgräsern.

Er hatte Vadir Cedricson gehaßt, und jetzt war der Mann tot, und weil er tot war, war Owin jetzt frei. Aber in diesen ersten Augenblicken erinnerte er sich an das Band, das zwischen ihnen bestanden hatte in der Nacht, in der das Silberfohlen geboren worden war.

Eine Hand legte sich auf seine Schulter, und jemand beugte sich über ihn. »Komm – hoch mit dir. Der Hohe König.« Er erhob sich und drehte sich um. Da stand eine Armlänge von ihm entfernt Aethelbert von Kent, hinter ihm eine Gruppe seiner Gefährten, an seiner Seite, schlank und streng, der fremde Mönch Augustin.

Aethelbert sprach kein Wort und stand unbeweglich, nur der Wind spielte mit seinem Barthaar. Als Owin den König anblickte, sah er den Zorn in dessen Augen; denn wenn Aethelbert auch vorhatte, den Glauben seiner Vorväter aufzugeben, da er ihm nichts mehr nützen konnte, so hatte er ihn doch nicht ganz aufgegeben, sonst hätte er wohl kaum das Bedürfnis verspürt, Freyrs Pferd zu diesem Treffen mitzubringen. Aber zugleich erkannte Owin, daß der König die Beleidigung des Gottes nicht so behandeln würde, wie er es zweifellos gern getan hätte, denn er mußte den Wunsch haben, mit den Abgesandten aus Rom gut zurechtzukommen, deren Gott einmal Wotan und Thor und Freyr, den Gott des Weißen Pferdes, vertreiben würde.

Offensichtlich hatte er alles gefragt, was zu fragen vonnöten war, und hatte schon alles gesagt, was er sich in dieser Angelegenheit zu sagen erlauben konnte, denn als er schließlich sprach, so fragte er nur mit einem Blick auf den Körper unter dem Holunderbaum: »War er ein Freund von dir?«

»Nein«, entgegnete Owin.

»Um so mehr warst du ein Narr, einen gräßlichen Tod für ihn zu riskieren. Aber es scheint ja so, daß du einige Macht über diese Art von Pferden hast. Noch nie zuvor habe ich einen Mann das Gottespferd in seiner Wut handhaben und es zur Ruhe bringen sehen. Und schon gar nicht, daß ein solcher Mann dies überlebte, um später davon erzählen zu können.«

»Ich kannte es schon, als es ein junger Hengst war, und es hat sich wieder an mich erinnert. Weiter ist nichts an der Sache.«

Aethelbert nickte und wandte sich dem Mann an seiner Seite zu, der allem nur zusah. Er wollte etwas sagen, sah sich dann aber mit einem Ausruf der Ungeduld nach jemandem um, der für ihn übersetzen könnte. Doch in diesem Augenblick war Bischof Lindhard nirgendwo zu sehen. Owin sagte rasch: »Ich kann noch ein wenig die lateinische Sprache. Sage mir, was du dem Heiligen Mann mitteilen wolltest.«

»Ich wollte ihm nur etwas sagen über die Klugheit, mit den Mächtigen Freundschaft zu schließen. – Wenn du tatsächlich seine Sprache sprichst, erkläre ihm die Bedeutung dessen, was er gesehen hat, denn er ist ein neugieriger Mann, der viele Fragen stellt.«

Owin wandte sich dem Mann an der Seite des Königs zu und sah dessen Blick kalt und herrschend auf seinem Gesicht ruhen. In sorgfältigem Latein fing er an: »Heiliger Vater –«

Aber ehe er noch weiterkommen konnte, fiel der andere ein. »Ah, du sprichst diese Sprache! Vom ersten Augenblick an dachte ich mir, daß du kein Sachse bist.«

»Ich bin Brite römischer Abstammung. Mein Latein ist eingerostet, weil wir es im täglichen Umgang nur selten benutzten, auch als ich noch ein Junge war; nur unsere Priester gebrauchen es noch in den Gottesdiensten.«

»Also auch des Glaubens und nicht nur der Sprache kundig.«

Owin begegnete dem gebieterischen Blick ein wenig herausfordernd: »Der Glaube unserer Väter ist in Britannien nicht ganz verschwunden, wie Rom vielleicht denkt«, und als er das sagte, fühlte er sich wie ein kleiner Junge, der mit einer Schleuder auf einen Mann in Rüstung schießt.

Augustin beugte als Entgegnung leicht seinen Kopf vor und sagte: »Und nun erzähle mir – was hat das alles zu bedeuten, was ich eben gesehen habe?«

»Dazu hat mich auch der Hohe König aufgefordert«, antwortete Owin. Er sammelte seine Gedanken und erzählte Augustin in so wenig Worten wie nur möglich, worum dieser gebeten hatte, während Aethelbert zusah und in seinem Bart kraulte.

Und als er davon sprach, wie Vadir den längeren Stengel gezogen hatte, unterbrach der Mönch, mit einer Handbewegung auf den zerstörten Körper zeigend: »Und dies war das Wagnis, das für ihn gewählt wurde?«

»Nein, es war das Wagnis, das er sich selbst gewählt hatte. So wie ich kannte er den Hengst von dem Tag an, da er zur Welt kam. Es war ein Band zwischen ihnen, immer schon – glaube ich –« Er tastete angestrengt nach den richtigen Worten, er fühlte sich benommen. »Es war sein Geschick, glaube ich.«

Augustin war einen Augenblick lang still, und in seinen Augen lag der Ausdruck eines Mannes, der in weite Ferne starrte: »Sein Geschick, ja«, sagte er schließlich. »Der Hohe König erzählte mir vor einer Weile, daß man früher, gemäß einem sächsischen Brauch, wenn man neue Weidegründe suchte, immer ein weißes Pferd vorausschickte, um sich führen zu lassen. Und jetzt führt das Weiße Pferd sie wieder aus dem alten Denken hinaus zu Neuem.« Sein Blick wandte sich rasch wieder zu Owins Gesicht zurück. »Antworte Aethelbert von Kent für mich, daß ich Freyrs Pferd erkannt habe als ein Wesen, das so wenig von Menschen zu führen und zu handhaben war wie der Nordwind, daß es seinen Hals aber unter eine christliche Hand gebeugt hat; und daß ich dies als frohes Zeichen meines Gottes annehme.«

Als sie aber Vadir hochgehoben und mit seinem herabhängenden Kopf fortgetragen hatten, waren die jungen Männer zum Feuer zurückgekehrt und schütteten Met in die Flammen für Freyr, bevor sie selbst wieder zu trinken begannen.

Denn es war so, wie Einon Hên gesagt hatte, die Zeit für die große Menge der Königin war noch nicht gekommen.

Drei Frauen

Dort, wo die alte gepflasterte Straße in den Wäldern verschwand, hielt Owin inne und blickte zurück über das offene Land. Im Intake-Fluß spiegelte sich das blasse Gold der Stoppeln unter dem hohen Himmel, über den Wolken jagten. Er war noch geblieben, um ihnen beim Einbringen der Ernte zu helfen; aber jetzt war die Ernte vorbei, und es war Zeit zu gehen.

Bryni hätte ihn gern die ersten Meilen begleitet, aber er hatte es nicht gewollt. Nur kein endloses Abschiednehmen, wenn irgend möglich. Er war auch nicht noch ein letztes Mal zu Hunds Grab gegangen und zu dem Mädchen aus Mosaik mit dem blühenden Zweig. Er hatte einfach seinen Umhang genommen, das alte abgenutzte Schwert und sein kleines Bündel von Habseligkeiten und dann Abschied von allen Menschen im Haushalt genommen – von allen außer Lilla, sie war im letzten Augenblick nicht dagewesen. – Alles geschah so rasch, als würde er zum Anbruch der Nacht wieder zurückkehren.

Dies war sein wahrer Abschied, dieses Innehalten hier zwischen dem Intake-Fluß und der Wildnis, und dieser letzte Blick zurück auf den so vertrauten Hof neben den windgekrümmten Apfelbäumen; und sobald er sich wieder dem Norden zuwenden würde, weiter in den Wald hinein der Fähre zu, würde ein Teil seines Lebens abgeschlossen sein, von ihm abgestreift, und er würde vorwärtsgehen in die Zukunft.

Ein leichtes Rascheln zwischen den Büschen am Waldrand ließ ihn aufhorchen. Lilla trat auf die alte gepflasterte Straße hinaus, Kletten krallten in ihrem gelben Haar. Owin spürte, wie sein Herz ein wenig schneller schlug. »Wie, Lilla! Was bringt dich denn hierher?«

»Du«, sagte sie atemlos, »ich hoffte, daß du noch nicht zu weit warst, um dich noch einzuholen. Ich kam, um dir Sonne und Mond als Begleiter auf deinem Weg zu wünschen.« Und dann, ganz hastig: »Nein, darum nicht; gekommen bin ich, um zu sagen – bleib hier, Owin.«

Owins Herz schlug noch ein bißchen schneller. »Ich muß gehen, Lilla.«

»Warum? Wir sind doch die Deinen – die Menschen, die dir am nächsten sind. Ich kann mich kaum an eine Zeit erinnern, wo du nicht dagewesen wärest, und Helga und Bryni können es auch nicht; unser Herd wird öde sein ohne dich.«

»Du wirst bald einen eigenen Herd haben, und ich gehöre nunmal nicht hierher.«

Für ein Weilchen war sie still, dann trat sie näher zu ihm und legte voll Wärme ihre Hand auf die seine, die das Bündel hielt: »Dann laß mich mitkommen. Ganz gleich wohin. Ich gehöre dorthin, wo auch du bist, wenn du mich mitkommen läßt.«

Auch Owin war still und blickte in ihr kleines, rundes, flehendes Gesicht. Dann schüttelte er seinen Kopf: »Weißt du, ich habe schon ein Mädchen.«

Sie ließ ihre Hand fallen, als sei sie von etwas gestochen worden: »Wo hast du sie gefunden? Am Hof von Kent?«

»Sie war mein Mädchen, schon lange bevor ich den Sklavenring deines Vaters um meinen Hals trug.«

»Das ist lange her«, sagte Lilla, ihre großen und ernsten Augen ruhten auf seinem Gesicht: »Glaubst du, daß sie auf dich gewartet hat?«

Er blickte sehr freundlich auf sie nieder: »Ich weiß nicht. Aber ich werde es herausfinden.«

»Aber wenn sie *nicht* gewartet hat? – «

Wieder schüttelte er den Kopf: »Nein, ich werde nicht zurückkommen, selbst wenn sie nicht gewartet hat. Es ist so, wie ich gesagt habe: ich gehöre nicht hierher. Und du – du brauchst doch einen guten, zuverlässigen jungen Mann, der so alt ist wie du, wie Horn.« Wie hochtrabend und graubärtig das klang! Nun, wenn er damit Lilla zum Lachen bringen könnte, so wie Regina ihn bestimmt ausgelacht hätte, dann wäre das schon etwas.

Aber Lilla lachte nicht. Sie entgegnete nur mit leiser, leerer Stimme: »Ich nehme an, du hast recht. Ich nehme an, ich habe wohl nie wirklich geglaubt, daß du mich mitnehmen würdest.«

»Ich weiß, daß ich recht habe, dennoch danke ich dir, daß du mitkommen wolltest.« Er rückte sein Bündel ein wenig zurecht. »Du mußt jetzt nach Hause gehen, und ich muß mich auf den Weg machen.«

»Ja – es ist nicht gut, erst nach halb verstrichenem Tage zu einer weiten Wanderung aufzubrechen. Also, mögen Sonne und Mond dich auf deinem Weg begleiten, Owin.«

»Und dem deinen, Lilla. Das Leben möge freundlich zu dir sein!« Er spürte, daß sie es gern hätte, wenn er sie zum Abschied küßte, damit sie sich später dann daran erinnern könnte. Aber je weniger es zu erinnern gab, um so besser für sie und für Horn. Also faßte er sie an der Schulter und drehte sie um: »Geh jetzt, und sieh dich nicht um, auch ich werde nicht zurückblicken.«

Eine ganze Weile stand er da und sah ihr nach, und er fühlte sich durch und durch erbärmlich, denn er wußte, daß sie weinte. Dann nahm er sein Bündel wieder auf und wandte sich nordwärts in den Wald hinein.

Wochen später, gebräunt und verwittert und abgehärtet vom Wandern, geschmeidig wie ein Winterwolf, stand Owin im Hasel- und Dornengestrüpp an einem anderen Waldrand, und wie er über die Lichtung blickte, da wußte er, daß seine Erinnerung ihn nicht getäuscht hatte. Jede Einzelheit des langen Wegs mit Beornwulf nach Süden hatte er wiedererkannt; er hatte ihn in Gedanken umgekehrt und war ihn schon so oft im Geiste nordwärts gegangen, vor allem in der ersten Zeit auf dem Hof, aber auch jetzt wieder in den letzten paar Monaten; und nun stand er hier, genau da, wo er gestanden hatte und sich ein letztes Mal umgeblickt hatte, bevor er seinem neuen Herrn vor elf Jahren hinterhergestolpert war.

Er war sehr langsam gereist, hatte unterwegs gejagt und manchmal angehalten, um im Austausch für einen Tag Arbeit auf einem Hof eine Mahlzeit und einen Schlafplatz auf dem Heuboden zu bekommen; und einmal war seine Erinnerung ungenau gewesen und hatte ihn auf eine Spur geführt, die ihn zu weit nach Westen brachte, und er hatte zwei Tage gebraucht, um wieder auf den rechten Pfad zurückzukommen. Schon verblich der Sommer; die ersten gelben Blätter fielen von den Birken, und im offenen Land, das vor ihm lag, hatte das Herbstpflügen begonnen.

Wie er so am Waldrand stand, dachte er, daß er lieber nicht weiter vorangehen sollte, er dachte plötzlich, daß Lilla sicher recht hatte: Elf Jahre sind eine lange Zeit.

Dann schüttelte er seine Schultern, packte wieder sein Bündel und schritt weiter in die Schneise hinein, die ihn über das bestellte Land hinaufführte durchs Hoftor hindurch. Im Gehen sah er sich neugierig um, ob nicht Regina im Kohlfeld oder im Obstgarten arbeitete; er erwartete irgendwie, daß sie wüßte, wie nah er war, und daß sie ihm entgegenlaufen würde, gleich bereit, die Reise mit ihm fortzusetzen, die sie vor so langer Zeit hier unterbrechen mußten. Aber dieses Mal würde nicht mehr Gallien ihr Ziel sein, nicht einmal, wenn sie Gold genug hätten. Gallien, das war ein Plan aus der Verzweiflung und der Niederlage heraus gewesen, ein Plan der schwarzen Finsternis. Jetzt war es anders. »Noch bricht der Tag nicht an, aber der Morgenwind, glaube ich, erhebt sich schon.« Und plötzlich war ihm klar, so als hätte er das schon lange gewußt, daß er sie zu Priscus und Priscilla bringen würde.

Aber sie war nicht im Kohlfeld und auch nicht im Obstgarten, und sie kam ihm auch nicht entgegengelaufen. Er war jetzt am Hoftor, und die Hunde kläfften an ihren langen Ketten. Eine Frau mit Kindern an ihrem blauen Rock erschien in der Tür des Hauses und schrie mit schneidender Stimme, damit die Hunde still wurden, dann betrachtete sie Owin und wartete auf ihn mit den Händen auf die breiten Hüften gestemmt, als er am Misthaufen vorbeikam. Sie war ein dralles, hübsches Wesen mit vollen roten Lippen und Augen so blau wie ihr Kind und so hart wie Kieselsteine. »Wenn du meinen Mann suchst oder seinen Vater«, sagte sie grußlos, »die sind unten auf Ellas Hof und helfen beim Dreschen.«

»Gut Glück dem Haus und der Frau des Hauses«, sagte Owin. »Ich suche nicht deinen Mann oder seinen Vater. Ich komme eines Mädchens wegen, das Regina heißt. Ist sie hier?«

Die Frau starrte ihn einen Augenblick lang an und lachte dann gerade in sein Gesicht hinein: »Ein Mädchen, das Regina heißt? Aber, die war doch viel älter als ich.«

»War?« Eine plötzliche Kälte ergriff das Innerste von Owin, eine Kälte, die ihm das Atmen schwierig machte: »Ist sie – ist sie nicht mehr hier, Frau?«

»Nicht mehr. Sie war hier bis vor knapp einem Monat. Dann lief sie fort.«

Der kalte Griff, der Owin gepackt hatte, entspannte sich ein wenig, nur eine leichte Übelkeit blieb zurück. »Warum?« wollte er wissen.

Sie blickte ihn scharf und nachdenklich an. »Wer bist du denn? Was geht dich Regina an? Ich habe dich in dieser Gegend nie gesehen.«

»Nein, das hast du nicht«, meinte Owin erschöpft. »Es war mir nicht möglich, früher zurückzukehren. Ich war es, der sie hierhergebracht hatte.«

Ihre Augen weiteten sich, und sie stieß einen Ton aus, der zwischen Ärger und Gelächter lag: »So! Diese Geschichte habe ich oft gehört! Immer hat sie gedacht, du würdest eines Tages wiederkommen.«

»Warum – warum lief sie fort, Frau?« fragte Owin wieder.

Sie blickte ihn einen Augenblick lang still an, während

die Kinder mit strahlenden Augen und voller Neugier hinter ihrem Rock hervorblickten. Schließlich schienen ihre mißtrauischen Gedanken doch zu einem Entschluß gekommen zu sein: »Ich erzähle es dir. Die Mutter meines Mannes hatte sie zur Dienerin und Freundin gemacht, und das war eine gute Sache, solange die alte Frau lebte; aber sie starb zur Heuernte, und dann wollte mein Mann Regina sich zur zweiten Frau nehmen. Unsere große Mutter nur kann wissen, warum, denn sie war dünn und stachelig wie ein Brombeerzweig und auch nicht mehr so jung, wie sie einmal war.«

Owin erinnerte sich an den Jungen, der wie ein hübsches blödes Bullenkalb aussah und sich vorgedrängt hatte, um Regina anzustarren, als sie ohne Bewußtsein neben dem Feuer lag. »Und also lief sie fort.«

»Ja, und ich habe ihr dabei geholfen. Wenn sie ihn begehrt hätte, ich hätte sie vergiftet.« Er sah die Härte ihrer blauen Augen und glaubte es. »Und wie die Dinge nun mal waren, gab ich ihr einen Umhang, etwas Essen und ein Messer mit und sagte meinem Mann, daß sie krank im Frauenzimmer läge und dies drei Tage lang, nachdem sie fort war. Dafür hat er mich geprügelt, aber das hat mir nichts ausgemacht.«

Owin hörte über diesen Teil der Geschichte weg. »Aber wohin?« platzte es aus ihm heraus. »Wohin wollte sie gehen? Was wollte sie machen? Sie hatte doch niemanden, an den sie sich wenden konnte. –«

Die Frau zuckte die Achseln. »Sie sagte, daß sie nach Norden geht, und das tat sie auch. Mehr weiß ich nicht.«

»Und sie hat dir nicht gesagt, was sie vorhatte? Wenn sie dachte, daß ich wiederkommen würde, warum hat sie dann keine Nachricht für mich hinterlassen?«

»Vielleicht wußte sie selbst nicht, was tun, oder vielleicht befürchtete sie, daß *er* es aus mir herausbekommen würde, wenn ich es wüßte. Das hätte sie nicht fürchten müssen, falls es *das* war.«

Owin stand da und blickte sie an und überlegte, ob er sicher sein konnte, daß sie die Wahrheit sprach. Aber die harten Augen trafen die seinen ohne eine Spur von List, und er hätte auch keinen Grund gewußt, warum sie lügen sollte. Langsam reckte er seine Schultern und nahm sein Bündel wieder hoch: »Dann werde ich mich also auf den Weg machen, Frau.«

Wieder zuckte sie mit den Achseln: »Wie du willst. Möchtest du noch eine Milch, bevor du gehst?«

»Nicht in diesem Haus, Neue Herrin. Nicht nachdem die Alte Herrin sie mir nicht mehr anbieten kann«, entgegnete Owin, drehte sich um und trottete fort.

Außerhalb des Hoftors hielt er einen Augenblick lang inne, wandte sich dann in nordwestlicher Richtung und folgte dem Bach ohne besonders klare Vorstellung von einem Ziel, nur weg wollte er, weg von dem Hof. Wenn er erst einmal weit genug vom Hof weg war, dann würde er auch wieder denken können. Er fühlte sich benommen, und erst mitten im Gestrüpp des Waldrands fiel ihm ein, daß er noch etwas hiergelassen hatte, nämlich den Ring seines Vaters.

Er fand den großen Dornbaum so, wie er ihn sich in seiner Erinnerung vorstellte, einzeln aus dem Wald herausragend mit einer Krone, die sich triumphierend vor dem Himmel ausbreitete. So alt war er, daß all die Jahre, seit er ihm den Ring anvertraut hatte, ihm überhaupt nichts ausgemacht hatten; nur die Blätter, die grün gewesen waren im Frühsommer, hatten sich jetzt hier und da rostrot gefärbt, und die Beeren hatten in ein dunkles Rot gewechselt. Er fand die Stelle, wo die verknorrten Wurzeln sich aus dem Stamm herauswanden, und wie er sich neben sie niederhockte, zog er das Messer aus seinem Gürtel und fing an, durch Moos und faulendes Laub zu bohren. Gleich darauf stieß die Messerspitze auf etwas; aber es fühlte sich nicht an wie ein Ring umhüllt von vermodertem Stoff, eher schon wie ein Stein, auf dem die Spitze entlangknirschte. Es war eben ein Stein in der Erde, und doch erinnerte er sich nicht, auf einen Stein gestoßen zu sein, als er den Ring an dieser Stelle vergraben hatte, aber wie sehr er auch herumstocherte, er konnte keine Spur vom Ring finden.

Er ließ das Messer auf das Moos neben sich fallen und schob seine Hand in das Loch, das er eben gemacht hatte, fühlte herum und rieb die feuchte, krümelige Erde durch seine Finger. Etwas Weiches, Kaltes und Vielbeiniges wandte sich zwischen seinen Fingern und zerrann wieder, aber den Ring konnte er noch nicht fühlen – nur dieses Ding, das wie ein Stein war, ungefähr an der Stelle, wo der Ring sein sollte. Es war abgerundet und regelmäßig. Plötzlich wurde ihm mit Herzklopfen klar, daß dieses Ding zu regelmäßig war für einen Stein: was immer es auch sein mochte, es war von Menschen gemacht.

Er legte es mit seinen Fingern frei und zog es heraus. Es war ein winziger irdener Topf, wie Frauen ihn benutzten für Balsam und Salben, und die enge Öffnung war mit Lehm aus einem Flußbett verstopft. Mit jagendem Herzen nahm Owin sein Messer und rammte den Griff auf den kleinen Topf herunter. Wie die Blütenblätter einer braunen Blume zerfiel er zu Scherben in seiner Hand, und mitten in der Handfläche sah er eine Locke von Haar so schwarz wie die Flügel einer Krähe, dicht ineinander gewunden und mit einem winzigen, scharlachroten Faden zusammengebunden.

Also hatte Regina doch eine Nachricht für ihn hinterlassen, so gut sie es vermochte, da sie nun einmal nicht schreiben konnte. Und während er die zerbrochenen Scherben zurück in das Loch unter der Baumwurzel stocherte und die Erde über ihnen glättete, überlegte Owin verzweifelt, was sie ihm wohl damit sagen wollte. Erstmal hatte sie den Ring seines Vaters genommen und an dessen Stelle eine Strähne ihres Haares dagelassen, um ihm zu sagen, wenn er je hierher käme, daß sie es war, die ihn genommen hatte. (Also mußte sie in jenem kurzen Augenblick, da ihre

Augen offen waren, gesehen und verstanden haben, was er da machte zwischen den Wurzeln des Dornenbaums.) Und das konnte sicherlich nur heißen, daß sie darauf hoffte, er würde sie wiederfinden. Und *das* konnte doch nur heißen, daß sie sich auf den Weg gemacht hatte an einen Ort, wo er sie vielleicht vermuten konnte. Sie konnte sich nicht auf die Suche nach ihm gemacht haben, denn wo in ganz Südbritannien hätte sie suchen sollen. Kurz überlegte er, ob sie vielleicht zu Priscus und Priscilla gegangen war, aber er meinte, ihr nie über sie erzählt zu haben. Sie hatten nicht viel über vergangene Zeiten geredet, sie waren viel zu beschäftigt gewesen, von einem Tag zum anderen zu überleben. Und dann, so plötzlich wie der blaue Strahl eines durchs Unterholz huschenden Häherflügels wußte er, daß sie nach Hause gegangen war – nach Viroconium.

Er breitete das zerrissene Moos wieder über die aufgewühlte Erde und steckte das Messer in seinen Gürtel. Er löste den Knoten des scharlachroten Fadens und wand die Strähne von langem schwarzen Haar mehrmals um sein Handgelenk, denn dies schien ihm die beste Art, sie sicher zu verwahren. Dann stand er auf, schulterte das zerlumpte Bündel und machte sich auf den Weg nach Viroconium zu Regina.

Er versuchte erst gar nicht, dem Weg, den sie vor so langer Zeit gekommen waren, nachzuspüren, sondern hielt sich einfach so gut und so schnell er konnte in nordwestlicher Richtung, bis er auf die große zweispurige Grenzstraße stieß, der er nun schon zwei Mal zuvor gefolgt war. Danach war es dann einfach genug, jedenfalls was die richtige Richtung anbelangte. Aber nichtsdestotrotz war es eine zermürbende Reise, denn bedrückende Angst um Regina trieb ihn voran, sie hatte doch immer die Welt außerhalb ihrer Stadtmauern gefürchtet: Regina allein in den Trümmern von Viroconium, falls sie es wirklich bis dahin geschafft hatte; nach elf beschützten Jahren war sie sicherlich unfähig, für sich selbst in der Wildnis zu sorgen. Jedesmal, wenn er sich aufhalten mußte, um zu jagen, erzürnte ihn die Verzögerung, und oft genug blieb er hungrig und aß nur eine Handvoll Schwarzbeeren, nahm sich also zur Jagd lieber gar nicht erst die Zeit. Es war wildes Land hier im Westen, immer noch Grenzland trotz all der Verträge, die Menschen schließen mögen, es war nicht wie das seit langem besiedelte Land weiter im Osten; einmal sah er Rauch von einem brennenden Hof in der Ferne aufsteigen, und niemals würde er erfahren, ob es eine sächsische oder britische Flamme war.

Aber schließlich kam der Tag – ein stiller Herbsttag –, und es wurde schon Abend, als Owin erschöpft die gerade Strecke zum Südtor von Viroconium hinauftrottete. Gelbe Pappelblätter trieben in der Luft. Die Steine der alten Grabstätten waren im Holunder- und wilden Rosengestrüpp untergegangen, und die Brombeersträucher wucherten über die Straße und umschlossen sie.

Es sah so aus, als sei in hundert Jahren kein Mensch mehr hier entlanggekommen, und Owins Herz ängstigte sich. »Aber das ist Dummheit«, schalt er sich selbst; ein Mädchen konnte ja wohl kaum einen Pfad treten – und auch nicht wie die Prinzessin in einem Kindermärchen jeden Fußschritt mit kleinem, dreiblättrigem Klee kennzeichnen. Er kam an den Erdwällen des Amphitheaters vorbei und erreichte den zerbröckelnden Torbogen; er ging in die Stadt hinein.

Die Natur war freundlich mit Viroconium verfahren. Eine grüne Flut war langsam über sie hingezogen – das Mitgefühl Gottes, dachte Owin, als er sich umsah –, den Schmerz und die Narben verdeckend. In dem Jahr, in dem Kyndylan gestorben war, erschien die Stadt kahl und wund in der Frische ihres Untergangs; aber jetzt waren die Straßen zu grünen Pfaden geworden, und überall, wohin sein Blick auch fiel, lag der weiche, graue Schleier von Weidenkraut. Auch der Schrecken war gewichen. Langsam ging er weiter, lauschte und sah sich beim Gehen um; allmählich näherte er sich der Stadtmitte und dem Palast von Kyndylan dem Gerechten. Er war durstig; er bog von der Straße ab auf den Spalt in der Mauer zu, die alte Abkürzung, die ihn an der verfallenen Grotte vorbeiführte; vielleicht fand man da immer noch Wasser. Der Garten von Kyndylan war eine blühend wuchernde Wildnis gewesen, als er diesen Weg das letzte Mal gegangen war; jetzt war er ein einziges verworrenes Gestrüpp aus Hagedorn, Holunder und Wildrose, so dicht war es stellenweise, daß er nur mit viel Geschick zwischen den Büschen hindurchdringen konnte.

Eine Drossel, die sich mit Holunderbeeren vollstopfte, flatterte mit warnendem Schrei davon, als er sich unter einem Strauch hindurchduckte, aber weiter vor ihm sang ein Rotkehlchen ganz ungestört weiter, und dann hörte er auch das Plätschern von fallendem Wasser. Er trat hinter einem Gewirr von Gestrüpp hervor und fand sich an der Kante der Quellfassung. Zu seinen Füßen führten die drei Stufen, moosiger als er es erinnerte, zur Grotte hinab, die unter einem überwuchernden Haselgesträuch lag, und das Wasser fiel immer noch durch das bronzene Maul der Löwenmaske in das Becken und floß weiter durch Kiesel und Farnkraut. In der Grotte stand, erwartungsvoll dem Geräusch seines Herannahens zugewandt, eine Frau mit einem irdenen Topf, den sie gerade zu füllen begonnen hatte.

Eine schmale Frau in den Fetzen eines rostroten Kleides. Ihr Gesicht war braun und wirkte zart unter der Masse des um ihren Kopf geknoteten schwarzen Haars; aus dunkel umränderten Augen sah sie zu ihm hinauf. Vögel hatten sich um ihre Füße herum geschart, aber bei seinem Auftauchen hatte sie die Angst gepackt, und sie waren allesamt in den Haselnußbaum gestoben, und die Zweige über ihrem Kopf waren nun voll vom Rascheln ihrer Flügel.

»Regina«, sagte Owin.

Sie lächelte nicht und setzte auch nicht dazu an, den Topf abzustellen. »Owin, ich wußte, daß du eines Tages kommen würdest.« Und das war alles.

Owin ging die drei Stufen in die Grotte hinab, nahm ihr den Topf aus der Hand und setzte ihn nieder. Ihre Hände waren kalt, als ob sie sie unter das laufende Wasser gehalten hätte. »Ich bin gekommen, so schnell ich konnte«, sagte er, »und ich bin dir gefolgt, als ich deine Nachricht gefunden hatte.«

»Ich habe gehofft, daß du sie verstehen würdest. Den Ring konnte ich nicht dortlassen, sonst hätten sie ihn womöglich eines Tages beim Roden des Landes gefunden; aber ich habe gehofft, wenn ich mein Haar dalasse, um dir zu sagen, daß ich es war, die ihn genommen hat, daß du dann vermuten könntest, wohin ich gegangen war, und mir folgen würdest.« Während sie sprach, hatte sie ihre Hand zum Hals geführt, wo an einer scharlachroten Schnur unter ihrem Kleid etwas hing. Sie zog es heraus, riß mit den Zähnen die Schnur entzwei und gab es ihm: »Hier – nimm ihn wieder, den Ring deines Vaters.«

Wortlos nahm er ihn von ihr, ohne hinzusehen erkannte er ihn an der Art, wie er sich anfühlte, und schob ihn auf seinen Ringfinger. Er paßte jetzt, als sei er für ihn gemacht worden. Und in der ganzen Zeit hörte er nicht auf, Regina anzublicken und zu versuchen, in dieser Frau, die »so dünn und stachelig wie ein Brombeerzweig und auch nicht mehr so jung, wie sie einmal war«, das Mädchen zu sehen –, das Mädchen, an das er sich erinnerte und das er irgendwo wiederzufinden erwartet hatte.

Reginas Blick wandte sich zum Boden, als suche sie nach etwas dicht hinter ihm, und plötzlich fragte sie: »Wo ist Hund?«

»Regina – elf Jahre sind es her!«

Eine Stille setzte ein, erfüllt vom Flattern und Zwitschern der Vögel über ihren Köpfen, und dann sagte Regina: »Das hatte ich vergessen ... Erscheine ich dir auch so verändert wie du mir?«

Er nickte: »Wir werden einander ganz neu kennenlernen müssen.«

»Ich denke mir, das kann nicht sehr schwierig sein«, entgegnete Regina so sanft, als tröstete sie ein Kind. »Ich meine, ich hätte dich trotz aller Veränderung auch dann wiedererkannt, wenn ich nicht auf dich gewartet hätte; und ich bin hier, damit du mich wiederfinden kannst.«

In der kleinen Grotte schwand das Licht. »Es ist spät«, sagte Regina. »Wir müssen nach Hause gehen und Essen kochen ... Danke für deinen Feuerstein, Owin. Er hat mir schon so viele Feuer entzündet, um mich zu wärmen.« Sie stieß einen kleinen Seufzer aus und schien sich dessen gar nicht bewußt zu sein. »Heute abend sollten wir eigentlich ein blaues Olivenholzfeuer machen –, aber ich nehme wohl an, daß ein gewöhnliches Feuer unser Essen genauso gut kochen wird.«

»Ich habe einen Hasen in meinem Bündel, den ich gestern gefangen habe«, sagte Owin.

»Und ich habe zwei Eier. Ich habe sie von gestern aufbewahrt, – als ob ich gewußt hätte, daß du heute kommen würdest.«

»Eier? Wie bist du an zwei Eier gekommen? Regina, wie ist es dir in all dieser Zeit mit dem Essen ergangen?«

»Gut genug. Du hast mir beigebracht, wie man eine Schlinge auslegt, erinnerst du dich? – und der Herbst ist eine gute Zeit, was Essen anbelangt. Und wie ich an die Eier komme –?« Ihr Gesicht, das so ruhig gewesen war, erstrahlte plötzlich vor vergnügter Wonne: »Da ist eine kleine abgelegene Siedlung im Wald drüben hinter dem Virocon. Die verlieren bestimmt eine Menge Hennen an die Füchse, die werden eine kleine braune Henne mehr oder weniger bestimmt nicht vermissen.«

Owin starrte sie einen Augenblick lang an, warf dann aber seinen Kopf mit fröhlich triumphierendem Lachen zurück: »Ja, du hast recht! Du hast recht! Du bist es noch immer, Regina!«

Er bückte sich nach dem Topf, in dem auf der Wasseroberfläche inzwischen drei Haselnußbaumblätter trieben;

aber Regina war schneller als er. »Nein, du hast dein Bündel, – außerdem muß der Topf behutsam getragen werden. Guck, hier ist er gesprungen, und wenn man ihn in diese Richtung neigt, dann tropft er, aber er war der beste, den ich finden konnte.«

Sie hielt ihm ihre freie Hand hin, und so stiegen sie zusammen die drei Stufen hinauf und wandten sich wie ehedem so oft zum hintersten Winkel in Kyndylans Palast.

»Das Dach ist zusammengefallen«, sagte Regina. »Ich habe eine Art Unterschlupf aus Zweigen und aus Gras in der alten Ecke gebaut. Er ist nicht sehr gut, aber du kannst ihn ja regensicher machen.«

»Ich werde ihn vor Regen schützen«, Owin zögerte und blickte zu ihr hinüber, als sie weitergingen: »Aber nicht für lange. Wir müssen uns in wenigen Tagen auf den Weg machen, Regina, nämlich noch zeitig genug, bevor der Winter hereinbricht.«

»Wollen wir immer noch nach Gallien?« fragte Regina vorsichtig zögernd.

»Nein. Das war ein Plan der Finsternis; jetzt aber hat sich ein Morgenwind erhoben.« Owin neigte sein Gesicht ein wenig, als ob er beim Gehen den Wind spüren wollte, und er drückte Reginas Hand fester. »Wir gehen nach Süden in die Berge. Dort leben ein alter Mann und eine alte Frau; ich glaube, ich habe dir nie von ihnen erzählt, aber sie waren damals sehr gut zu mir, und um meinetwillen werden sie dich willkommen heißen, bis die Zeit kommt, da sie dich um deinetwillen willkommen heißen werden, – wenn sie noch da sind.«

»Und wenn sie nicht mehr da sind?«

»Dann bauen wir uns eine Torfhütte und machen uns ein Feuer darin und nehmen uns ein Fleckchen Bergland, und ich werde ein Schaf finden, das deiner kleinen braunen Henne Gesellschaft leisten kann«, sagte Owin.

Weitere Bücher von Rosemary Sutcliff

Die Heldentaten des Finn Mac Cool
200 Seiten gebunden

»Ebenso spannend wie einfühlend werden realistische und mythische Handlungselemente eines alten irischen Sagenstoffes zu einem Zyklus verbunden.«

Das vertauschte Kind
Geschichten von Opfer, Mut und Abenteuer
164 Seiten, 29 Zeichnungen, gebunden

Gesammelte Erzählungen von Rosemary Sutcliff, die in unterschiedlichen historischen Zusammenhängen spielen.

Lubrin und das Sonnenpferd
118 Seiten, 4 farbige Bilder
von Frantiŝek Chochola, gebunden

Eine packende Geschichte aus der Welt der Eisenzeit, in der Realistisches und Magisches noch innig verbunden sind.

Die glorreichen Dreihundert
256 Seiten, gebunden

Rosemary Sutcliff erzählt in ihrem neuen Jugendbuch, wie es am Hof des Königs Mynydogg im frühen 7. Jahrhundert zugeht, wo dreihundert junge tapfere Krieger dem siegreichen König Artus nacheifern und sich ein Jahr lang auf die Schlacht gegen die Angeln vorbereiten, die ihr Reich bedrohen. Trotz heldenhaftem Kampf werden sie besiegt, aber ihre Treue und Tapferkeit wird von den Barden Britanniens noch viele Jahrhunderte lang besungen.

Das Stirnmal des Königs
272 Seiten gebunden

Hier wird die Geschichte eines ehemaligen Gladiators erzählt, der zum Häuptling eines britannischen Stammes wird.

VERLAG URACHHAUS STUTTGART